張肇祺教授著

# 美學與藝術哲學論集

文史哲出版社印行

國立中央圖書館出版品預行編目資料

美學與藝術哲學論集 / 張肇祺著. -- 初版.--
臺北市 ： 文史哲, 民82
面 ； 公分
參考書目:面
ISBN 957-547-218-7(平裝)

1. 美學 - 論文,講詞等 2. 藝術 - 哲學 - 論文,講詞等

180.7 82004771

# 美學與藝術哲學論集

著者：張肇祺
出版者：文史哲出版社
登記證字號：行政院新聞局局版臺業字五三三七號
發行人：彭正雄
發行所：文史哲出版社
印刷者：文史哲出版社
台北市羅斯福路一段七十二巷四號
郵撥〇五一二八八一二彭正雄帳戶
電話：三五一一〇二八
實價新台幣五八〇元
中華民國八十二年七月初版


ISBN 957-547-218-7

# 自序

## ——在我心目中的：「美」

在這「一」：「美學與藝術哲學」的——書「名」之下，我收集了三十四篇文章，有的是偶一爲之的「即興」之作，有的是「因緣時會」之作，但都不是我自己要著什麼「藏之名山，副在京師」（太史公自序）與「經國大業，不朽盛事」（曹丕典論論文）的「立言」之作。若是要給它們加上一個封條：那就是當之無愧的「待焚稿」。

這些「文章」：「時間」，從民國四十一年到民國八十年的彈指歲月；「空間」，從鳳山、臺中、金門，到臺北的東西南北；它們都是刊載在全國各報副刊與大學及學術團體的學報和文學藝術專刊之上。

在——「美學與藝術哲學」中：

談「美」學，美、「像」什麼呢？又從「那裡」開始？在「美感經驗」中，我們要不要走出來，透視呢？從「透視」中，我們要不要向上超脫、超越、超升而入於——「美」的：「主體」呢？那個

——「美的主體」之主體「性」又是什麼?在「美的主體性」的後面、上面,我們又不能不找出:西方——「美」的血緣學:柏拉圖的「理想」美學與中國——「美」的血緣學:孔子「生生」美學的建立,來爲我的這個——「美」學的構想:「思想系統」的架構作一「個」理論上的「論據」。至於,孔子的「生生」之美的建立,我只是剛提到一個大綱而已,內容還未寫出來時,原臺大哲學系主任、哲學研究所所長鄔教授昆如博士所兼編的「哲學與文化」月刊,所策劃連載的各種精闢哲學專欄,在「有一位」先生接編後就通通一起停掉。我的「美學與藝術哲學」專欄,當然也就同時與各種專欄告別了讀者。

談——藝術「哲學」——「藝術」,所指的究竟是什麼?藝術,是「載道」呢?還是「言志」?它的「起源」,要從那裡說起?「哲學、科學與藝術」是怎麼一回事?藝術的「美與道德」又如何「辨析」?

「美學與藝術哲學」,又要不要放落在:「詩」、「文學與藝術」中呢?這也就成了「美學與藝術哲學」的外篇。

「詩」——是藝術的阿基米德點。

孔子說:「詩者,天地之心,君德之祖,百福之宗,萬物之戶也;刻之玉版,藏之金府。」(御覽、詩緯、含神霧)詩,在西方,也是藝術的最高點——「皇極」。詩,在文學中,更是文學的「藝術」動力——不信,就看:我的「談」詩,詩的「語言」,詩是摘下來的「月亮」,中國詩的「原始觀」、「思，無邪」；與創作的「內在生命」，文藝創作的「靈魂」，文學中的「人性宇宙」，人在天地之美中的：「觀——撫——籠——挫」，中國人的：「觀」，「觀」的意義層次，「人文精神」的一條線索——文學與哲學的雙迴向，屈原生命的「悲劇精神」，文天祥「詩的生命與道德生命」，索忍尼辛的「高蹈」。最後，你還不要放過：生命之「至高上達」，修辭立「誠」，「純正」的趣味，文學批評的「一個取向」。這你說：對呢？還是不對？就請你也看看我的：一個「逃兵」的告白，它收在附錄中。

至於，附錄中的：中西美學基礎參考書目，文藝美學參考書目，美學講授內容綱要等，也不過是把我當教書匠時的「飛鴻雪泥，偶然指爪」放在這一名之下：「聊備一格」而已！焉敢以「大雅」云爾。又豈敢有李白：「大雅久不作，吾衰竟誰陳！」（古風）之嘆。又譬如：像我在一個大學哲學系與哲學研究所講的：「美學的十大架構」，也就在此「藏拙」了。

唉！

出——「書」，出：「這——本」書，我看著我自己在「這」本書中——：

走向

層

山

走向結水

走向黃卷

走向蒼冥

走向渾沌

那片片圓石
那點點小雨
那寸寸柔絲
那閃閃藍天

在
掌中，一剎
出現

朋友
丟掉這一切
把
眼，掛在腳底
望著
無盡的永恒

朋友
丟掉這一切
把
淚水，燒成溶液
燒成一尊金剛怒目
燒成一尊菩薩低眉
燒成一尊睡佛

那藝術世界中的圖騰
那藝術世界中的書和劍
那藝術世界中的千手觀音
那藝術世界中的浮士德：上帝與魔鬼
那藝術世界中的「道」——「乾——坤」之「元」的：「太極」
那——：
美

## 還等待什麼

（民國八十一年拙作）

你，還等待什麼？「只有使自己的靈魂，永不鬆弛，人才能永遠年青。『智者，即是對一切事物都發生驚奇的人。』但，你不曾設想到，你所等待的，正就是你眼前的一切。如果你的消化力還不太疲弱，拿走吧！這兒是糧食，地上的糧食！」（紀德著「地糧」，盛澄華譯序，中華民國三十四年六月初版，重慶）

這，乃是要「讓重要性在你自己的目光中，而幷非在所看到的事物上。」（紀德、地糧）

美，正在等待著你——「美，也將拯救這個世界。」（索忍尼辛：「爲人類而藝術」）

因爲「整個生命像迫切地需要一種更新」，要「給雙目另換一種新的視覺」，才能「給它們洗去書本的污跡，使它們更像這它們所凝視的青天。」這樣，「你的視象在每一瞬間都是新的。」（紀德、地糧）

朋友！你說：「對，還是不對呢？」——這就是：在我心目中的「美」。

在這本由「文史哲出版社」出版的「美學與藝術哲學論集」的書中，原來收集了我的那些微不足道的談「繪畫」——的文章，因爲書已經太厚了，也就只好另成一書，作爲「美學與藝術哲學」的續編出版。

——中華民國八十一年，十二月十六日於臺灣，北投，大屯山下「結廬」——

# 美學與藝術哲學論集 目錄

張肇祺教授著

## 外篇

附　錄

河南安陽出土大理石雕雙鳥面管

# 代序

## 先師東美方公遺作：中國文化中之藝術精神

◎尚書・堯典

若稽古帝堯曰放勳：

欽明文思安安
允恭克讓
光被四表
格于上下

子曰：是故──堯典，可以觀：──美。
──尚書・大傳。

蘇格拉底認爲：——
藝術家所要追求的：
是超感覺的與模仿以上的東西；
它是理想化的內在結構，而爲
精神的「超自然的美而且充滿了
光輝的
靈魂。」
·——引自本書·「柏拉圖的理想美學」

"There must be one Beauty that appears in them all."

Plato, Symposium, 210b.
Plato, Republic, 476, 479.
Plato, Phaedo, 78de.
Plato, Phaedrue, 250d.

"This is the essential Form of Beauty, absolute Beauty, not seen with eyes but grasped conceptually by the mind alone."

Plato, Phaedo, 65, 75d.

"There must be a single transcendental Form of Beauty. The beauty of this world reminds us of true beauty."

Plato, Phaedrus, 249e.

## 老子·道德經

道，可道；非常道。
名，可名；非常名。
無，名天地之始；
有，名萬物之母。
故：
常——無，欲以觀其妙；
常——有，欲以觀其徼。
此兩者——
同出，而
異名。
同，謂之玄，
玄之又玄，衆妙之門。
天下，皆知：
美，之爲美，斯惡已！
善，之爲善，斯不善已！

# 中國文化中之藝術精神

方東美

我們將中國文化與西洋文化相比，便可以看出西洋近代文化中，科學精神滲透到文化之各方面；而在中國文化中，則藝術精神瀰漫於中國文化之各方面。

西洋的哲學方法重思辨，重分析。中國的哲學方法重體驗，重妙悟；藝術的胸襟是移情於對象與之冥合無間，忘我於物，即物即我的胸襟；藝術的意境之構成恆在一瞬，靈感之來稍縱即逝，文章天成，妙手偶得。中國哲學方法上之體驗在對此宇宙人生靜觀默識，意念與大化同流，於山峙川流鳥啼花笑中見宇宙生生不已之機，見我心與天地精神之往來，這正是藝術胸襟之極致。中國哲人之妙悟哲學上至高之原理，常由涵養功深，眞積力久，而一旦豁然貫通，不待推證，不容分析，當下即是，轉念即非；這正如藝術意境之構成，靈感之下臨於一瞬。

藝術是以物質界的形色聲音象徵吾人內心之精神境界，藝術作品也就是吾人內心精神境界之客觀化——吾人內心精神境界在物質投下之影子。所以藝術創作即是溝通內心與外界，精神與物質，超形界與形界之媒合。藝術精神融攝內心與外界，精神與物質，超形界與形界之對待，而使人於外界中看見自己之內心，於物質中透視精神，於形而下中啓露形而上。而中國主要哲學儒家哲學之內容正在合內外之道，和融精神物質之差別相，於形色中見性天，即形下之器以明形上之道。中國的道家哲學亦以道爲無所不在，而不以之爲超絕，要人於螻蟻稊稗中見出天地之原理。儒道二家同是最含藝術性的哲學學說。

中國缺乏純粹自然科學，然而中國醫學亦中國文化之一主要方面。中國之醫學不重解剖，治病不用溫度計等觀察儀器以測驗病狀，但憑切脈與望氣色似極主觀的方法，而善醫者即能透識病原，起死回生。這正本於善醫者以手切脈，即以自己生命之情移入病人生命與之冥合無間，指腕相觸，血脈同顫，遂能知道病之癥結不待X光而如見肺肝。這正是藝術化的醫學。

中國宗教對中國人生活之重要亦不似西洋宗教對西洋人生活之重要。中國原始信天之宗教，孔子以後即在上層學術文化中失勢，而代以祖先之宗教。但是中國聖賢雖教人尊祖祀先而於鬼神之存在卻並不加以肯定，但言祭神如神在，重在教人於祭祀之際於先人「思其居處，思其笑語，思其志意，思其所樂，思其所嗜：入室僾然，必有見乎其位：週還出戶，肅然必有聞乎其音聲：出戶而聽，愾然必有聞乎嘆息之聲。」（禮記祭義）。這全重在使子孫之精神與父母祖先之精神宛然再遇，使子孫不忘所自生，反本復始，民德歸厚。而祭祀之中重「事死如事生」，如聞其聲，如見其形，正是一種用藝術的想像於道德陶冶之中，使祖先之宗教成爲詩的宗教。

中國文化中傳統的人格理想是聖人，聖人是各方面精神能和諧圓滿發展至於極致的人。所以修養之重致中和，而中和正是藝術中所謂複雜中之統一。中和是合剛柔之相反而統一之，所以君子比德於玉，溫潤而又堅剛，人格之和諧完滿的發展，恰如音樂之高下抑揚、韻律天成。所以孟子比孔子爲金聲玉振，而聖字亦從耳。六德仁義聖智中和之教原爲司樂所掌。中國文化中之理想人格，是含音樂精神與藝術精神之人格。所以中國之道德教育，是要人由知善之可欲，進而培養善德，充實於外，顯爲睟面盎背之美。中國之最高人格理想正是人格本身如藝術品之人格。

中國政治之最高理想是大同之世，協和萬邦，四海一家。家庭之本身即一自然藝術品，「妻子好合，如鼓瑟琴，兄弟既翕，和樂且耽」；在家庭中有無聲之樂。中國哲人欲以家庭之精神運用於政治，化國與天下中一切人之關係而成爲父子兄弟的關係，這正是要使天下人好合如鼓瑟琴，令世界交響著無聲之樂，而化整個人類成爲一部交響樂隊。這正是中國人的藝術精神之最廣大的應用。

當此世界淪於浩劫，到處交響著的不是音樂而是砲彈的可怖聲音的時候，使我們懷想著中國之偉大的政治理想，中國文化中的藝術精神，同時想到藝術精神本身之可貴，亦同時想到中國藝術家的責任之遠大。

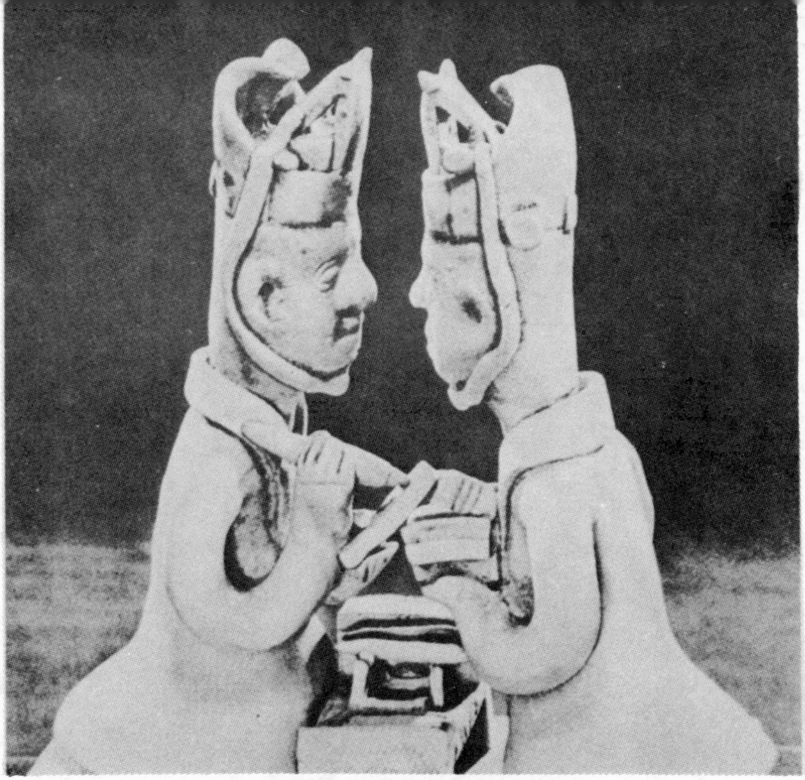

湖南長沙出土對坐書寫俑

# 導言

——論語・述而

志於道
據於德
依於仁
游於藝

# 美學與藝術哲學

## ——「美學的架構」導言——

### 不說「客套」話的——「話」·1·

「哲學與文化」第七卷第六期——六九年六月號的「編後」已經宣告我要談「藝術哲學」，這實在使我感覺到有點「騎虎難下」之勢，好像不能不上陣，虛晃兩招，以抵擋一下。其實，我對這門學問很難說得上如「編後」所說我在「藝術哲學上更有獨特的創見」，只不過是很久以來我在中國文化大學哲學系有「美學」這門課，不敢說什麼「傳道、授業、解惑」這類話來裝璜門面。不過，作爲一個教書的人，至少得以他的眞誠，以他的人格，以他的生命面對學生；至於「學問」的高下、精博，那是教者朝於斯，夕於斯的事了。

教「書」快二十年，不管什麼課，從來不習慣說「門面」話，這是聽過我的「課」的同學們都可以作證的。

寫「文章」，也超過三十多年，不管那類文章，也從來不喜歡擺「門面」語，這是看過我的「東西」的朋友都可以作證。

本來，我答應的是：只把我在中國文化大學哲學系所講的「美學」，整理出來，寫在「哲學與文化」的專欄裡。原來，我所要想說的第一句話是——

因爲——

「美學」，在「哲學」中，是一門逍遙於：

形上學
知識學
價值學

之間的主體生命的學問，它所追求的，是美的情感的自由，它要在：

天地的大美——

身體的美
自然的美
藝術的美
社會的美
心靈的美

整個生命的大美中

去找——情感的自由，才構成了美學的「美」的問題。「所以審美的活動，它的本身就是一種目的」（Grose, The Begining of Art）。

至於，「美學」在「科學」中，所要把握的問題，當然是「審美經驗」——「審美意義」——「

審美判斷」等的不同角度，不同層次，不同面貌的不同知識的「美」的現象的分析的問題。「藝術哲學」，也許是「哲學美學」走向「科學美學」時，而在「藝術」中停留下來，築巢而居，慢慢地生出一窩一窩的「藝術科學」知識這門學問的徒子徒孫來。

## 藝術哲學・2・

究竟什麼是「藝術哲學」呢？照我的體會，藝術哲學——是討論藝術原理的學問。這個「原理」又是什麼原理？我想，也許是美學所追求的「美」在藝術中的「原理」所構成的「規範」與「記述」問題的學問。

「美」在藝術中的「原理」所構成的「規範」問題的學問——是討論藝術的各種規律，各種準則，而成爲藝術在技術上的問題。藝術哲學所討論的藝術的技術，它不只是在技術的現象層面問問題，更要走到技術現象背後去追問問題。

「美」在藝術中的「原理」所構成的「敘述」問題的學問——是討論藝術創作的各種基件與環境所生的各種活動與活動者，所創造的藝術作品的內容、形式、表現、情感、欣賞與判斷而形成社會的、文化的、精神的不同藝術的起源、發展、形構、影響等。

不管怎樣，藝術哲學不僅要從「藝術」本身向上去看，也要從藝術本身向下去看，更要向藝術的四面八方去看。不管是實用的藝術，或純美的藝術，都是人的頭腦與身體所造成的技巧在創造中的活動；這個活動，是人追求美的不同層次不同方面的展現，也是人的智慧的不同層次不同方面的表現。因此，創造衝動也就有主動與被動之分，自我表現也就有大小之不同，靈感也就有有無之別，想像也就有多少之差了。

在純美藝術中，不論是表形藝術、表聲藝術、表義藝術，並不是僅止於模仿，而是更要努力創造。因爲靈魂是前進不息的，它永遠不重複自己，在每一個行動裡，它嘗試著創造一個新的，更美麗的整體。藝術的使命是教育對美的理解力。在近代社會中，發明美的泉源早已乾枯。一本流行小說，一個劇院，一個舞台，都使我們感到自己的貧乏，好像我們是這個世界的貧民救濟院中的乞丐，這裡，不再有尊嚴，不再有技巧與勤奮。現代的藝術家和鑑賞家們在藝術中尋找他們的天才之表現，或者是找一個避難所，以逃避生活中的罪惡。藝術絕對不是表面的膚淺天才，藝術必須從人本身開始」（愛默森，論藝術）。因爲在藝術的世界中，「僞幣的製造者」（紀德代表作之一）太多，也難怪Vigil C. Aldrich在他的"Philosophy of Art"中說"But perhaps the art forgeries are too much like counterfeit money to reveal what is more usually troublesome about the concept of art"，（也許，因爲藝術的贋品之多得來像僞幣，才因而顯示不出來藝術概念更通常的困擾之所在）。（本文作者譯）。所以，爲藝術下定義，不僅是語字與語義的問題，歷史的問題；乃是它的實體的，邏輯的、事實的內涵與外延的問題。但Collingwood在他的"The Principles of Art"

一書中說"Definition necessarily means defining one thing in terms of something else; therefore, in order to define any given thing, one must have in one's head not only a clear idea of the thing be defined, but an equally clear idea of all the other things by reference to which one defines it"（爲一個東西下定義，必須意味著要在它的其他的一些事物的定義上有所指謂；所以，爲了給任何已有的事物下定義，一個人不僅在他的頭腦裡要有一個事物定義的清晰觀念，而且同樣的要有其他所有有關事物定義的清晰觀念。）（本文作者譯）他在他的「藝術哲學大綱」中也說：「藝術中，經常有一個主體與客體，一個沉思者，和某件被沉思的事物。主體的行爲是想像，客體是想像的客體；二者間的關係是：想像的獨特或經驗行爲創造了客體。藝術總有一個外在的引力中心。藝術是直接性的經驗，缺少了思想與想像二者隱含的和諧，便沒有直接性。想像不是思想，然而除非思想出現，否則就不可能有想像；而想像，是所有思想的焦點、光源。但是，一旦藝術實際存在時，它不是孤立的存在，而是與思想密切聯結而存在。思想所掌握的東西，由藝術直接表現出來，因之精神生活的其他形態的成就化爲藝術，集中於藝術上的一點亮點，這些成就從此亮點，再化爲清晰的思想。」（周浩中譯）。這就是他從他藝術的形上與形下邏輯思考推展而來的要爲藝術下定義的觀點。

Herbert Read在他的「形象與觀念」中說：「藝術從來都是，而且現在仍然是，人類意識發展之根本手段。」（杜若洲譯）。但他在他的「藝術的意義」中說：「藝術、就十分單純地而且十分平常地，被界定爲一種創造種種愉悅形式之企圖。這樣的形式，滿足我們的美感，於是當我們一旦能夠在吾人各種感知中，欣賞到諸形式關係之一種統一與和諧時，美感即被滿足。」（杜若洲譯）。我想，Read的「藝術」，也許是指——

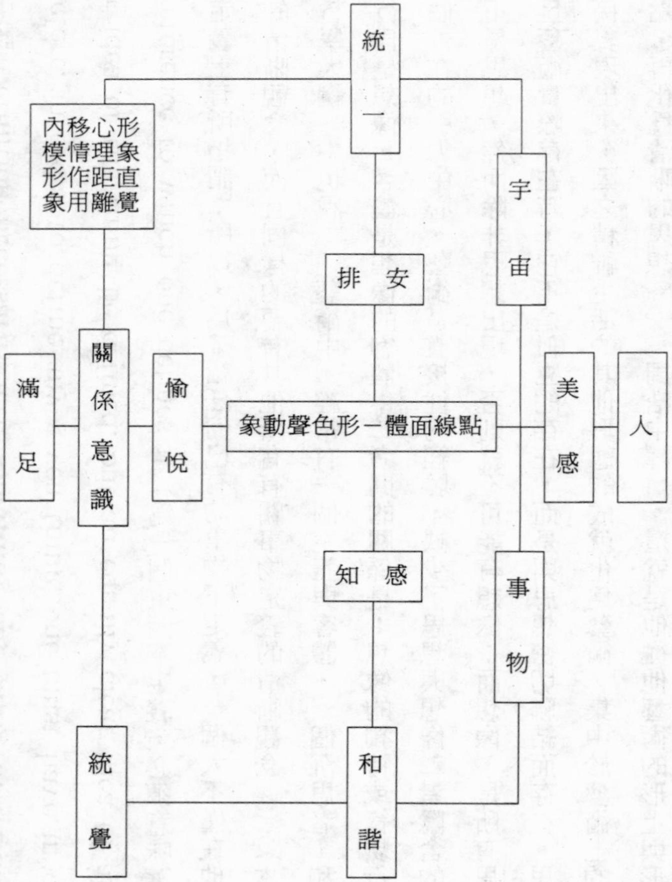

不過，他在他的「雕刻藝術」中說：「在我們現代工業文明中，藝術之分離，是不可避免的；因此，藝術如雕刻與繪畫，必須演成自己的美學，如往日音樂已獲之獨立然」。（漢寶德譯）。這個，藝術的美學，正如我在前面所說：「藝術哲學——是討論藝術原理的學問，是美學所討論的『美』在藝術中的『原理』所構成的『規範』與『記述』問題的學問」。

當然，Santayana在他的"The Sense of Beauty"中說"The philosophy of art has often proved a more tempting subject than the psychology of taste, especially to minds wh-ich were not so much fascinated by beauty itself as by the curious problem of the artistic instinct in man and of the diversity of its manifestations in history"（藝術哲學已證明是一個比較趣味心理學更能引人的題材，特別對於那些不很爲美的本身所醉心的心靈，而竟爲那些人類藝術本能的好奇問題與它在歷史中，爲好奇心所顯示的不同問題所吸引。）（本文作者譯）。其所以如此者，正如Benedetto Croce在他的「美學原理」中說：「知識的純粹形式或基本形式只有兩種：即直覺與概念——換言之，就是藝術與科學或哲學。與此二者並存的應該是歷史。歷史可以說是直覺跟概念接觸而生的產物。」（傅東華譯）。所以Bergson說：「直覺的對象，是動的綿延。」（形而上學）。因爲從來的藝術的世界也就是「作爲意志與觀念的世界」——"By Losing oneself in objects, by knowing them as they are in themselves, one comes to know the will as idea, as eternal form"（Schopenhauer）。這個世界是一個生命的世界，所以Irwin Edman說："The art of life is an aspiration and a prophecy, not a history of a fact".（"Art and The Man"）因此，Ducasse在他的"The Philosophy of Art"中說"Art is not a quality of things but an activity of man."

這些，也就是我在前面所說：「不管是實用的藝術，或純美的藝術，都是人的頭腦與身體所造成的技巧在創造中的活動……」的不同解釋與論證。

藝術 ┬ 創造—觀念—永恆 ┬ 情感形式的美．3．
　　 └ 創造—自然—所對 ┘

藝術，不管是「作爲觀念的永恆的模仿」，「作爲自然的所對的模仿」、「作爲神聖理性發出的精純光輝」、「作爲崇高」、「作爲無關心的愉悅的滿足與趣味判斷」、「作爲遊戲」、「作爲絕對精神」、「作爲絕對意志」、「作爲理念的實現」、「作爲無限」、「作爲理想的化身」、「作爲某些性質以代表神靈的本德」、「作爲理想的美」、「作爲由相對以表現絕對」、「作爲形上的神秘」、「作爲形式的存在」、「作爲多樣的統一」、「作爲理念的外相」、「作爲象徵」、「作爲直覺」

、「作爲內容與形式的統一」、「作爲自然的完成」、「作爲生命存在之最高形式」、「作爲創作觀念的表現」、「作爲心靈與道德的表現」、「作爲美與藝術的幸福原理」、「作爲自然的表現」、「作爲經驗」、「作爲移情」、「作爲同情」、「作爲模仿」、「作爲自欺」、「作爲抽離的形式」、「作爲物理的、生理的、心理的變化」、「作爲發生的作用」、「作爲快樂」、「作爲社會的表徵」、「作爲情感的發現」、「作爲情感的傳達」、「作爲條件的反應」、「作爲行爲」、「作爲距離」、「作爲潛意識的投射」……但都必須是一種「創造」（Creation）的活動與行爲，才是「藝術」。柏拉圖的「模仿」所指的（柏拉圖的美學將在以後討論），甚至亞里士多德的「模仿」所稱的，都不是一般消極的「模仿」意義；這要從積極的、整體的、動力的觀點看，才不會看不出它，實在之所指。因爲「模仿」並不僅僅是"Simple" Imitation, Imitation of "Essences", Imitation of the "Ideal",（Jerome Stolnitz, Aesthetics and Philosophy of Art Criticism, pp. 109-133）。因爲它所要求的，不僅是要「模仿——觀念——永恆」、「模仿——自然——所對」，而且要「創造——觀念——永恆」的情感形式所投向的世界，「創造——自然——所對」的情感形式所投向的世界。這個，才叫做「藝術」。所以，Colling wood 說："Where imitation means what I am here calling representation"（The Principles of Art）這種從表象——從表象的創造去看「模仿」的所指，已非一般藝術家所能達到的；其實，「表象——表象的創造」都是要透過生命的創造活動與創造行爲之後才能出現的——「情感形式所投向的世界」。

不如此，又怎會——

Contemplation of the beautiful, or, as Kant calls it, the "Judgment of tast" moves men and gives them a pleasure which becomes deeper and more intense the longer they dwell on its object.（Karl Jaspers, The Great Philosophers）

假如，我們不把藝術放在哲學的觀照中，放在藝術原理的透視中，我們所能看到的，所能懂得的，恐怕也只是一些藝術世界的浮光掠影而已，又怎能走進去呢？又怎能"Moves"與"gives"呢？

## H. Taine（泰納）的觀點・4・

現在，我們再回頭看看十九世紀大名鼎鼎的H. Taine（泰納）的觀點，雖然Grose 在他的"The Beginnings of Art"中說：「泰納的『藝術哲學』就是那常常以最平凡的思想，蒙者科學的外套，把他作爲心理學的或社會科學的法則，很大膽的想把精神科學的整個領域漸次佔領去的所謂精密研究的典型產物」。但是我們看——泰納在藝術上的根本觀點，又如何呢？他說：「藝術品的目的，與其說是在表現出事物之所顯現的，毋寧更是在乎完全明白地表現出它的本質，或者某些顯著的特質。爲此，藝術家形式或其性質的觀念，以改造實物。這樣，改造出來的那個對象，是與觀念相一致的。易言之，是與理想吻合之物。這樣，藝術家依著自己的觀念，將事物變化；要加以表現時，則事物從現實走到了理想，而且認識了事物中的顯著的某種性質，將其引出，爲著使這些性質，成爲更明白，更主要之物起見，而體系地將其各部的本來的關係，加以變化時，這就是藝術家依著自己的觀念，來使事物變化。」（沈豈余譯）。這是不是從「創造——觀念——永恆」——「情感形式所投向的世界」，「創造——自然——所對」——「情感形式所投向的世界」而發展出來的創造藝術觀點呢。

藝術，向上看，是哲學的；向下看，是科學的。泰納的藝術觀點，是從藝術的形而下世界，慢慢的走向藝術的形而上世界。所以，他的「藝術哲學」最後一篇——第五篇，是「藝術上的理想」。但他在「藝術的定義」中說：「藝術是以表現出某種主要的性質，某種顯著的特質，某種重要的見解以及對象的主要存在樣式爲目的。這是藉一定的關聯所誘導出來的一種特質。」在德國的新康德學派中的Frederick Albert Lange（朗格）的大著「唯物論史」，最後一章，也是「理想的見地」。我想：「下學而上達，知我者其天乎？」（憲問），不僅是代表中國人的生命在宇宙中探險所嚮往的「理想的見地」與「藝術上的理想」，也是西方人生命中所追求的「理想」。所以，孔子要——

志於「道」——形上世界的本然存在：「思知人，不可以不知天」——「物自體」、「如如」：生命的所向。

據於「德」——從自然世界到理想世界：「元者，善之長也；亨者，嘉之會也；利者，義之和也；貞者，事之幹也。」——「斷言命令」：生命的所據。

依於「仁」——生命世界的創造與完成：「生生之謂易。」——「共有存在與個體存在的同涵互攝。」：生命理想實現的歷程。從封閉的自然走向開放的自然；從孤立的道德走向涵攝的道德。

游於「藝」——藝術世界的「乾始能以『美——利』，利天下；不言所利，大矣哉，坤（陰）雖有『美——含』之，以從王事」的「予欲無言」的「天地有大美而不言，四時有明法而不議，萬物有成理而不說。聖人者，原天地之美，而達萬物之理。是故，至人無爲，大聖不作，觀於天地之謂也」的美「逍遙遊」的世界。——「觀照自然於自由概念中的審美判斷」：生命的自我超越。

## Ernest Grose（格羅塞）的藝術哲學・5・

Grose的「在許多關於藝術——不單指形象藝術的各部門，指一切美的創作而說的廣義的藝術——的研究和論著中，可以分出兩條路線；這兩條路可以叫做藝術史的與藝術哲學的。藝術史是藝術和藝術家的發展中，考查事實。它的任務不是重在解釋，而是重在事實的探求和記述。關於藝術的性質、條件、目的的一般研究；這些研究無論它們是片斷的或是有系統地發表出來的（藝術哲學）（本文作者加）；就代表著我們所謂藝術史和藝術哲學的兩種課程。藝術史和藝術哲學合起來，就成爲現在的所謂藝術科學。我們的藝術哲學的概念，卻包涵得還要廣些，它也包涵那些通常稱爲藝術評論而不稱爲哲學的研究。」（The Begining of Art），他是以藝術科學來涵蓋藝術史和藝術哲學的，他把藝術哲學和藝術史放在藝術科學的概念之下，也即是以科學作爲哲學與歷史的上位概念。Grose以民族學（Ethnology）、人類學（Anthropology）、文化人類學（Cultural Anthropology）的訓練，來對藝術作文化史的研究，是一般人所不易追及的；但他的科學主義卻超出了他的位置。哲學與科學二者在文化的創造上，不管是從歷史發展的系統看，或是從文化知識的內外性質看，硬要把藝術哲學與藝術史放在藝術科學的下面，也只是一種汎科學主義的衝動而已。要是我們說：藝術學包括了藝術哲學與藝術科學和藝術史；也即是：

藝術學：
- 藝術哲學
- 藝術科學
- 藝術史

又如何呢？因爲藝術學是研究什麼是美，以及美如何在藝術中實現的問題。假如，他說「藝術哲學、藝術科學、藝術史合起來就成爲現在的所謂藝術學。」又如何呢？假如，他說「藝術哲學的歷史研究與藝術科學的歷史研究合起來就成爲現在所謂的藝術史。」那是說：歷史學，包涵有哲學性與科學性的兩重性格，又如何呢？但是，他並未如此說。

## Tolstoy（托爾斯泰）與Sorokin（索羅金）的藝術觀點・6・

觀念的活動，技巧的活動，審美的活動，合起來就是藝術。「藝術是理性的和意識的生活的表示」（Guyou），「藝術是情感的一種表現」（Veron），「藝術滲透我們全部的生活，我們所稱爲藝術的戲劇、音樂會、書籍、展覽會只是極微小的部分而已。我們的生活充滿了各式各樣的藝術表白，自兒童的遊戲直至宗教儀式。藝術與語言是人類進步的兩大機能。一是溝通心靈的，一是交換意見的。如果其中有一個誤入歧途，社會便要發生病態。今日的藝術即已走入了歧途。藝術是人類的活動，是我們有意識地用某種外面的符號把自己經驗過的情感，傳達別人，使別人感染——藝術也是由宗教的知覺所流出的感情」。（托爾斯泰著「什麼是藝術」，耿濟之譯）總之，「最美的理論只有在作品中，表現出來時，才有價值。」（羅曼羅蘭著「托爾斯泰傳」，傅雷譯）。托爾斯泰最痛恨兩種人：一是「科學的宦官」，一是「藝術的僭越者」。他主張——生命是決不能停留在某一點思想的上面，生命還要前進：「動，就是生命。」（一九〇一年三月致一個友人書）。

所以，托爾斯泰在他的：What is Art，中大罵：「現代藝術簡直成了妓女的行徑。」罵得對不對，是一回事；要不要反省，又是一回事。

Pitirim A. Sorokin 在他的：Social and Cultural Dynamics 一書中說："Logically, aesthetic value, art likewise cannot be identical in the Ideational and Sensate culture mentalitics. So far as the style of art is concerned--wether it be in painting, sculpture, music, literature, drama, architecture--in the Ideational mentality it is symbolic, its physical exemplars being merely the visible signs of the invisible world and inner values"。我想，藝術的Moves與gives有兩個世界：一個是visible world，一個是invisible world，前一個在Sensate Culture 中出現，後一個是在Ideational Culture中出現。我們要把握一個，還是兩個呢？這就靠我們兩方面的心靈世界的訓練與貫通了。一個藝術家，要是他不是如托爾斯泰所罵的那樣，他必定在感覺型的藝術文化訓練之外還要加上觀念型的藝術文化訓練，不能只走一條路，要雙向並進。

## 回到Kant（康德）・7・

作爲Baumgarten之後的一個美學的現代起點，那應該如Ernst Cassier 在他的："An Essay on Man" 中說"Kant in his Critique of Judgment was the first to give a clear and convincing proof of the autonomy of Art. All former systems had looked for a principle of art within the sphere either of theoretical know ledge or of the moral life. If art was regarded as the offspring of theorelical activity it became necessory to analyze the logical rule to which this particular activity conforms" 這就是我在前面說的：「藝術哲學，也許是哲學美學走向科學美學時，而在藝術中停留下來，築巢而居，慢慢地生出一窩一窩的藝

術科學知識這門學問的徒子徒孫來」的道理。

也許，最好的論證，和要發現更多的東西還是要回到Kant 的"Critique of Judgment"—

Judgment in general is the facult of thinking the particular as contained under the universal: if a judgment brings the particular under a given universal, it is determinant, and if it discovers a universal by which to judge a given particular, it is reflective.

Taste is the faculty of judging an object by a satisfaction (or dissatisfaction) which is not dependent on any quality of the object itself; the satisfaction is a subjective response to the mere representation of the object; hence, it is disinterested. Even though beauty is subjective, it is universal; the beautiful is that which pleases universally because it satisfies the will as if it served a purpose.

The sublime is found when a formless object it represented as boundless, even though its totality is present in thought.

但是，吳康先生說：「康德著判斷力批評一書，以哲學思想漸入於美學，結合感情與悟性（理性）。」（哲學大綱，下冊，第十三章近代美學之派別中，五八六頁）吳康先生在此的意思，好像是說康德用判斷力批評來結合感性與悟性（理性），其結合是以哲學思想漸入於美學來結合。在此所指的什麼叫做「哲學思潮漸入於美學來結合」呢？哲學思想，究何所指呢？

在康德的理論中，判斷有兩種：一是決定判斷，一是反省判斷。決定判斷又叫一般判斷。所謂一般判斷，是一種思考機能，用來使特殊事項（殊相），包涵於普遍事物（共相）中。如果普遍事物（規則、原則、法則）已被給予，那麼判斷力（特殊事項包涵於普遍事物之中），這就成為決定的了，這是決定判斷。但是，反過來說，如果特殊事項已被給予了，而且判斷力必須發現普遍的事物，以用來包涵特殊事項。那麼，這種判斷力，僅僅是反省的。所以，判斷力批判的判斷力是指反省的判斷，反省判斷乃是審美判斷與目的判斷，也就是情感判斷，亦即是「感性」的判斷，美感的判斷。所以吳康先生說用判斷力結合感性與悟性（理性），等於說用感性判斷結合感性與悟性（理性）。因為理性在康德有：

純粹理性——認知力（Cognition），在理解上，已指出理解力（悟性）的一些先天原則，以及指出，這些先天原則如何為經驗知識定立法則。

實踐理性——欲望（desire），在理性上，已指出理性的一項先天原則，而且指出這項先天原則如何為欲望定立法則。

所以，照整個的三批判應該說用感性結合純粹理性與實踐理性兩個世界成為一個完滿的世界。因為人類的心靈有三種機能：一、認知力。二、快樂與不快樂的情感。三、欲望。因此，他的第三批判——快樂與不快樂的情感的反省批判，才是用來結合認知力（純粹理性批判）與欲望（實踐理性）為一個完滿世界的橋樑。因爲認知力在自然概念中，而欲望乃在自由概念中。前者根據先天的原理，構成理論的知識，後者則依先天的原理之基礎，爲意志的決定，而建立實踐的原理。因此，哲學才有：一、理論哲學——自然哲學，二、實踐哲學——道德哲學；它們中間的橋樑就是反省判斷的美感之學——美學。

而且，反省判斷，有兩個任務：一是因爲反省判斷力具有某種與感覺相關聯的先天原則，其間關聯的方式類似於悟性之先天原則與經驗事實之知識二者之關聯，以及實踐理性之先天原則與欲望二者之關聯。二是因爲反省判斷力要探討自然世界與道德世界，也就是美感的反省判斷要使認知力的完成與欲望的自由成爲一個圓滿的世界。換言之，就是要使理論性與實踐性聯結成爲美感性的趣味判斷。所以，我們的孔子所追求的：「志於道，據於德，依於仁，游於藝」，的「人文化成」的「方以智」與「圓而神」的立體人文世界，在康德的三大批判中得到知識性的建立；但在中國人的文天祥的生命中才能呈現出「踐行」性的完成；因爲文天祥的自然生命與道德生命是透過了他的藝術生命才出現的，而非僅僅是知識性上的追求與完成。

就是Wewitt H. Parker 在他的"The Analysis of Art"中也考慮到美感形式的一般特質（The general characteristics of aesthetic form）——美感形式的邏輯（a logic of aesthetic form），提出了至少的六個原則，從這六個原則就可以看出他在「藝術的本質」中，主張藝術乃是審美的滿足；它同時要包含想像產生的滿足，社會的意義，與和諧的形式時，在這三個特性的藝術原則中，我們更可以看到Kant的："Taste is the faculty of judging an object by a satisfaction (or dissatisfaction) which is not dependent on any quality of the object itself; the satisfaction is a subjective response to the mere representation of the object; hence, it is disinterested"，這種「游於藝」的影子在他（Parker）的腦袋中震動不已。

Kant不僅在美學上，更在藝術哲學上，爲「藝術」本身帶來了它的自主性，而且也爲人類的理性自由與意志的自由，找到了一條通到「物自體」的道路。這條道路，因爲「你的意志的格律使你每次的行動，不獨要合於此格律，同時又應爲一般的立法之原則」的斷言命令所達到的欲望的自由（欲望的超越），透過「雖不可知，但可思惟」的理性與「必然」的意志，在二律背反之上，人類最後還是要上達「物如」世界——從個體的獨特的存在了解「物自體」（物如）的共有的存在，再從「物自體」的共有存在，反省到個體的獨特存在乃是無限的、絕對的，不可知的存在，通過了「審美的判斷」——情感的超越：「審美」；就在有限的、相對的、可知的存在中——直觀「物如」；在「實踐理性」得到體念，在「審美判斷」得到觀照；在目的境界與美的境界得到新的綜合，新的統一；在美感世界中是無關心的合乎規律而不需要規律，合乎目的而擺脫目的，將自然放在自由概念中觀賞，渾然一體。

台大哲學系主任教授鄔昆如博士就在他的「西洋哲學史」第四五五頁中說：『Das Erhabene「卓越」「高尚」，是「無限」的概念，是超越，通過了時間，走向永恆，通過了空間，走向無限，也就是說脫離一切束縛，重新找回自己，而這個「自己」正是一切倫理道德和認識的主體，同時又是超越時空的目的因，從「自己」出發，走進永恆和無限，又回到「自己」之中，「美」是一種境界，使主體我能在其中悠悠自得，「卓越」則是一種狀態，是主體存在的一種情況。在這種情況中，主體成爲所以爲主體的各種條件。』

不然，康德他爲什麼要說：「Beauty is subjective, it is universal; the beautiful is that which pleases universally because it satisfies the will as if it served a purpose. The sublime is found when a formless object it represented as boundless, even though its totality is presented as boundless, even though its totality is present in thought」這才是一個「如如」的世界。「如如」的世界，是一個「聖人者，原天地之美，而達萬物之理；是故，至人無爲，大聖不作；『觀』於天地之謂也」（莊子，知北遊）的「原—達—無爲—不作—『觀』於天地」的美的主體生命逍遙於形上學、知識學、價值學之間的那種「乘天地之正，而御六氣之辯，以遊無窮」（逍遙遊），「聖人不由而照之於天，得其環中，以應無窮，道通爲一，天地與我並存，萬物與我爲一」（齊物論），「安排而去化，乃入於寥天一」（大宗師）的「判天地之美，析萬物之理，察古人之全」，「備天地之美，稱神明之容」（天下篇）的大美生命世界。

所以，東美先生曾說：「把康德平舖的三分才能論之心靈直豎起來，看作完整心力，使之具有內在動性發展的脈絡。就知識作用而言，感性可以上達悟性，悟性又可上達理性，互相銜接，始終一貫，更在形上學的體系中，擴大理性的知識作用，一方面與意慾配合，可創造道德世界，他方面與情感融貫，可以成立藝術世界。如是，自然界、藝術界、道德界，分別觀之雖是高下懸殊的層疊，但由於理性的貫串，又形成三界一體的宇宙大全。」（黑格爾哲學之當前難題與歷史背景）以此，在康德的世界中：美——美感的世界，不是一個孤立的世界，它必須上通自然界，下貫道德世界，才是一個人的生命的大全世界，也就是孔子的「志於道，據於德，依於仁，游於藝」的大全世界。

所以，回到康德，我們才會發現：自然世界，藝術世界，道德世界是一個整體的世界，雖然，每一個世界都有它的自主性，但向上發展到一定的階段以後，則是一個三位一體，走向「物自體」——「如如」的大全世界。因此，假如美的世界，要從這兩個世界中分離開來，而失去了它的整體性，甚至排斥另外的兩個世界，甚且與之爲敵；那麼，美的世界將如斷線的風箏，不知會飄到那裡；而它自己也會如P. R. Picasso在兩幅畫中所投射出來的兩個「表象」的世界：一個是在一九〇九—一九一〇年的「訞拉爾肖像」中，從主體到客體，從空間的存在到時間的存在，人類生命通通是一塊塊的不成片斷的「The Alienation of Men」的當代世界。一個是一九三七年的「哭泣的女人」中，在他激情的筆觸下所表達的是不合理的意外悲劇而失掉了一切存在的形象，正如Karl Jaspers所說"All substances are phenomena, not fundamental realities"（Philosophy is for Everyman)。

在當今的這樣的一個世界，我們從哲學的歷史智慧中來透視，爲了挽救今天人類在文化上所造成的種種危機，我們要不要回到康德？

## Solzhenitsyn（索忍尼辛）的美的宣言：「爲人類而藝術」・8・

是這樣的一個世界——"Not all can be given names. Some of them go beyond words. Art opens even the chilled, darkened heart to high spiritual experience. By the instrumentality of art sometimes we are given—vaguely, briefly—insights which logical processes of thought cannot attain. Like the tiny mirror of the fairy tale: You look into it and you see—not yourself—but for one fleeting moment the Unattainable to which you cannot leap or fly. And the heart aches："（Aleksander Solzhenitsyn, Art for Man's Sake）（世間並非一切皆可有以名之。其中許多東西是凌駕語言之上的。藝術能夠爲我們敲開黑暗冰封的心扉而通達昇華的精神經驗境界。以藝術爲手段，有時我們能隱約捕得短暫的透視，而這些皆非邏輯思維過程能幫助我們去得到的。一若神話中的那面鏡子：你所看到的並非自己，而是頃刻間得睹「永恆」，但身體卻動彈不得。此時你頓感心胸隱隱作痛……）（翁廷樞譯）所以，Solzhenitsyn 才接著說 Dostoyevsky once let drop the enigmatic phrase: Beauty will say the world. What does this mean? Works steeped in truth and presenting it to us vividly alive will grasp us, will attract us to themselves with great power—and no one, ever, even an age later, will presume to negate them. And so perhaps that old trinity of Truth, God and Beauty is not just the formal outworn formula it used to seem during our heady materialistic youth....（杜斯妥也夫斯基無意間曾漏出這曖昧的一句：「世界將由美來拯救。」此何謂？只有浸淫在眞理中，並使之生動具現爲作品才能以無比的力量捕捉我們，吸引我們，甚至隔代也不會有人要去否定它的價値。也許便因此之故，那古老的眞、善、美三位一體的說法，或不似吾人在放任而崇尙物質的青年時代所見到的那樣陳腐吧。）（翁廷樞譯）。

這才是一篇邁越前人的當代人類的美的宣言：「爲人類而藝術」。人類靈魂要從藝術世界的美中去追求眞的世界與善的世界的三位一體的世界。它是一個現代生命在藝術中，對美的要求——「自主性」，在其中呈現出美的形上世界與美的形下世界的不同面貌。Soizhenitsyn 的 Art for man's sake 代表當代人類藝術的動向——當代人類的「美的宣言」。我們怎樣才能讓一個偉大的心靈在藝術中得到完成呢？怎樣才能把「美的泉源」大大的打開呢？

人類中，偉大的心靈是不少的，但能在藝術中得到完成的，得到偉大完成的又有好多個呢？我們面對今天的人類，今天人類的藝術，我們打開人類歷史的各頁，面對今天與未來，我們將發現的又是什麼？

是「藝術的僭越者」？

還是「科學的宦官」？

（本文曾刊於《哲學與文化月刊》第七卷第十期—第八卷第二期。六十九年十月—七十年二月）

宋 郭熙早春圖

# 美學

·大哉！堯之爲君也——
巍巍乎！唯天爲大，唯堯則之。
蕩蕩乎！民無能名焉。
巍巍乎！其有成功也。
煥乎！其有文章。

——論語·泰伯——……

·……昭其儉也，
……昭其度也，
……昭其數也，
……昭其文也，
……昭其物也，

——左傳·桓公二年——……

·夫美也者：上下，內外，大小，遠近，皆無害焉！
故曰：美。

——國語·楚語上——……

荀子————：

•眞積力：久——則入。

學也者，固學：一之也——倫類不通，仁義不一，
不足謂善學。

全之，盡之，然後學者也。

君子：知夫——不全，不粹，之不足以爲美也。「勸學」

•故：天之所覆，地之所載，莫不盡其美。（王制）

•是故：美之者，是美天下之本也。
其所是焉！誠——美；
其所得焉！誠——大；
其所利焉！誠——多。（富國）

•得：道，以持之，則大安也，大榮也。
積——美，之源也。
功——壹天下，名——配舜禹，物——由有可樂；
如是：其美焉者乎！（王霸）

•美——我：德行。（議兵）

•聖人：備——道；全——美者也。（正論）

•若夫——斷之，繼之，博之，淺之，益之，損之，類之，
盡之，盛之……
美之——：使
未來，終始，莫不順此；足以爲萬世則。（禮論）

•身：盡其故——則：美。（解蔽）

故：嚮——萬物之：美，而不能兼也；
嚮——萬物之：美，而盛憂。

道也者，治之經理也：心——合於道，說——合於心，
辭——合於說，正名而期，質請而喩，辨異而不
過，推類而不悖，聽——則合文，辨——則盡故。
以正道，而辨姦，猶引繩以持曲直。（正名）

•所謂性善者：不離其朴，而美之。（性惡）

•我，獨自美，豈無故哉！（成相）

•言語——之「美」：穆穆皇皇！（大略）

•天下皆寧：「美——善」，相樂。（樂論）

左傳・襄公二十九年：

•美哉，始基之矣，猶未也。
美哉！淵乎，憂而不困者也。
美哉！思而不懼。
美哉！其細已甚。
美哉！泱泱乎！大風也哉！
美哉！蕩蕩乎！樂而不淫。
此之謂夏聲，夫能夏則大，大之至也。
美哉！渢渢乎！大而婉，險而易行。
思深哉！何其憂之遠也。
美哉，思而不貳，怨而不言。
廣哉！熙之乎！曲而直體。
至矣哉！直而不倨，曲而不屈，邇而不偪，
遠而不攜，遷而不淫，復而不厭，
哀而不愁，樂而不荒，用而不匱，
廣而不宣，施而不費，取而不貪，
處而不底，行而不流，
五聲和，八風平，
節有度，守有序。
盛德之所同也。
美哉！猶有憾！
聖人之弘也，而猶有慚德，聖人之難也。
德——至矣哉！大矣！
如天之無不幬也，
如地之無不載也，
雖甚盛德，其蔑以加於此矣！
觀——止矣，若有他樂，吾不敢請已！

# 美——像

## 美·拯救這個世界·1

一個「爲人類而藝術」的當代蘇俄文學家——索忍尼辛在諾貝爾文學獎中以「爲人類而藝術」爲講辭說：杜斯妥也夫斯基曾經在無意間說出了一句話：「美將拯救這個世界（Beauty will save the world）」。這透出了——人，在追求那眞實的美的本身；但是，那最後的美的眞實，又是什麼呢？你想創造什麼樣的美？你要創造什麼美？你要表現的美，不僅僅是情感上的那點兒幻想的「透徹玲瓏」，而心靈世界的「空中之音，相中之色，水中之月，鏡中之象」的美，也要在你的美的形相中，美的意態中，美的生命中得到透入而又透出的觀照。因爲「只有浸淫在眞理中，並使之生動，具現爲作品，才能以無比的力量捕捉它們」。（「爲人類而藝術」）

宗教、藝術與詩，在創作中，是內在生命的大大的動力；而哲學則把它們會歸到一個高度的最後的眞實之上，科學則又可把它們散落在一個深度的最初的「大千世界」的原始概念之中。但是，一切崇高的「心念」都是經由美的形式與內容去創造，得到形成、開花、與結果。「美就是一中見多，它

反映了宇宙全體的美。」（愛默生——論美）

## 美——像．2

這「美」，實在又不能離開「美感」；我們「一般人」要在美感中，才能發現美——美的東西，所以，我說：

「美」像「花」，又「非花」，像「霧」，又「非霧」；「夜半來時天明去，來如春夢幾多時，去似朝雲無覓處。」

「美」像——「橫看成嶺側成峰，遠近觀山山不同。不識廬山眞面目。只緣身在此山中」。

「美」像——「簫聲咽，秦娥夢斷秦樓月，秦樓月，年年柳色，灞陵傷別，樂遊原上清秋節，咸陽古道音塵絕，音塵絕，西風殘照……漢家陵闕」。

「美」像——「平林漠漠，煙如織，寒山一帶傷心碧，暝色入高樓，有人樓上愁，玉階空佇立，宿鳥歸飛急，何處是歸程，長亭更短亭」。

所以，我說：

美——是想落天外。

感——是像自變生。

# 美——是・3

美，因爲在美感中，才能「見」到了——什麼是美的，美的是什麼。在美感中的美，只是美感中的美。什麼是美的，或美的是什麼，不是「美」的本身。

什麼是美的本身？

美的本身——是想落天外。

談「美」是一回事——哲學的形上美學的問題：自然美與藝術美的本身。

談「美感」又是一回事——科學的心理美學的問題：審美經驗中的美感知識。科學心理學的美學是美感的「感」，這個「感」是因主觀心理中客觀對象的時空之不同而不同，所以這個「感」是像自變生。

美，不但要向上——在哲學、形上學中來談，也要向下——在科學、物理的美中，生物的美中，生理的美中，心理的美中來談。一般談美的問題，是要從美在美感中開始，才有可能；但，又不止此。而美感又要從「感」開始，經過自然的美，身體的美，藝術的美，而成爲從常識中的美，科學中的美，哲學中的美，生命中的美，精神中的美，而到理想中的純美，大美，至美。所以，先有了這些「像」自變生，然後才有那一個「想」落天外。因爲「祇要它是含於自身中的一組聯貫的想像片斷，它就是美的。」（柯林烏，藝術哲學，藝術的單子論）

這個

**像**——生命的空間架構

自

**變**——千變萬化的生命時間展現中

推出了

**生**——生命的美的形象的直覺

去

**想**——從生命美的形象直覺開始想——想到在宇宙生命的自我存在中，必然要作：

空間的擴延」
呈現了
時間的遷流」

生命的「大大的逍遙遊」，才去追求：

**落**——宇宙生命的無限遷流

**天外**——宇宙生命的無窮空間擴延

空間有限↓時間無限：空間的無限

所謂「行到水窮處，坐看雲起時」；天外，還有天。因此，你若問：「美是什麼？」我說：「不能說美是什麼，只能說什麼是美的，或美的是什麼」。因爲，「美」，是絕對的，在理念中；「美的」是相對的，在感象中；審美，是人的天性之追求美所透過的美感活動。

## 美——不是・4

美，不是天下的人所知道的那個美。天下的人所知道的那個美——『什麼樣的東西才是「美的」那個美』，不是「美」的本身；因爲天下的人所知道的「什麼樣的東西才是美」的那個「美」，是相對的，不是絕對的。所以，你雖然認爲這個東西美，但我就不一定覺得它美。你和我爲什麼會對「美的」認定產生不同的看法呢？儘管你和我的認定不同，可是總有所認定；而這一認定，又是相對的。因爲是相對的，你說美，我說不美。在你說它美，我說它不美的情況下，這個美能是美的本身嗎？這能算美嗎？所以，老子說，「天下皆知美之爲美，斯惡已！」就是這個道理。

這樣，我們才知道：美不僅爲美的性質與概念之追索，且爲美在自然中，社會中，心靈中的科學分析與哲學統貫；並且爲對美作分別性與整體性的形上而又形下了解；進而了解美學在科學中，哲學中，藝術中，宗教中居於蓋頂的地位。故莊子才說：「夫聖人者，原天地之美，而達萬物之理」；這又才把老子的「天下皆知美之爲美，斯惡已」的美的形上意義：美與存有本身是同時存在的，在形上哲學中是不能分的。故老子在道的常道與非常道之後即言：「天下皆知美之爲美，斯惡已！」者，此也。而且美的存有本身，美的存有範疇，美的存有特徵，也是不同層次的——展開於人類生命的人文世界中。這我們就不能責怪爲什麼有的人能談美學，而不能談美；有的人能談美，而不能談美學的這種難局了。

## 美——的知識與它以外・5

把「美」當成知識談，那美的知識，是不是就能把「美」說盡，說得盡呢？人如何獲得「美」？獲得的最好的方法是什麼？人，是怎樣發現了美？進入了美？觀賞了美？美的心智之活動的了解，就只是一個層面的嗎？在語言中與在思想中跟在一個美的對象中，所獲得的「美」——或美的知識，當然是美學上的問題；但是，美學上所討論的美學問題，是不是僅僅止於感性知識的美，理性知識的美，悟性知識的美呢？還有其他的嗎？這就眞有一點如宋李唐所謂：「雪裡煙村雨裡灘，看之容易作之難」了。我想，它也許是這樣的：

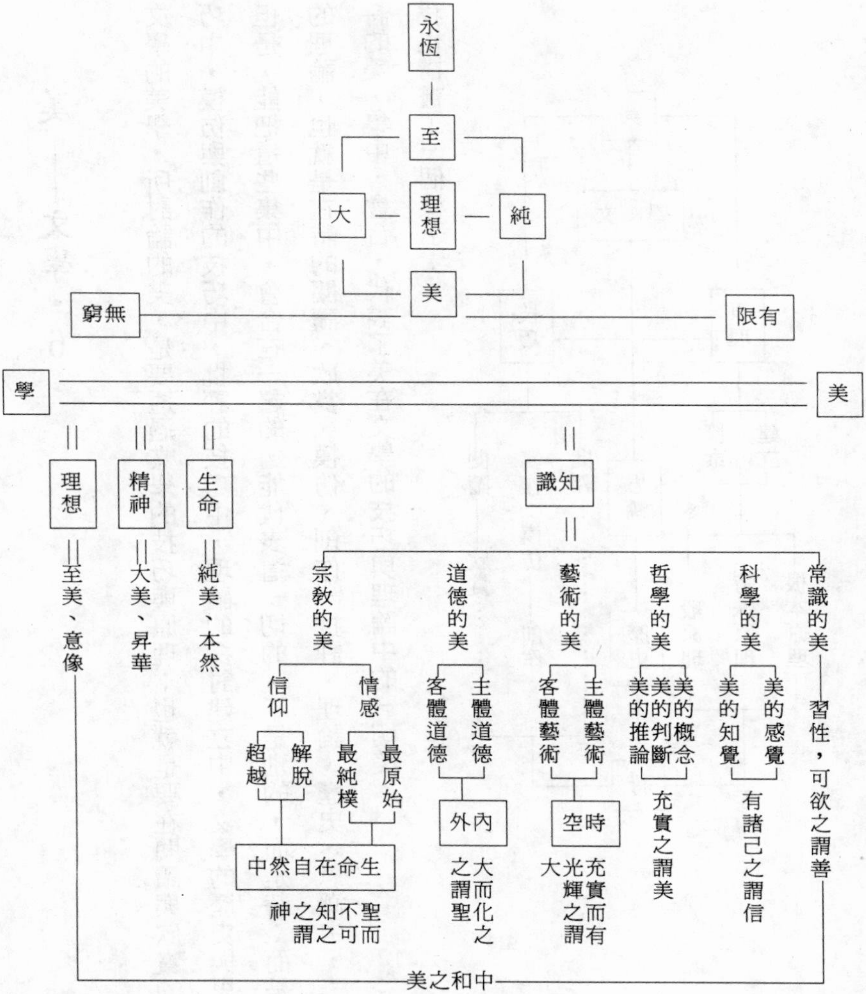
永恆
至
大
理想
純
美
無窮
有限
學
美
理想
精神
生命
知識
至美、意像
大美、昇華
純美、本然
宗教的美
道德的美
藝術的美
哲學的美
科學的美
常識的美
信仰
情感
超越
解脫
最純樸
最原始
生命在自然中
聖而不可知之之謂神
主體道德
客體道德
內外
大而化之之謂聖
主體藝術
客體藝術
時空
充實而有光輝之謂大
美的概念
美的判斷
美的推論
充實之謂美
美的感覺
美的知覺
有諸己之謂信
習性，可欲之謂善
中和之美

# 美——文學・6

文學的美學，所討論的美，是要透過文學的技巧與原理；也就是要在閱讀與欣賞的技巧中，寫作的技巧中，模仿與創作的技巧中，批評的技巧中，理論的探討建立中，文學的歷史與思潮中，去發現美。但是，能把這些集中，會合在一起的，能代表這一切的，不是別的，而是詩；而是詩的美的技巧與美的理論，也就是在詩的閱讀、欣賞、模仿、創作、批評、理論、歷史、思潮中，去發現詩的美。因爲詩的美，集中，會合，代表了美在文學的技巧與理論中的一切美。

我也構畫了一個樣子：

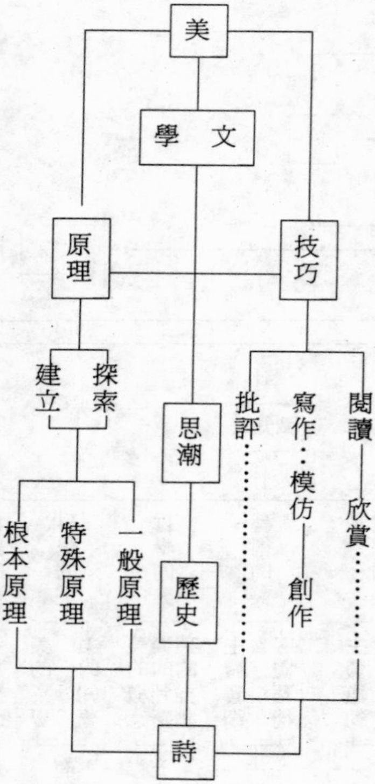

所以，有人主張：有志於文藝的工作者，假如能從「詩」開始，可能會獲得更多的便利，和意想不到的效果。

## 美——詩的世界・7

眞的，要談美與美學，實在是「常恨言語淺，不如人意深，今朝兩相視，脈脈萬重情」（劉禹錫，視刀環歌）了！假如這是學術的話，而「學術造詣，本夫心識，如人入海，一入，一深……會通之義，大矣哉！」（鄭樵，通志總序）。當年，裴迪送崔九的詩道：

「歸山深淺去，
須盡丘壑美；
莫學武陵人，
暫遊桃源裡。」

這個歸「山」——的「山」，是不是陶淵明的「山」呢？淵明心中，那心中的山，有好多個……都是「美」的理想世界——心靈的美之象徵。

我，且舉出兩座來：

一、丘山——這座丘山如何呢？

少無適俗韻，性本愛丘山；
誤落塵網中，一去三十年。
羈鳥戀舊林，池魚思故淵；
開荒南畝際，守拙歸田園。
方宅十餘畝，草屋八九間；
榆柳蔭後簷，桃李羅堂前。
曖曖遠人村，依依墟里煙。
狗吠深巷中，雞鳴桑樹顚。
户庭無塵雜，虛室有餘閒；
久在樊籠裡，復得返自然。

這座「丘山」，是「誤落塵網」中以後的再發現，發現「丘山」才是「心之所在」。所以，「丘山」是回到自然——「返自然」的心之所在了。

詩或文學，不僅是生命的一種反映與批評；而且，是人性的創造與昇華。它必須從生活的最內層，去描畫出內心的那些悲哀、願望與喜悅的刹那靈光，以及閃動的思想，跟情緒的放射，和自我對宇宙各種信念之反照。它是用深幽，沉靜，謙虛的語言所流出的周圍事物，夢中的幻影，心上的回憶，眼中的美麗，呈現出一個眞正的自己——「返自然」：是回到自然後才來自生命的內在激動後的寧靜所創造出來的。因爲任何一種創作，如不是來自生命的內在激動，和激動在情緒上所生的那種洗淨了一切的作用的話，那這種創作既不能感動自己，也不能感動別人。這種創作，就是以最美的形式出之，也祇是一件沒有創作生命的作品而已。最美的創作，是從生命的最內層所流出的。

「返自然」——回到自然，就是回到生命的最內層中去：就是這座「丘山」；這座山就是詩人最美的生命表徵。

二、南山——這座山又如何呢？

結廬在人境，而無車馬喧；
問君何能爾？心遠地自偏；
采菊東籬下，悠然見南山；
山氣日夕佳，飛鳥相與還；
此中有眞意，欲辨已忘言。

這座山——「南山」，是詩人的天才，也是詩人情感的直透，更是詩人的學養在這座山中的最高境界。一幅田園詩人在東籬採菊的「悠然」畫境；「山氣」是自然的，也是淵明的；「飛鳥」象徵一個人的靈魂，宇宙的飛鳥有許多個；詩人的靈魂，也不孤獨——因爲在自然中，此中確有「眞意」在，我們「欲辨已忘言」。忘言，是什麼呢？是無言之美。這境界，這味道，是不能言說的。因爲，在詩的裡面，就有我們最迫切的呼應，最情感、最直透、最美的和諧境界。

這座山，是生命的「眞意」——「情之所託」的眞我：無言之美。

「歸」山——的「歸」，乃是回去也。歸山，就是回到自然——心之所在；歸山，就尋覓眞意——眞我的存在，情之所託。歸，有深歸，也有淺歸。深歸，深深的歸去——深深的走去，走向深深的美，深有深的美。淺歸，淺淺的歸去——淺淺的走去，走向淺淺的美，淺有淺的美。詩人的「歸山」，是有深淺的層級，深淺又是在「重重疊疊上瑤臺」中，展現在詩人的眼前。

深淺「去」——的「去」：「去」才展現了整個生命的高低連綿不斷的宇宙，展開了生命在「美」中的層層境界，展現了生命旋律之悠揚而去的那種意象之外的高低連綿不斷的空靈美。

這個——「去」，可以說「去」是：

1. 深淺層次的美之高高低低重重疊疊展現在生命的動的形象中。

2. 生命的情趣與韻律，在生命的時間深淺層疊的美的層層展現中，展現出生命空間的深淺層次高低連綿不斷的美，才能盡丘壑之美。

須盡丘壑美——的「美」，是什麼美呢？丘有丘的生命美，壑有壑的生命美：

丘的美：是向上突現的美——陽剛之美。

壑的美：是向下深藏的美——陰柔之美。

須盡丘壑美——的「盡」，是要在生命的有限與無窮中，在生命與宇宙的和諧中，在丘與壑的陽剛美與陰柔美的一體中，放情——盡情於丘壑的大中致和的美境。但是，更要「莫學武陵人，暫遊桃源裡」，表面上是要在「桃源裡」遊下去，內心的話，還是要回到——「人間世」，是要在生命已在「盡美」之後，回到「人間世」去安排生命，去追求生命的「可欲」的善，「有諸己」的信，「充實」的美，「充實而有光輝」的大，「大而化之」的聖，「聖而不可知」的神之至美的中和境界。

## 美——的東西・8

所以：「美」的東西——藝術品，似乎是文化上一種美麗的，但有人卻以為是無用的裝飾品，其實又不盡然。藝術的美，或自然的美，有時在文化的通衢中又最閉塞，但有時又最不閉塞；比其他任何一種人類的文化還能使人類的心靈交相感應。

音樂——是藝術中最純潔，最少跟手段性的、理性的、技術的事體相攙雜。不論是在原始民族單調而又深刻的歌聲裡，或是貝多芬的交響曲裡，或是各地的鄉土音樂裡，只有藝術的天地，而無理性的象徵或習俗，它們訴諸於聲音與節奏的直接反應。

貝多芬認爲音樂比一切智慧及哲學有更崇高的一種啓示。

叔本華認爲音樂是唯一直接表現事物的眞如或絕對實在的藝術。

舞蹈——是節拍，動作，全身的活動，四肢，口腔和音樂在一起大動作；是身、心、自然的大躍動，是生命在自然中的一種旋律。

裝飾——含有身體的修飾，衣著的顏色與樣式以及物品的繪畫與雕刻，它是人要把「美」放到他日常生活之中。

造形藝術與建築——乃是人在木、石、金屬上創造出來的不同形象。

詩——是「美」在語言中的生長。

繪畫——是「美」在自然中的創造。

戲劇——是綜合的，是在生命空間中表達時間的「美」。

電影——是空間藝術與時間藝術的平列展現。

各種藝術的「美」；首先要直接訴諸感官作用，震動、音調、節奏、語言、色彩、線條、形狀……都是感覺，感官印象所交合而產生的特殊情調，成爲美感的基本原料。人類對於聲、色、香、觸、形的生理感官上的美的要求，也是人的基本需求，這只是審美衝動的起點，擴大開來，就成爲社會的審美要求：①材料上的，②技藝上的；社會的讚許是藝術家地位的一種承認；物品的價值，手藝技巧上的欣賞，作品給予的審美滿足，是作品、技術、經濟價值、審美的聯合展現。

「藝術」也是人類深遠的情感啓示。

「美」在藝術中的創造，或是美在社會中的表現，都是人的情感在文化中的活動。

「美」，是人在文化中的情感象徵。

美學，要從整個的文化活動中來討論美的問題，同時，藝術對於文化中的其他活動，也有相當的影響，因爲藝術與知識是兩兄弟。在寫實的藝術中，常含有許多正確的觀察和研究自然的動機，在象徵的藝術和科學的圖解，也常聯合在一起。審美的動機，在不同文化的水準上，都會使知識統一與完整化。格言、謎語、故事以及歷史傳說，不論在原始或現代社會中，都是藝術和知識的混合。

藝術的「美」，是生理上需要一種情感上的經驗——聲、色、形、動的產物。

藝術的「美」，有一種重要的完整的功能，驅使人在手藝上推進到完美之境，激動他們以工作的動機。

藝術的「美」，是個人的創造，也是社會、傳統……整個文化的創造；在傳統中，藝術要繼承傳統，也要創造現在；但是忽視了傳統，就無法思考人類精神的歷史與發展。一件作品，不僅爲個人人格、靈感、創造力所決定，也爲文化環境所決定；一件藝術品是創作的信息，也是情緒的表現、人格的縮影、傳統的創造、民族的精神。

我們要把美學放在文化的整個佈局與功能中去研究，整個發展中去研究，才只是個起點；因爲「

美」的本身，到相當的高度，它是超越了一切文化藩離與美學的限制才能發現的。內在藝術的動機，只有從觀賞者本人的直接透入去了解。

藝術的「美」——美學的對象，它是從文化中的物理層，上達生理層，再上達心理層，再上達社會層，再上達純粹的精神層，而入於寥天一處。

「恐懼」的情感，在「神秘」中，生長了「宗教」。

「想像」的情感，在「象徵」中，生長了「藝術」。

「驚疑」的情感，在「理想」中，生長了「哲學」。

「讚嘆」的情感，在「客觀」中，生長了「科學」。

藝術，在於情感的表現，尤在於美的情感的發現。恐懼的情感、想像的情感、驚疑的情感、讚嘆的情感，雖然都是美的情感，但只有在藝術的型式中才能發現它們是美的情感；而且這種美的情感才是人類在各種文化上創造上的根源。美的情感之爲美，乃從「美」的本身而來。所以，美才是一切文化的活源頭。人類的愛美，又是一切文化創造的推動力。

美學在文化中的地位，就是從這裡開始建立起來的。

眞的情趣，純的意象，是對於生命的澈悟與留戀。美，究竟是什麼呢？——是：

一絲一絲的
懷念，像
彩霞，飛向
天邊

一片一片的
憂鬱，像
落葉，飄向
地面

一寸一寸的
柔情，像
白帆，航向
彼岸

美——像

——民國四十一年拙作

唉！眞是的，美呀，您眞是「望斷危樓斜日墜」，我呀！「關心只爲牡丹紅」；眞是的，那「一片春愁」爲什麼要「來夢裡」呢？

朋友！一切的美，都在我們的「心念」裡。

——六六年四月二三日中和、陋寓——

（本文曾刊於《幼獅文藝》第二八五期・六十六年九月、《明道文藝》第三十五期・六十八年二月）

# 「美」——從那裡開始？

## 「美——美的」問題

「美」從那裡開始呢？美，從「愛」開始。

從「美」——美本身，到「美的」——美感，一開始就是生長在人類生命的「愛」中。中國的孔子認爲美是在宇宙之愛的——天地生生不已的「乾坤相並俱生」的生命的愛中。所以孔子說：「大哉乾元，萬物資始。至哉坤元，萬物資生。」（周易，乾坤彖傳）。更說：「乾，始能以美——利，利天下，不言所利，大矣哉！陰，雖有美，含之，以從王事。君子黃中通理，正位居體，美在其中，而暢於四支，發於事業，美之至也。」（乾坤文言）在中國人的宇宙中，「乾坤」就是「愛」的至高表徵。所以，孟子說：「可欲之謂善，有諸己之謂信，充實之謂美」。莊子說：「天地有大美，而不言。」西方柏拉圖認爲：「愛，是達到美的至高手段」。總之，美要從愛開始，才能追求到「美」——美的本身，而也才更能感到「美的」——美感的各種不同的存在。因此，我們可以說：沒有愛，就沒有「美↓美的」；有了愛，才有「美本身↓美感」在我們的生命的萬般表現中存在。

「美」（Beauty）與「美——的」（Beautiful），是兩個層次。根據中西美學家的意見，乃是上下兩個層次。「美——的」這個問題，一定是在美學（Aesthetics）這門學問——「美」之中，而且一定是要討論與研究到。因此，這就構成爲一套美的理論的問題。但是「美」——「美學」，不僅僅只從：「美——的」，這個美感問題去看，就可以把「美——的」問題說到「中肯」處，說到恰到好處」處，說到「深刻」處，說到「一無遺漏」處。因爲這個緣故，所以在「美學與藝術哲學」的問題中，要分開來說：到底，美學在哲學中是一個什麼問題，美學在科學中是一個什麼問題，美學在藝術中是一個什麼問題。

美學在哲學中，是一個什麼問題呢？它是一個「逍遙於」形上學、知識學、價值學之間的主體生命的學問。它追求的是美的情感的自由。它要在天地的大美中：自然的美、身體的美、藝術的美、社會的美、心靈的美、道德的美、宗教的美——整個生命的至美中去找——「情感的自由」，才構成了「美」的哲學的問題。

美學在科學中，是一個什麼問題呢？它是一個審美的經驗，審美的判斷，審美的內容與資料，審美的技術，審美的分析等等美的經驗與趣味不同的角度，不同層次，不同面貌，不同知識的「美」的現象與存在的分析和品鑑，才構成了「美」的科學的問題。

美學在藝術中，是一個什麼問題呢？是一個藝術原理的問題。這個原理——是美學所追求的「美」，在藝術原理中，所構成的「規範的或技術的藝術」的問題，與「敘述的或分析的藝術」的問題。

規範的藝術或技術的藝術（normative or tecnical art）是討論藝術的各種規律，準則，而成爲藝術在技術上的問題；技術上的問題，又有現象層面與現象背後的問題。敘述的藝術或分析的藝術（descriptive or analytical art）是討論藝術創作的各種基體，與環境所生的各種活動，以及活動者所創造的藝術作品的內容、形式、表現、情感、想像、欣賞、與判斷而形成社會的，文化的，精神的不同藝術的起源、發展、形構、影響等。

美學在藝術中，也有兩個層面：一個是藝術哲學的層面，一個是藝術科學的層面。所以，我曾說：藝術哲學，也許是哲學美學走向科學美學時在「藝術」中停留下來，築巢而居，才慢慢生出一窩一窩的藝術科學知識這門學問的徒子徒孫。那麼，「美」——這個問題，是什麼問題呢？

「美的」——這個問題，是問：「美的」是什麼？或什麼才是美的？而不是問：「美」是什麼？美的「本身」是什麼？一般心理學的美學、實驗美學，是以美感經驗的心理活動來表達：什麼才是「美的」？「美的」是什麼？作爲主要研究的對象；而心理學的美學與實驗美學是現代美學在近代科學發展下所產生的美學的新趨勢。但是，就人類整個美學歷程來說，也只是整個美學中的一個階段而已。

我們要了解：「美」——的，這個問題，是美學的一大起點的問題，是我們首先要加以面對的「美」——的「這個問題」。這個問題，就是美感的——「感」的問題。所以，西方對於「美」——的，這個問題，把它完全講成爲一套學問，也是在美的所「感」中建立起來的。建立的這個的人就是

「美」——從那裡開始？

Alexander Gottlieb Baumgarten（一七一四—一七六二）（包謨嘉敦），在一七五〇到一七五八之間出版了他的兩大巨冊的書，他把Aesthetics（感——感性，感覺，感受，感應，感到——從感官的感受，感到，感應，感覺的「知覺」而到感性上的美；美感的——審美的）加之於這門學問之上，成爲「Aesthetics」這門學問，而且爲使用這個名詞的第一人。他以此與高級理性認知的清晰與明白相對，而要使人從低級感官認知中以求美而達到完全的理想。關於這個問題，要進一步了解，就可以看Monroe C. Beardsley在The Encyclopedia of Philosophy中所寫的Aesthetics, History of，從第一冊的十八頁起，到三十五頁止；以及他的那本美學史。當然包謨嘉敦的美學，也是爲了彌補（Set out of fill）吳爾夫（Christian Wolff）的哲學分類所涵攝之內容的一個空隙（A gap）所從事的工作，他以爲理論美學與實踐美學所討論之問題，其不同有三：

一、表明感官知覺的知識之各部分是美，以是發現美之原理，此乃美學的發見論。

二、表明此類美的原素之安排是美，由是以供觀察研究，此乃美學的方法論。

三、表明「美」與「美的」安排的各種要素如何始能以美的狀態表出之，此乃美學的表現論。

而其門徒，邁愛爾（George Friedrich Meier 1718—1777）更以「美術與美學原理」一書，大張其師之說，並駁其師之論敵，使美學成爲一眞正獨立之學。從此，美學的心理學之研究開始，以情感作爲美學的題材，而以情感能力作爲審美判斷之內容與資料，始有——Winckelmann 的造形藝術的通例，以及Lessing Herder 等的論著，等到了康德的「判斷力批判」，才「給與了藝術的自

律，並給與一個清楚的和有力的證明。」（Cassier, Essay on Man, p. 176)

從此以後，一般美學家所問的：「美是什麼？美的本身是什麼？」這一類的美的形而上的問題，對於一般人，也就很少再想它了，也就愈來愈爲一般人所不易知道了。從此，大家都在：「美——的」心理活動是什麼？什麼才是「美——的」心理活動？如何才能成爲「美——的」心理活動？——這一個方向中發展。所以通常普通人所問的問題：

一、它爲什麼美？乃是「爲什麼它是美的？」

二、究竟什麼才是美？乃是究竟「什麼才是美的？」

三、它如何才算美？乃是「它是如何才能成爲美的？」

這就難怪朱光潛要說：「近代美學所側重的問題是：在美感經驗中我們的心理活動是什麼樣？至於一般人所喜歡問的什麼樣的事物才能算是美的問題還在其次。」（文藝心理學，朱光潛著）

我們知道，美感經驗所要告訴我們的是：「在美感經驗，我們的心理活動是怎樣感覺才是美的」，而不只是停留在「心理活動是什麼樣」的狀況中。

「美的——問題」：什麼才是美的？爲什麼它是美的？它如何才能成爲美的？——美感經驗，美感經驗的心理活動，美感經驗的外在條件，而到「美」——是什麼？爲什麼是——美？如何才是「美」？這些問題，我們可以看出，美學所要討論的問題，是要從「美——的」到「美」：也就是美學的問題，是一個從科學的美的經驗分析到哲學的美的整體綜合，而到藝術的美的幻想的直覺；再向上時，就到一種『言，無言』的一種『無言』之言；『名，無名』的一種『無名』之名，『象，無象』的一種『無象』之象的一種超乎言、名、象的美；是超科學、超哲學知識的「言無言」、「名無言」、「象無象」的境界美。

所以，美與美學的問題，是要一層一層的向上提升的，而不是趴在地上抓住那一點點的：「美——的」——「美」而已。因此，我們在美與美學的問題中，我們要問：

一、「美——美的」，假如是知識，知識的獲得應透過些什麼方式？

二、知識獲得最好的方式是什麼？

三、心智的活動又靠什麼？

四、人是怎樣運用語言、文字，符號——思考與想像的本身，去獲得知識？

五、「美——美的」知識又如何獲得？

六、美學，在整個文化創造中的地位，與宗教、哲學、科學、藝術，道德的內外結構又如何？

七、人對於「美——美的」追求，它的根本動力是什麼？

八、究竟——在審美的經驗的心理活動中：什麼才是「美——的」？什麼是「美」？它是何如才能成為「美——的」？它如何才能成為「美」？

九、美感，美感經驗，審美判斷的內容、質料、概念、性質、關係、價值、標準、種類、層次、意義等又如何？

十、「美——的」東西之「美」的那個「美」又是什麼？

十一、「美」的本身究竟是什麼？「美」的本身之外是什麼？

十二、我們爲什麼要問這些問題？

十三、我們爲什麼知道了這些問題？

十四、藝術的表現是什麼？什麼樣的東西才能算美，或不美，或醜的呢？醜是不是也是一種美呢？

在這些問題之後，就是：「美」的概念、現象、本質、意義、結構、性質、法則、發展、種類、價值、理想等問題而到「美」——整個的理論與歷史的發展以及其他有關「美」——所有的各種問題。

總之，「美與美的」的問題，是從「美」的平面問題而到「美」的立體的問題：是從常識知識的美，宗教知識的美，哲學知識的美，科學知識的美，藝術知識的美，道德知識的美而到生命的美，理想的美，再向上就是美的永恆，美的無限與美的超越。所以，要從平面美而到立體美，而到永恆美，無限美，超越美的心靈世界。這就是莊子要說：「天地有大美，而不言。聖人者，原天地之美，而達萬物之理」（知北遊）。孔子要說：「乾，始能以美——利，利天下，不言所利，大矣哉！陰（坤），雖有美，含之，以從王事。」（周易，乾坤文言）的道理之所在了。

因此：Aesthetics（美學）——

「美」——從那裡開始？

照Webster's New International Dictionary:

Aesthetics is the branch of philosophy dealing with Beauty or The Beautiful.....
.........。

照The Shorter Oxford English Dictionary:

Aesthetics is the science of taste, or of perception of the Beauiful, 1833. Aesthetic is the appreciation or criticism of the Beautiful, 1831.

照Thomas Munro在Dagobert D. Runes 主編的The Dictionary of Philosophy 中說Aesthetics is, traditionally, the branch of philosophy dealing with Beauty or The Beautiful, especially in art, also a theory or consistent attitude on such matters.

總之，關於「美——美的」與美學上的問題，更可以翻一翻哲學百科全書從第一冊三五頁至五六頁John Hospers所寫的："Aesthetics, problems of"。另外大英百科書中，也有S. C. P./Th. M.所寫的十五頁可供參考。

## 「美」的生長

當我們去想「美的」——美感的活動這個問題時，或更向上提高去思考「美」——美在哲學中的問題時，人類就已開始樹立了「美學」的文化創造的第一個里程碑；但在建立起這個里程碑之前，我們也可以在人類原始藝術的象徵意義中見到人類無言的「美的」——美感的活動；尤其在比例上，確是相當的高，幾乎每個原始人都是藝術家，甚至也可以體會到人類去思考「美」——美在原始理性中所生起的一些問題（註一）。但當我們問：在人類歷史的全程中，要找出人類美學的「根」——美的發生，生長的那些對於「美的」——美感活動的問題與「美」在哲學思考中的問題所構成的——感覺論，知覺論、概念論、理性論等等的整套發生的美學，生長的美學，而到美學的「根」——「美」的血緣，又在那裡呢？（註二）

「美」從那裡開始？這乃是探究「美」的發生，「美」的生長，而到「美」的「根」之所在。因爲「宇宙之美寄於生命，生命之美形於創造。宇宙假使沒有豐富的生命充塞其間，則宇宙即將斷滅，那還有美之可言？一切藝術都是從體貼生命之偉大處得來的。生命之所以偉大，一切美的修養、一切美的成就、一切美的欣賞，都是人類創造的生命欲之表現。」（註三）。所以，美的發生是從生命而來：美的生長，是生長在人類生命的「愛」中，美的根——就是：愛。孔子說：「君子黃中通理，正位居體，美在其中。」（註四）。這「把宇宙人生看成純美的太和境界」（註五）。就是中國人藝術之美所以發生，所以生長，所以爲之根的道理。柏拉圖說：

「The worship of this god, he said, is of the oldest for love is unbegotten, nor is there mention of his parentage to be found anywhere in either prose or verse. While Hesiod tells us expressly that Chaos first appeared, and then

From Chaos rose broad-bosomed Earth, the sure,
And everlasting seat of all that is, And after Love………（註六）

這就是「混沌初開（天），乃有厚坤（地），乃有愛」者是也。而且，「愛者，成己成物，以至於至美至善之域者也。敢爲之辭曰：『愛力無邊，與世和平、海靜其波，鳥罷其鳴。』愛，能使人一德一心，忘人我之見……。」這些，都是柏拉圖對「愛」的充分讚頌，有如孔子在周易乾坤兩卦中的彖傳一般歌頌宇宙生命的愛：「大哉乾元！萬物資始，乃統天。至哉坤元！萬物資生，乃順承天」。因此，我們可以說，沒有愛，就沒有美。有了愛，才有美。「愛」就是美的發生，美的生長，美的「根」之所在。要談「美」從那裡開始呢？就從這裡開始。

## 「美」的表現

人對於「美」的感受，從人類原始文明的社會，到高度發達的今日社會；在從粗到精，從簡而繁，從主觀而客觀的「美」之表現中，已指出人的生命中，也就是在人的天性中，就有對「美」的——

愛：「愛」美的情感，「愛」美的衝動，「愛」美的表現，「愛」美的欣賞，「愛」美的尊崇；從而產生：「美」的情感，「美」的衝動，「美」的表現，「美」的欣賞，「美」的尊崇。的確，人類這種美的情感，美的衝動，美的表現，美的欣賞，美的尊崇，都來自人類的「愛」。從人類的「愛」中，人才有對「美」的情感的愛，對「美」的衝動的愛，對「美」的表現的愛，對「美」的欣賞的愛，對「美」的尊崇的愛。這種「愛」的情感、衝動、表現、欣賞、尊崇得到充實時，人對「美」才有所「感——受」，也才眞有所發現。這就是孟子爲什麼要說：「充實之謂美」的道理。當年托爾斯泰曾經告訴羅曼羅蘭：「祇有和人類關連的藝術，才是最美的；因爲人類的愛，是比藝術的愛存在得最早。」這「關連的」，就在人類生命的「愛」中。愛自己的生命，愛全人類的生命，愛一切的生命，才是「美」的開始，也才是「美」的根之所在。因爲「最美的理論，只有作品中表現出來時，才有價值。」（註七）

人類文化愈進步，美的表現愈精密；人類文化與社會中的生命之「愛」，愈爲美的情感所滲透。所以，Santayana（桑泰耶那）說：「The sense of Beauty has a more important place in life than aesthetic theory has ever taken in philosophy.……because they appeal to contemplation.……There must therefore be in our nature a very radicat and wide spread tendency to observe beauty and to value it.」（註八）（美感在生命中的地位比美的理論在哲學中的地位更爲重要……因爲他們只訴諸觀照……所以，在我們的人性中，必然存在著觀察與評

斷美的根本而又廣泛的傾向。）這個傾向，就是「愛」的一種傾向。因爲，人類的愛，才是藝術本質——美，藝術科學與藝術哲學，藝術原理，美學——美的科學與美的哲學之原理，以及美的究竟問題之大動力。這個動力，就是「愛」。

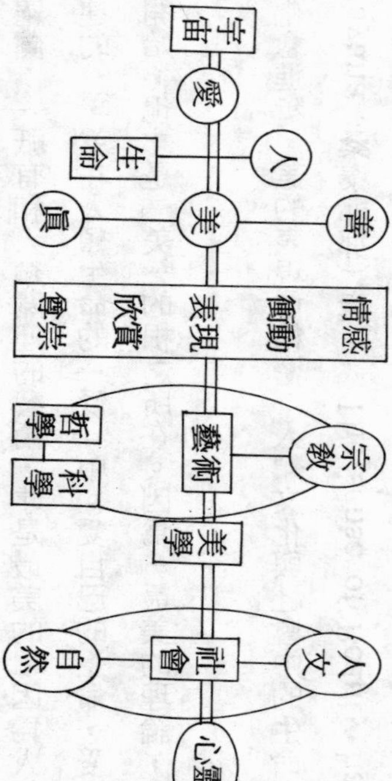


## 人對「美」的——「感」

當然，人對於「美的」感覺到，感知到，感動到，感透到的「存在」，也有其方式的不同。法朗士說：「我們相信，我們永遠不能確切地了解爲什麼某種東西是美的。」（註九）。這並不是不能確切地了解，乃是「美」，也許有許多「重重疊疊」的不同面貌。因爲每一個心靈都聽到美的召喚，但很少人推究其原因。野蠻人在厚唇和青疤中看到美，希臘人在青春或在雕刻的勻稱與安靜中發現美，羅馬人在秩序和權力中發現美；文藝復興在彩色中發現美；現代人在音樂和舞蹈中發現美；每一處的人們都爲某種美所感動，而犧牲了許多生命去尋求它。但是，只有哲學家渴求了解美的性質，和發現其力量的秘密。

我們，在自然中發現的「美」，誠如Emerson（愛默生）在「Beauty」一文中所說：「大自然除供給人類衣食之需外，復滿足了一種更高尙的要求——那就是滿足了人類愛美之心。在自然永恆靜穆中，他發現了他自己。自然用她的美，使我們生命擴張，也使我們超凡入聖。然而，凡是看到與感到的那些自然美，只是自然美中的最低部份。完滿無缺的美，一定有更高的精神因素。崇高與神聖的美，是跟纖巧之美不同，它是和人類善惡之念相配合的。美，是善的標記；這是上帝所特定的。凡是自然的行動就是美。『自然』伸出他的手臂擁抱著『人』，而且使人的思想同其偉大，與天地參。凡是神聖的東西決不死亡。所有的善都是生生不已的。自然的美在心靈中轉化，但心靈不是徒然的冥想，而是爲了新的創造。美的標準，是全體的自然，也是整個形式的大和諧。它們的共同處，是完整，是和諧，也就是美。美，自然的美，就是一中見多，小中見大，它反映宇宙全體的美。世界的存在，對於靈魂之渴求美乃是一種滿足。靈魂爲什麼有對美的渴求，因爲美是宇宙的一種表現。上帝是至美，眞善美三者，只是一個本體的三個方面的表現而已。自然的美，只是爲內在永恆的美作先導而已。

「因此，我才繪下了這一個圖：

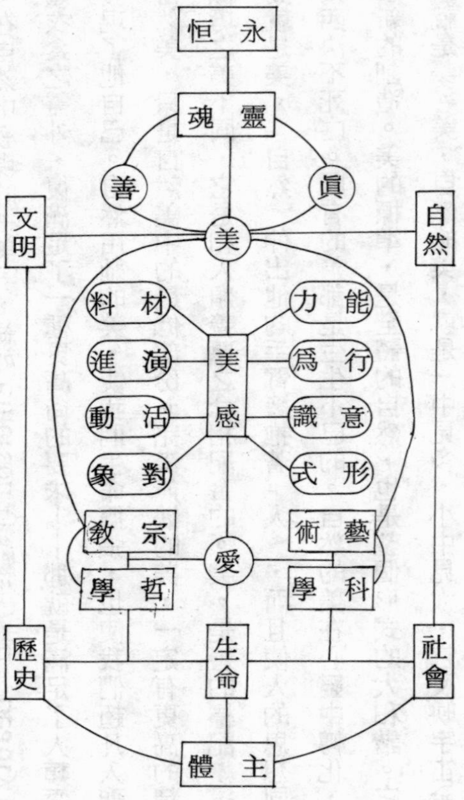


「愛是美的母親，不是美的孩子；愛，是基本美。也許，美是生命的作用，與物質和形式無關。」（註一〇）。但，我們又怎樣在月中，在水中，在風吹，在日出，在晚照，在層山疊翠中，去發現美呢？劉舍人所謂：「夫玄黃色雜，方圓體分，日月疊璧，以垂麗天之象。山川煥綺，以舖理地之形。仰觀吐曜，俯察含章；高卑定位，故兩儀既生矣，惟人參之；性靈所鍾，是謂三才；爲五行之秀，實天地之心。心生而言立，言立而文明，自然之道也。傍及萬品，動植皆『文』；龍鳳以藻繪呈瑞，虎豹以炳蔚凝姿；雲霞雕色，有踰畫工之妙；草木賁華，無待錦匠之奇；夫豈外飾，蓋自然耳。至於林籟結響，調如竽瑟；泉石激韻，和若球鍠。故形立則章成，聲發則文生矣。」（註一一）凡此，皆自然之美也；都已把自然之美，呈現在宇宙全體美中；從人之美，而入於自然之美；從自然之美，而入於道之美。這個道之美，就是愛默生從柏拉圖而來的永恆美。不然，我們又如何能在中外的大聖者的凝神返照中，發現一個高度精神世界的美的心靈呢？

我們在牛頓的絕對時空的定律中去發現的美，或在達爾文的生物進化規律中去發現的美，或在愛因斯坦相對時空原理中去發現的美，是一個什麼樣的知識美呢？

「愛，由人身擴展到事物的流溢，美化了我們所踏著的大地，終至成爲製造藝術的狂熱。當人們認識了美之後，又把美的圖裝入腦子，然後再由看到的許多美的東西，織成理想的美。」（同註一〇）這就是藝術美之所以成爲生命的愛之創造者，其理就在此。這樣，我們在人所造的環境與他的身上，在宗教本身與其藝術的創造，在建築，在雕刻，在繪畫，在戲劇，在電影，在音樂，在舞蹈……在語言，在文字，在文學——在詩中，這些藝術所創造的美，都是人類心靈對於物質豫想的勝利，是觀念透入自然而依他的想像加以創造。「故藝術家的思想和對象是人類的靈魂與無限的融和。」（註一二）

在人，對於「美」的不同方式，不同面貌的「存在」所感覺到的，感知到的，感印到的，感透到的以外，我們更發現了：「美」的不同層次。在「美」的不同層次中：我認爲從人所習性的美，到知識的美——宗教的信仰美，哲學的理性美，科學的經驗美，藝術的想像美，道德的意志美，到生命的本然美，精神的昇華美，理想的意象美，實在是層出不窮，它可以讓人類級級上達到無限的美，「美」的無限。

## 美在生命中的本然存在

然而，假如我們採取一個立體的，透視的觀點，「美」，的確乃是從生命的「愛」中開始：「美」，是人類心靈對於宇宙全體在生命中的本然存在「天地有大美，而不言。」「愛」，就是「美」在生命中本然存在的起點。總之，人的這種對美的情感，衝動，表現，欣賞，尊崇，都來自人類的「愛」。所以，「美」的發生，生長，都從它的「根」——「美」的血緣：「愛」而來。

「美」的血緣，就是美在生命本然存在的「愛」中。所以，從人類的「愛」中，人才有對「美」的情感，衝動，表現，欣賞，尊崇的愛。這就是孟子所指出的：「可欲之謂善。有諸己之謂信，充實之謂美。」的生命層層上達的「美」，而到「充實而有光輝之謂大」的美，再向上而到「大而化之之謂聖」的美，最後還要向上而到「聖而不可知之之謂神」（註一三）的美。

總之，「美」，「其始也簡，其畢也鉅」。「美」的「始條理者，智之事也」；「美」的「終條理者，聖之事也。」「智，譬則巧也；聖，譬則力也。由射於百步之外也，其至，爾力也；其中，非爾力也。」（註一四）「美」，美學——眞是「看之容易，作之難」（李唐）；其「始」，看似易，實不易。其「終」，看似難，實不難；不難，有時反而成爲最難的問題；實在是「天造地設，鬼斧神工」，「惟在一味妙悟而已；惟悟乃爲當行，乃爲本色。」（註一五）。所以，要談「美」，要論「美」，要使生命站立在「美」中，乃在「當行」，更在「本色」而已。反之，則爲「科學的宦官」，或「藝術的僭越者」。

【附註】

註一　林惠祥：「文化人類學」，第六篇「原始藝術」——『各民族對於各種美術都有「適切的觀念」（appriateness）；除審美觀念外，原始藝術又常帶有「象徵主義」（symbolism），常依民族而不同，各民族的觀念有異。藝術的解釋視乎民族文化而不同，同一種藝術在一個民族有宗教的意義，而別的則有歷史的性質，在另一個卻只有純粹審美性。在一個民族中，個人的解釋也不是完全一樣，個人有時也有特殊的見解。』

註二　雖然，W. T. Stace在他的「The Philosophy of Hegel」一書的Beauty in General中六三九——六五三，從p.443到p.451；對於黑格爾美學中對「美」與「美的」確實說得很好。然而，還是要細讀黑格爾的「Aesthetics」已由T. M. Knox翻成英文的p.613到p.629，也許更能了解在這裡所說的「美」——從那裡開始？

是什麼。並且，康德早在他的「判斷力批判」p.96說The beautiful is that which without any concent is cognised as the object of a necessary satisfaction。而且在p.100說「Neither of these has beauty, but they bring with them a charm for the Imagination, beacause they entertain it in free play.」。

註三　方東美教授：「中國人生哲學概要」，第六章，中國先哲的藝術理想，p.68—p.72.

註四　周易：乾坤卦文言。

註五　同注三。

註六　Plato, The Collected Dialogues, edited by Edith Hamiltom and Huntington Cairns, Symposium, p.532.

註七　羅曼羅蘭：托爾斯泰傳。

註八　George Santayana, the Sense of Beauty, p.3.

註九　法朗士：「論生活與文學」，第二卷 p.176.

註一〇　杜蘭：哲學的趣味，協志。

註一一　劉勰：文心雕龍，原道第一。

註一二　張肇祺：「論人」、三民書局，三民文庫出版，「藝術的美與道德」p.159.

註一三　孟子：盡心。

註一四　孟子：萬章。

註一五　嚴羽：滄浪詩話，詩辨。

（本文曾刊於《文訊月刊》第十四期七十三年十月）

# 美感經驗的透視

## 美感的天性

至於，說到「美感經驗」，乃是因爲「美顯見得來是人類的一個知道得最清楚的現象。美是人類經驗區域的一部分。」（Cassirer，論人）爲什麼呢？因爲我們「倘若在生活全內容中，把美的成分抽出，恐怕便活得不自在，甚至活不成。」（梁任公，美術與生活）爲什麼又會這樣呢？因爲「美感者，合美麗與尊嚴而言之，介乎現象世界與實體世界之間，而爲之津梁。此爲康德所創造，而嗣後哲學家未有反對之者也。」（蔡孑民，對於教育方針之意見）。更何況人類的美感——美的情感，也是人的天性之一種；它建立在一種特別的心理原理之上：「要有審美的眼睛，才能見到美。美就是事物呈現形相於直覺時的特質。美感經驗就是在聚精會神之中，我的情趣和物的姿態的往復迴流。其特點，在無所爲而爲的觀賞形相。」（朱光潛，談美）

這種特別的心理原理，在人類文化發展的途徑中，已成爲很特殊，很複雜的一種形貌。因爲美感從快感中升起，但快感不是美感。快感，是生理的滿足。美感，是從物理而生理而心理，以心理爲起點的象徵而到整個精神的滿足與心靈的出竅。美感的天性之特色，是我們在靜觀身邊事物及其歷程時，無論爲自然或爲美術品，其所生之美的快感與不快感，並不帶有强烈的欲望。

所以首先發見美的情感之性質的康德把它說爲是一種「無關心的滿足」（Disinterest Satisfaction）的美感經驗之一種的「無所爲而爲的觀賞」（disinterested contemplation）。無所爲而爲指不帶實用的目的，不用意志，不涉欲念。「觀賞」，指心領神會，不涉抽象思考。這是不是有點像以後克羅齊在美學原理中所說的「直覺」呢？克羅齊主張：「藝術就是直覺，美感經驗就是形象的直覺。但直覺不一定就是藝術，藝術的直覺和一般的直覺不同。它多含著一些東西」（美學原理）乃是因爲它是「印象的表現，而非表現的表現」。所謂「印象的表現」，它是要從一般的「快感」進而爲「美的快感」，從美的快感進而爲「美感」：無關心的滿足，無所爲而爲的觀賞——直覺的透出。因爲美感在美的快感之外，還有一個透圓世界的靈明而又「未易言盡」之感：所謂「大漠孤煙直，長河落日圓」尙足以具之。

## 透入而又透出的直觀

這種透入又透出的直觀，在朱光潛認爲是「什麼樣的事物如何才能算是美。這不是美學中的第一個問題，而是先要知道什麼是美感經驗，什麼樣的事物可以引起美感經驗，在美感經驗中，我們心理活動又是怎麼樣的，這才是第一個問題」。因爲「藝術是直覺的，藝術是美感的，直覺的與美感的實爲同義字，美感經驗就是形象的直覺」（克羅齊，美學原理）。這是來自康德以主觀心靈爲中心的美感經驗的學說：乃謂「美在心靈中，亦爲心靈而存在。」（Beauty is in the mind and for the mind.）所以朱光潛說：「美感經驗是一種聚精會神的觀照（直覺），要達到這種境界，我們須在觀賞的對象和實際人生之中闢出一種適當的距離（距離）；在聚精會神地觀賞一個孤立絕緣的意象時，我們常由物我兩忘走到物我同一，由物我同一走到物我交注，於無意中以我的情趣移注於物，以物的姿態移注於我（移情）；在美感經驗中，我們常模仿在想像中所見到的動作姿態，並且發出適應運動，使知覺愈加明瞭，因此筋肉及其它器官起特殊的生理變化（內模）；直覺就是憑著自己情趣性格突然間在事物中見出形相，其實就是創造；形相是情趣性格的返照，其實就是藝術；因此形相的直覺就是藝術的創造。所以欣賞也是創造。」（朱光潛，文藝心理學）這眞的是要：「漠漠輕寒上小樓，曉陰無賴似窮秋，淡煙流水畫屛幽。自在飛花，輕似夢。無邊絲雨，細如愁。寶簾，閒掛小銀鉤。」的「鉤」中透入而又透出的直觀者，尙足以似之。

## 審美的情感

審美的情感常使我們對美的對象下種種判斷，而認之爲是客觀的屬性。鮑桑葵主張「藝術在激發我們身心一體之感應——感情；體現於心靈所對之事物中。」（美學三講）柯林烏認爲：「藝術，在理論上是想像；主體行爲是想像，客體是想像的客體；想像的獨特或經驗行爲創造了客體。藝術在實際上是美的追求，在情感上是美的享受。」（藝術哲學大綱）

美的情感之享受對於個人生活及人類文化之發展，有極大的影響；尤其在人類精神世界中，對於審美的主客兩觀的條件須加以精密的分析；此乃美學問題的整體研究。主觀條件屬心理學的範圍，在不斷的研究中，使我們對美感的性質，特別在審美的快樂，以及由感興的衝動之藝術創造有更多的了解；這就發展爲美之主觀的客觀研究。在客觀條件中去研究美的性質與普遍意義之哲學思辨，以及藝術之發達起源，文化史等，都在指出美感之如何傳達及增進，並指出欣賞藝術的教養及由美學的見地來觀察自然與藝術之美的能力的進步，這就發展爲美之客觀的主觀研究。此二者，是一整體，不可完全分離。

是以美感的主觀條件，當從平面心理學（Surface Psychology）而走向高度心理學（Height Psychology）以研究之，其客觀條件則須由歷史與社會文化方面出發；以發現宇宙中所表現的美學之基本原理，以及美之發生和藝術的哲學。所以，主張美感的根本原理，在我們所經驗的純粹的情感之「無所爲而爲」的滿足，全然不計利害，不帶欲望的，康德把心靈作用分爲感性、悟性、理性三個層次。在他的先驗的「純粹理性批判」中，以自然作爲對象，用理性作爲進程，從範疇中追求一個理想的眞的自然世界。在無上命令的「實踐理性批判」中，以道德作爲對象，用意志作爲進程，從自由中追求一個理想的善的道德世界。在美的「判斷力批判」中，以藝術作爲對象，用感情作爲進程，從審美中追求一個理想的美的藝術世界。「我們要把康德平鋪的三分才能論之心靈直豎起來，看成完整的心力，使之具有內在動性發展的脈絡，感性可以上達悟性，悟性可以上達理性，互相銜接，始終一貫。在形上學的體系中，擴大理性的知識作用，一方面與意志配合可以創造道德世界，他方面與情感貫通，可以成立藝術世界，形成三界一體的大全宇宙。」（方東美教授，「黑格爾哲學之當前難題與歷史背景」）。這說明了美學、道德學、自然哲學的形上學是一貫下來的。但都是由美把它們才構成爲一個整體的生命世界。所以，假如沒有宗教學、哲學、科學、藝術學的修養，要談美學，要談美感，恐怕是不太容易入乎其內而又出乎其外的。假如我們從平面而高度的人類心理的三界一體上去了解朱光潛之認爲「美不僅在物，並不僅在心，它在心與物的關係上面。」（文藝心理學）所說的美感之意義，才知道他也是有所見的。假如我們是透過了宗教知識、哲學知識、科學知識、藝術知識才會發現：美感是一種純粹的情感，是心理的一種特殊基本的功能：從平面心理的表象世界而走向高度心理的立體世界：既異於表象與思想作用，又異於欲望與意志作用。因爲純粹的情感之性質與範圍也只有在美，美感，美感經驗的審美判斷中才能了解美的心靈是什麼。所以Stein 說：「美學是情感的哲學」。因此，在審美判斷中我們要有三個方面：

1.要了解靜觀藝術及自然時所生之美感中的眞實經驗，以及構成美感意識的感覺、意象、想像、思考、意志、情感等的複合建造而成的結合體。

2.要區別美、美感，美的愉悅，與其他快樂的不同之所在。

3.要透察創造的藝術家之心理，以了解引導與激動藝術家的觀念、動機等。

總之，對於美學的研究，不僅爲個人的，也爲社會全體的；不僅爲自然的，也爲人爲的。因此，藝術的形上理論，科學系統，社會意義，歷史功用，文化價值，人文理想等均須加以精密的考察，才能對美的概念以及審美的情感有所反省而觀照之。這眞是：「曉來雨過，遺蹤何在？一池萍碎，春色三分，二分塵土，一分流水，細看來不是楊花，點點是離人淚！」

## 美的創造是生命的一種最高的自覺活動

美的概念，在西方，是文化概念的一種，它可以與邏輯，倫理構成爲三個概念系統。易言之，作爲研究美的概念的美學，研究眞的概念的邏輯學（此邏輯之意義，兼指不同層次與內涵），研究善的概念的倫理學，乃是三個文化概念的範疇。文化系統的另一個構置法，就是：宗教、藝術、哲學、科學——神、美、善、眞而爲四大價值系統。因爲神，在美中。美，在神中。所以，美，是最高的，最根本的價值。是以孔子在「志於道，據於德，依於仁」之後，一定要「遊於藝」。爲什麼？因爲「乾，始能以美——利，利天下；而美在其中，暢於四支，發於事業，美之至也。」莊子的「原天地之美，而達萬物之理」，孟子的「充實之謂美」，柏拉圖的「美，是永恆的，無始無終，不生不滅。」桑泰耶那也認爲「一切價值，在某種意味上均爲審美的。」懷黑德更認爲「價值經驗，依靠可能性的複雜秩序而出現。道德，只是美感秩序的一個側面。」由此可見中國人認爲美乃爲乾元「善之長」之所從來者，此心實中外同然。然而，中國人生命中這種乾坤中和的大美，只有在「志於道，據於德，依於仁，游於藝」中才能完全體現。

美學，在西方的根本傳統中，是考察和思索美的根本性質與原理和美的理想的學問。它本身，並不僅僅是只在研究美在創作中與欣賞中的問題。故所謂美的學問，我們今天可以把它分爲：一、美的知識——包括了常識知識的美，科學知識的美，哲學知識的美，藝術知識的美，宗教知識的美：在常識中發現常識的美，在科學中發現科學的美，在哲學中發現哲學的美，在藝術中發現藝術的美，在宗教中發現宗教的美。二、美的生命——在生命中發現生命的美。三、美的精神——在精神中發現精神的美。四、美的理想——在理想中發現理想的美。但是它是必須由上往下看，再由下往上望，才能說得清楚；因爲美學本身要作爲玄思的對象，乃是一種純粹的美的概念的追求——哲學上的美之究竟的研究。因此，這就是其他部門的學問所不能談的，也無法去談的。所以，在美學中：

A經驗派的美學：在英國的是——：

心理學的——經驗的研究。

美感的分析——記述的心理學的研究，不探求先天的原理。

美感心理的研究——科學記述的研究美的現象，在不知不覺入於經驗以上。

B理性派的美學：在德國的是——：

理性的——不止於經驗的研究。

這種追求一切美的現象之究極原理——普遍而又妥當的先天律則，是哲學的研究，是先天的美的原理的學問，以追求普遍而妥當的美。凡是那些要從美的科學取向以否定這一途徑的，乃是要否定美的本身沒有根本而普遍的原理存在。這種說法，乃是一種非常危險的偏見。然而美學又一定而又必要從經驗中的美，進入經驗以上層次的美，「美」——才能得到完全的了解而有所「著落」：若莊子之化爲大鵬「搏扶搖而上者，九萬里，去以六月息者也。野馬也，塵埃也，生物之以息相吹也，天之蒼蒼，其正色邪！其遠而無所至極邪！其視下也，亦若是則已矣！」（逍遙遊）

所以，有人以爲美學就是美的哲學（The Philosophy of Beauty），它追求的是從美的性質到美的實體。但是，也有人以爲美學是研究美在藝術中的創造與欣賞的學問，這是美在它的表現中的研究，也就是美的經驗之研究，美的現象的研究，美的科學的研究；把這種經驗或現象透過科學分析而又放在價值中探索時，就成爲美的價值之研究了。因此，美的哲學之研究才從之而生。

可是，美在原始人對藝術發現之先，人類早已在自然中發現了美的存在，甚至在其他境域中有更大的發現。愛默生說：「自然界的一切基本形體，看了都叫人覺得可愛。以無我的直覺觀之，都是可悅的。完滿無缺的美，一定有一種更高貴的精神因素；同道德固然有關係，同思想也結了不解的緣。愛美者，人類之趣味也。藝術者，美之創造也。」（論美）是的，我們在美中發現：

眞到不能再眞時，才是一種至眞的美。

善到不能再善時，才是一種至善的美。

美到不能再美時，才是一種至美的美。

兼具此三「至」美，才超越了老子所謂「天下皆知美之爲美，斯惡已！」的相對美的指認以標出「道」之美而入於莊子的「天地有大美而不言，四時有明法而不議，萬物有成理而不說。夫聖人者，原天地之美而達萬物之理。是故至人無爲，大聖不作，觀於天地之謂也。」的「感性美——知性美——理性美——神性美——純性美」的大美之所以爲「美」者：「美」——的「主體」之所在。

美的概念，放在藝術中來談時，它僅僅是藝術的哲學思考之一種。但是，它卻是最根本的概念。總之，把美學當成美的哲學來看，乃是可以把有關美的根本問題包括在其中來思考。

但是，我們不要忘記：——

美在藝術中的創造，是與自然中的美（自然的美，也是要透過人類心靈）成對照以觀天地之大美；然而人之創造美（在藝術中），乃是生命中的一種最高的自覺活動，這種活動的自覺包括了：從模仿而到創造的：——

(1)自然的、社會的、心靈的安排與運用——是藝術的原理，規則等的運作。

(2)有目的的而又爲無關心的滿足之追求——是藝術創造者的心靈開放。

(3)創作乃是爲了它自己的存在——是藝術家的主體創造力和自主性與自動性的得到實現。

(4)它是功能的，也可能是非功能的，甚至是超功能的——是因爲藝術家要幫助，並要不斷改正，更要追求作品與對象之間的永恆性以趨於完美。所謂：「夜中不能寐，起坐彈鳴琴；薄帷鑑明月，清風吹我襟；孤鴻號外野，翔鳥鳴北林；徘徊將何見，幽思獨傷心。」這種阮籍詠懷的自覺，何嘗不是陳子昂感遇的「幽居觀大運，悠悠念群生」的自覺！又何嘗不是李白古風「大雅久不作，吾衰竟誰陳」的自覺呢！這——都是追求永恆以趨於完美，表現出美的創造乃是生命的最高自覺活動。

## 美的概念三類型

所以，美在藝術中的創造，可以作爲：

（甲）對於經驗背後之實體存在的一種透入——因爲經由藝術的創造，可以把科學和通常經驗所不能帶給我們的帶到我們的面前，科學所關心是外在世界（The world of appearance）的經驗世界之概念結構，現象的規律，特性等。然而，實在世界（The world of reality）又是無法用公式，函數，結構表達的。所以，了解美、美感、美的快感，一般的快感，是要從一個平面的世界進入一個高度的立體空靈世界。藝術家不過是借感覺上的材料，作爲一種對實體存在的設構之探測而已。藝術家若無神秘論者的氣質，是無法進入宇宙的。藝術家乃是以直覺透入世界之實體本質的。因此，藝術家是由藝術的創作，才透入自然、社會、心靈的永恆之中：

To see the world in a grain of sand,
一沙一世界（在一粒沙中看這個世界）
And a heaven in a wild flower,
一花一天國（在一朵野花中看一個天國）
Hold infinity in the palm of your hand,
一掌一無限（在你的掌中握住無限）
And eternity in an hour.
一剎一永恆（在一剎那間握到永恆）

——William Blake

柏拉圖的主張：美的絕對形式與美的理想，乃爲美的事物所必須追求的。所以他認爲藝術是對絕對形式的一種模仿（Imitation）行爲，是要模仿美的絕對形式與理想，而不是止於自然的模仿。因爲絕對的「美」，是永恆的，不可變易的；然而在自然界中，所有「美的」事物都是短暫的，和變易的，消逝的。因此，自然美之所以爲自然美的那個美的本身，乃是展現永恆的，不變的，不消逝的。

所以，反過來看，我們才發現柏拉圖指出了：藝術的創造，乃是美的絕對的追求（Search after an absolute），模仿，不過是絕對美，理想美的無盡追求而已。故歌德說：

一切消逝的，　　不可言喻的，
不過是象徵；　　在這裡實行，
那不美滿的，　　永恆的女性，
在這裡完成，　　引我們上升。

——浮士德，和歌

（乙）作為愉悅的工具——美在藝術中的創造可以作為人在精神上的一種滿足而存在。藝術並不僅在於知道自然，而更在對自然的方式加以預測，以為操縱並供給我們的默想與觀照。藝術缺乏認識的力量，也缺乏實用上的力量，它只是達到愉悅的一種手段。這種愉悅與快樂乃是：

⑴藝術產生的快樂，並不是普通的快樂，而為快樂的特殊之一種，它是一種美感上的快樂（Aesthetic pleasure）。

⑵藝術產生的快樂，比平常的快樂，在持久上要長久得多之又多。

⑶藝術的創作，不僅只對於喜悅是一種刺激，而為愉快的永久泉源。

(4)一般價值，可以購買或用其他方式代換而得；藝術價值，甚至美感的快樂，不是可由購買或代以其他方式而獲得的。

這種美感上的快樂主義（Aesthetic hedomism），是可以用各種方式加以說明。托爾斯泰（Tolstoy）認為藝術是藝術家的情感的散佈或感染（a spreading or contagion of emotion），其訴諸情感的範圍越廣，和提示的道德情感的數量越大，其為藝術的意義也就越大。農民的歌曲是更眞實和更好的藝術，他强調自律與謙卑，把直接的快樂作為藝術判斷的基本目的。這樣的快樂主義，乃又非心靈完全透入的那種目的的快樂。然而桑泰耶那則認為「美，是積極的、內在的、客觀化的價值。美，是作為事物性質的那種快樂。」（美感）所以，這生命的價值與美感統一在「本質——純粹理念的存在——自然世界」的一體中，才能指出美感的快樂——愉悅的心靈之為「何物」了。

(丙)作為經驗的强烈表現——藝術乃植基於人類的經驗之中，杜威認為藝術就是經驗：一種自覺的轉變了的經驗。這種經驗乃是一個有生命的有機體與其環境間的相互作用之一個程序。它既不是僅僅的環境，也不僅僅是本身所考量的自覺心。藝術家在某種方式下，和他的環境發生相互的作用，其創作乃是他人格、知識、回念、想像的表象，也是環境給藝術中的音樂、雕刻、舞蹈、建築、詩、戲劇、小說等活動以不同的刺激；這都是環境給予藝術家的。但是，藝術家回過來也給予環境以一種文化的範式。藝術是用想像作為方法來轉變其對象，把經驗加深或强化。藝術的欣賞在於觀賞者的生活知識、幻想、想像及創作之間的相互關係。藝術所賴造成的材料是來自民族的文化與個人的生活。

藝術和經驗一樣，它把經驗反射出來，並且還要增加一些進去。然而柏拉圖主張藝術的本質——美，是對於本體的一種透入。他把對自然模仿作爲絕對美、理想美、理型美、理念美、觀念美、永恆美的無窮追求。亞里士多德主張藝術是自然的模仿，乃是對自然的生命形體的模仿與表現的創造；其意義也不是對自然的重複，也不是對於一個看得見的自然或聽得見的自然毫無想像的模本；而是要深深透入眞實的必然，這才是藝術。因爲對自然的照抄，不是模仿。所以我認爲模仿（imitation）的意義乃指：藝術的主題，是所有經驗的主題，連人與其環境（所暗示的）不可避免之相互的關聯。因此把藝術當成自然的重複，是一個極端，把藝術當成創作者的幻想之純粹的產物，又是一個極端。這只導致藝術與自然的分離之幻覺的活動，而把捉不了藝術的本質——美；更把模仿的意義大大地誤解了。模仿，既要把捉自然，把捉自然既不是再現，那就更要入於自然中以創造之。創造既非全客觀的，又非全主觀的，乃是主客兩觀在創作者心靈中整體和諧關係的直體呈現。

因此，這個美在藝術中創造的三個概念當合之爲一；一分爲三時則就是——：

第一是透入一個面對的實體存在（Objective Reality）之會通，觀照與默想。

第二是强調人的主觀反應（Subjective Reaction）。

第三是從社會、人生經驗的本身看藝術，藝術的本質——美的問題。它强調藝術使經驗豐富，並由其中引出新的體驗。

這眞是所謂：「孤帆——遠影——碧空……『盡』：唯見長江天際流。」足以爲美之三概念寫狀乎？不然，就只有在「星垂平野闊，月湧大江流」中，「疏雨滴梧桐」了。

## 模仿的意義

我還得進一步加以辨正的，就是我認爲——柏拉圖「模仿」的意義（imitation）乃爲：

(1)是指藝術的創作或美的追求，開始於模仿，終於「自我——藝術」生命的創造。

(2)他的模仿是指：宇宙理型在現象界出現時，並非理型的本身，乃是他的寫本，並經由人的作爲始顯現出來；而藝術的顯現理型或本質，實乃是宇宙理型或本質的模仿。不論其爲「自然之表象或直覺」，亦爲「自然之理想化作用或理想化」的模仿，皆非機械式的複寫，一如原形，無所增減；實乃匠心經營加入主觀之產物。這種模仿並非指藝術創造本身是一種模仿的行爲，乃是指藝術在顯現宇宙理型時是要從把捉理型本身開始。但所把捉的理型，又實非理型本身，實乃它的寫本。故說「藝術是模仿」，並不是說藝術止於模仿，亦非模仿藝術對象本身的行爲，而是藝術在創作上，是要把一個永恆的對象（而非現象界的）表現出來。可是表現出來的造形，但又非永恆所對的本身，故才說藝術是永恆觀念的模仿，而非指是對現象世界中一切對象的模仿，更不是指創作一件藝術乃是對一件藝術品的模仿，乃是精神理念入於官覺形式之中，表現出形式的美，模仿其理念之完全，而不是僅指藝術創作過程中那種初級階段從事精練技巧中所作的模仿。

(3)相反地，因爲要把捉永恆對象的本身，而非它本身的直體呈現，乃是它的意象或樣子（Image）：既然要去找它，找到了，又要把它表現出來。在藝術品中表現出來的又只是它的樣子，而非它的本身，只是對它本身的模仿。然而，藝術創作的本身則非模仿，乃是創造。所以我認爲柏拉圖的模仿是：藝術開始於模仿宇宙的理型、觀念、永恆的對象而終於自我藝術生命的創造。在柏拉圖整個哲學告訴了我們：他說的是模仿，所要的則是創造；要從模仿中去創造，從有形中入於無形，從有限入於無限，他只說了上一半，而把下一半留給藝術創造者。他甚至從反面來暗示，藝術不止於模仿宇宙的理型、觀念、永恆所對，而是在創造宇宙的理型、觀念、永恆所對。在這一辯證的思考與表達中，把藝術從模仿一意義中提高到創造的地位。所謂言在於此，而意及於彼，眞是「言豈一端，各有所當」，「正言若反」者是也。

(4)更廣一點說，人在創造藝術，追求美時，是在從模仿人爲藝術的美，進而模仿自然的美：美的天象、山河、大地。自然的天象、山河、大地，則是爲自然的「天象的理型」、「山的理型」、「河的理型」、「大地的理型」的寫本、模仿，而非它們的本身。所以，反過來說，自然是「自然的理型」的模仿而非「自然理型」的本身：自然的天象是「自然的天象的理型」的模仿，而非「自然的天象的理型」本身：山是「山的理型」的模仿，而非「山的理型」本身。我們看到的山，是山的模仿——形，而非山之所以爲山的共通理型——質；「質」是一種觀念的、精神的、理想的。這一種思想，有什麼好處呢？它的好處就是不要你停止思想（Stop Thinking），而要你停下來不斷地思考（Stop to Think）美之所以爲美之究竟意義，要作一個立體的人，而非平面的人。

(5)在某一義上，模仿就是創造。因爲所有的創造都是創造者自己永恆理型（Eternal Archetypes）的寫本，參與（Participation），近似（Likeness），相若（Resemblance）而已，而不是創造自己永恆理型的本身。因爲它的美的理型，才是永恆的，絕對的。故老子的：「天下皆知美之爲美，斯惡已」的「正言若反」者，意即在此。

柏拉圖這種從本質而理型的「模仿」——的「美」的理想：實在是「星臨萬戶動，月傍九霄多」了。何衆生之不能「無邊落木蕭蕭下，不盡長江滾滾來」呢？

## 審美判斷的價值

自一九〇〇年卜朗克的量子論以來，由於科學上的巨大變動，引起了哲學、藝術等文化活動的一個新發展，人類已進入符號觀念的世界。（請參閱拙作：「符號知識在西方心靈中的展現」——青年戰士報，七三、六：一一、一三中西文化版）與「中國心靈的符號世界」——青年戰士報，七三、七：九、一一、一三中西文化版）。每一種學問和人，或整個社會的活動都要從符號中建構出一套系統。當我們談到當今的藝術時，其所持觀點，其所具有的表現方式……總是各自建構其一套符號的觀念系統。本來，從原始時代的藝術到今天的現代藝術，由於每個人對美的解釋不同，其所採取的藝術內容與表現的符號系統當然也不一樣。不管怎樣，美也是要由人去感覺的，而美的能為人所感覺到必須有其所以為美的符號，和其所以為美的形式與素材……等等。美的象徵之所以建成，而這些形式和素材的多樣之統一的呈現，我們應該用一個現代人的觀點去看——它們都是宇宙萬般符號之在人的眼的世界，耳的世界，手與腳的世界，嘴的世界中……一個連著一個的歷程以表現美的性質和告訴我們什麼才是美的，在此種符號系統中，才有美的精神表徵。然而，一個沒有主體精神的藝術，是不能稱為藝術的，而這種完整的精神藝術又是為它的本質——「美的主體性」所決定。

因為美的價值，在西方，乃審美判斷之目的所在。故審美判斷，則為人的主體心靈對美的客觀之所以為美的論定。美的論定又是事物之所以為美者，亦即美的價值與審美判斷所指之自然美與藝術美所生的美感乃生命的充實、愉悅，而至清、靈、新的超然遠引以觀其妙徼的直覺世界。

故研究美學的目的，在美之價值的審問方面有二：一為「美之性質」，一為「審美判斷」——：

㈠美之性質（The nature of beauty）乃被判斷者的一種性質，非純主觀，亦非純客觀，乃主客相融。然而——：

（甲）純客觀論者——自然主義的美，鑑賞認為美之性質，存在於客觀事物之中，可以離鑑賞之心，獨立存在，即使宇宙內無賞美之人，美之價值，仍然存在。

因美乃寄託於客觀事物之中，並不依於鑑賞者之心而存在。

然而，我以爲美之觀念卻因時代，美術品，人，空間而不同。美之鑑賞，特別在高等美術之賞鑑，實在需要相當時間之心靈訓練。故美非純客觀之存在。

（乙）純主觀論者——心靈主義的美：觀賞

認爲美不在客觀事物之本身，而在人的心靈世界之內。美與傳統之習慣及心靈之訓練有關聯，不能離主觀之心靈而獨立。然而，我以爲美在一切人類心靈中，卻有其所以爲美的普遍規律，如經由訓練，審美判斷亦可漸趨一致。

審美判斷之差異，不一定是主觀的，亦可爲客觀。

（丙）主客合一論——心物合一、天人合一主義的美：觀鑑賞

因爲「語言和藝術經常在客觀與主觀兩個相反的極端之間擺動。」（卡西勒，論人）所以，我認爲美既非全在能經驗之人的主觀心靈，亦非全在所經驗之物的客觀對象；既非僅以生命超越，加以精神體驗的純粹主觀理智產品，亦非只以生命現實，加以物質分析的全然客觀事物敘述。因爲宇宙包羅萬象，生生不息，永無終止；存在者的神奇奧妙之美，其性質所在，乃爲兩者變化的關係——「存在性的整體關係」：亦即人之主觀與物之客觀二者關係在審美心靈的愉悅、和諧、平衡、統一中從宇宙到人的生命主體之中的那一種天性的價值與緣現（Occasion）乃爲永恆所對的至高攝受。（請讀懷黑德的 Adventures of Ideas 的第十七章，Beauty 與第十章 Truth and Beauty）。

「爲什麽呢？豈不因爲物與我，內與外之間有一種深切的契合，受一種共通的法則支配著麽？一切藝術的創造和欣賞，都建立在兩種關係上：物與物的關係，和物與我的關係——在某一意義上，後者尤爲重要。一首好詩，必定同時具有『最永久的普遍』和『最內在的親切』。寫『大我』須有『小我的親切』，寫『小我』須有『大我的普遍』。一個眞正的詩人，永遠是『絕對』與『純粹』底追求者。一顆永久追尋靈魂的豐富生命，所寫的，正是一個深沉的——超乎文字以上的——智慧，在掙扎著求具體的表現。作者底靈指，偶然從大宇宙的洪鐘敲出的一聲逸響，圓融、渾含、永恆……超神入化了——這自然是我們的理想。」（梁宗岱，「詩與眞」）

故我以爲：

美之價值——是審美判斷之目的。

審美判斷——是人的心靈主體對客觀對象之美的論定。

美的論定——是事物之所以爲美者，亦即美之價值，緣現與審美判斷之所指的各種實在緣現的攝受——：

(A)

自然的「美」

- 飛瀑　流泉　銀鍊千丈
- 夕陽　朝霞　仁光燭天
- 層巒　疊翠　上出沖霄
- 直壁　洪流　下臨無地
- 怒濤　洶湧　雪浪如山
- 風籟俱寂　波平如鏡
- 一草一沙　凝然注目
- 華嚴巨觀　柔和秀麗

的美：自然美

(B)

人爲的「美」

- 裝飾
- 雕刻
- 繪畫
- 建築
- 音樂
- 詩歌
- 舞蹈
- 戲劇
- 影視

的美：藝術美

此二者所生的：快感——美的快感——美感——乃內外之充實，愉悅而到心靈的：「清、靈、新」的超然物外的「無所住以生其心」的「其遠而無至極邪」的美。

美之所以爲美的條件：和諧——統一——匀稱。

「表現」：Harmony-Unity-Balence

排列——形式

結構——內容

美之所以爲美的本質：是

「心靈」投射於

美的對象的和諧、統一、匀稱之上而在心靈所引起的

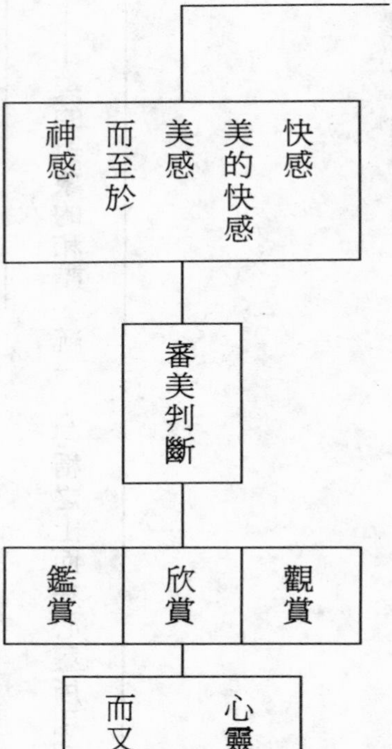


(二)審美判斷（The judgment of beauty）——心靈對審美之判斷。

是以：

美之判斷的特性——乃爲：

(甲)敘述判斷——事實：「寫實」——的理解判斷，在解釋題材與對象內容，乃爲充實與完整的審美觀賞與審美鑑賞作準備。

其作用在解釋事實，無賦加之主觀觀點。否則，爲不正確。故審美判斷可爲眞。美之眞，與眞之眞，究爲二種不同之價值。

審美判斷之爲眞，指眞能發見所謂美的特性；此乃就敘述言，爲審美事實的理解判斷。

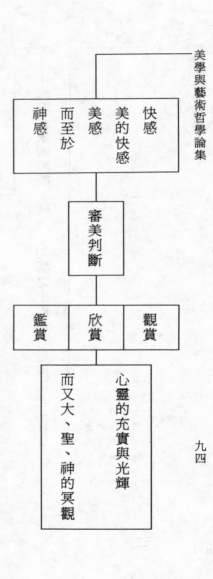

而唯情主義（浪漫主義）則在情感、在直覺。

因情感要素在美之鑑賞中，乃為情感之直覺。

故在「美之表現，藝術家之創造」中——美感直覺——

由觀賞者，或鑑賞家之心靈直入於自然或美術品之核心而與其溶合。

藝術家或觀賞者之創造由其心靈與其觀賞對象或創造物之融合為一，故能將美的精神活現於表象，且能使欣賞者為同樣的宣發。

因此美感之直覺與推理無關。

（乙）賦予判斷——觀照：「理想」——的價值判斷，依判斷的形式以概括主觀的價值感情，依敘述判斷的客觀普遍要求給予對象美感價值。

鑑賞之心靈已有所賦加，此賦加於美之物的性質為審美判斷之要素：判一物之為美，即對該物有所賦加。此為純粹判斷所無，亦即審美判斷的觀點所賦予：故隨判斷之觀點而另有所賦予，此為美的賦予判斷的特質。

創造者之藝術——在創造美之特殊反應。

鑑賞者或觀賞者——賦予美之性質，在鑑賞者或觀賞者有其本身之作用，而加一種眼光於其美的對象之上，始能超出尋常敘述之外另有所見，乃爲一種創造。

故審美判斷可爲非眞，指審美判斷之眞不能與純粹敘述判斷之眞同義。因審美判斷之賦予性與純粹之敘述判斷不同。如判斷虹之色美，此爲眞判斷，然其眞之義與判斷虹爲析光所成之眞不同。

是以：

寫實主義——理智判斷，判斷一物之美之一定法則
在 形式上／內容上 爲美感之經驗。

理想主義——情感判斷，判斷一物之美之一定法則
在 直觀上／想像上 爲精神之表徵。

然，審美判斷，既爲理智之歷程，亦爲情感之完成。

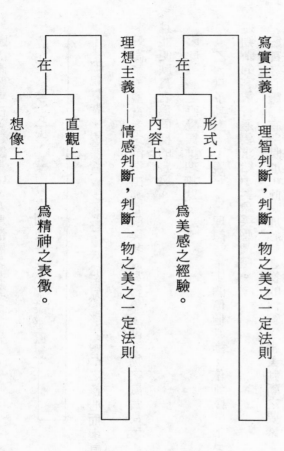

（丙）完全周延的審美判斷

審美判斷既非純理智的活動，亦非純情感作用，乃二者結合而成，互相攝受，始謂之完全週延的審美判斷。

審美判斷乃是不同於純粹推理之歷程，而情感實爲其重要元素。然審美判斷又非僅爲情感上之所有事，亦賴經驗事實；包括形式與內容，規律與秩序等。其實，美之爲物，「使人忘一己之利害，而入高尙純潔之域，此純粹之快樂也」（王國維，論教育之宗旨），故爲「可愛玩而不可利用者，人之視爲美時，決不計及可利用之點，其性質如是，其價值，亦存於美之自身而不存乎其外」（王國維，古雅之在美學上之位置）。故所謂美純屬風度，趣味（Taste）者乃審美判斷中之美的欣賞、享受、觀賞耳；而審美判斷中之美的分析、敘述、鑑賞又不可或缺。故審美判斷之自身實爲反省判斷，亦爲理智情感一體之表現。因此，我認爲——：

美感原理：觀賞自然美之所必需。

鑑賞藝術品之所勿缺。

美感之反應：來自當下之直接快感，且早已與思想相溶合，而呈超感覺，超思想的無關心的滿足而入於「無何有之鄉，廣漠之野。」

美感之美：乃直感所得者——「形象的直覺」。

美之靈感：當由長期之訓練而來，而在身體、精神、心力充滿時以剎那而捕捉者。

所以，美感之反應乃情理結合的緣現所攝受，是一種具有深摯情感的反省判斷，以發現美的情感者。這就是康德之認爲如果特殊事項已被給予，其判斷則在發現普遍的事物，以用來包涵特殊事項的判斷，就是反省判斷，也是審美判斷，亦即是情感判斷。

是以：

偉大之藝術家 ─┬─ 濃厚之情感 ─┬─ 情理一貫。
　　　　　　　└─ 超人之理智 ─┘

是以，能將深摯之情感美感客觀化，而得永恆之價値，不受時空之限制，始能以美感感人；故眞正偉大者，必具強烈之情感。然而偉大的理智與偉大之情感結合的藝術創造，始爲天下不朽之藝術作品，精神存在的美感對象，而成爲美感享受的獨立而又特殊的標誌，乃爲生命本身的理想代表。

是以，審美判斷之特性，實應爲美學心理學上的超物理生理心理關係結構主體的動力問題。叔本華之論美也，尼采之論美也，柏格森之論美也，皆對此問題有所創發，足以啓人之思路。尤其懷黑德之在「觀念的探險」一書中論「美」實爲當代美學中之獨樹一幟者。總之，不管是「大言炎炎」或「小言詹詹」的「審美判斷」的「風鳴兩岸葉」，而宇宙生命之「美的本身」，仍然是「月照一孤舟」。

（本文曾刊於《文訊月刊》第十五期七十三年十二月）

# 中國人之——美的主體

## ——「月照一孤舟」

### 一、中國人一個美的透圓世界

因爲美與美學的問題，在中國人，是一個從科學的美的經驗分析到哲學的美的觀念的綜合而到藝術的美的「幻想」的直覺，再向上時，就到一種「言，無言」的一種「無言」之「言」；「名，無名」的「無名」之「名」；「象，無象」的一種「無象」之「象」。反過來，「無言，言」；「無名，名」；「無象，象」，這一種超乎言、名、象的美，乃是超科學知識，超哲學知識，超藝術知識的「言無言」，「名無名」，「象無象」的心靈境界美。因爲「人，作爲心靈，卻復現他自己。因爲他首先作爲自然而存在，其次他還爲自己而存在。觀照自己，認識自己，思考自己，只有通過這種自爲的存在，人才是心靈。美，是由心靈產生和再生。只有心靈，才是眞實的，只有心靈才涵蓋一切。所以，一切美，只有涉及這較高境界，而且由這較高境界產生出來時，才眞正是美的。」（黑格爾，美學）

我們在「無言」中來「言」，「無名」中來「名」，「無象」中來「象」的心靈境界美，也要把它作爲「科學知識」來客觀分析，「哲學知識」來綜合通觀，「藝術知識」來直觀冥悟，才能透過「下學而上達」美的心靈的最高境界。這也就是我們中國人的「原天地之美，而達萬物之理」（莊子）的藝術生命之所在。

這指出——在不同的文學藝術的各類理論知識範疇中，有一個更基本的知識，它不是別的，而是「美」的知識。美的知識之「美」，其主體性：一在美的知識之自足存在，一在美的知識所託之美的生命：此二者建構於美之心靈，存在於「人文化成」的人之美的主體：「道」中。因之，在「自然」中，「人文化成」的「人」之美的主體游於「藝術」生命本身中；其自主在美的自我存在，不爲時空所限制，渾然與天地同流，它只需要那一生命之流進入這一藝術生命之本身，才能找到美的主體——「人」的「人文化成」之「道」在宇宙中的無限而永恆的存在：乃在人的「志於道——據於德——依於仁——游於藝」的——「道」之所在之中。

「美」，既不能離開它的存在物：人的對象而爲美；更不能離開它的存受者：人的心靈而爲美。它是同時具有美的存在者與美的存受者：人的心靈與對象兩者的統一而存在。這種存在，表現在「從美對主體心靈的關係上看，美不是困在有限裡的不自由的知解力的對象，也不是有限意志的對象。因而也就是把它們的有限性和不自由取消掉。」（黑格爾，美學），所以，既要「澄懷觀道」（宗炳），又要「遷想妙得」（顧愷之）。

郎費爾德（Lanfeld）在他的「審美態度」（The Esthetic Attitude, p.108）中所說的：「故所謂美，而爲兩者變化之關係，亦即人類機體與客觀事物之關係。」我想，「美」，又豈僅「人類機體與客觀事物之關係」所能盡。美的主體，不僅是一個人所要面對的：形上的問題，理論的邏輯的問題，心理的經驗問題，物的問題，用的問題；而且是：人對於美的性質之所在，在本體、宇宙、知識、價值中，從一件自然或人爲的藝術品的認知、判斷、欣賞、實用中所得的美的那種精神（非僅止於生理的、心理的）活動，和從美的精神活動中，以美來點化人間，而遊於「無何有之鄉，廣漠之野」的那種逍遙的最高境界的主體心靈美。

然而，美的性質，和它的主體——道，又是要從它的美的內容和形式中顯現出來的。離開了美的內容與形式，還是上達不了美的主體心靈至高境界。人，之所以發現美，那是人在心靈世界中從人生命的美所發現的。這美的生命中美的感情，又與生起於美的材料，形式與內容的感情分不開。所謂生起於美的材料的感情，是由形、色、音、向等感覺，非感覺，超感受而生起的感情；所謂生起於美的形式的感情，是由形、色、音、向等時空形式，非時空形式，超時空形式的感情所結構成的藝術樣式。它們樣式的條件是：「返復——漸層」，「對稱——均衡」，「調和——對比」，「比例——節奏」，「統調——單純」：多樣的統一，而至非統一，再統一的統一的「道樞：樞始得其環中，以應無窮。」（莊子，齊物論）。所謂生於美的內容的感情，是自然的、人的、社會的、心靈的、超自然的、理想的——聖，神等所生起的感情。這個生起於美的內容的感情，是創作者或觀賞者在一件自然或人爲的藝術品中，由其形式與內容所表達的情感與景象所生起的：「高、古、深、遠、長、雄渾、飄逸、悲壯、凄婉」（嚴羽，詩辨）的感情而來的直觀與想像。這樣，在美的材料，形式與內容所創造與發現的美，美的感情，是有其美的性質在其中。在這美的性質中，才宣告了它的主體：人——人的「人文化成」的美之理想：「道」之所存，「美」之所存也。要達到這個，既要是美的感情的表現須帶客觀性，又要是美的感情的表現是「爲己」，而非「爲人」，即是「無關心」於我以外的一切外物，而只全心地將藝術創造者的靈魂投射於對象以求藝術生命從作品中透露而出的「無所爲而爲」的美的整個世界。同時，藝術家的個性可以在作品的風格與氣質中看出來；而時代的精神，民族的特殊風格也會在一個創造者的作品中表露了它的美的性質。如此，也才能宣告它的主體：人——人的「人文化成」的美之主體：「道」。因爲「美就是理念的感性顯現。藝術是絕對精神之感覺的直觀形式。」（黑格爾，美學）故「惟當澄懷觀道，臥以遊之。」（宗炳：「畫山水序」）者，始能得之；亦只有「遷想妙得」者（顧愷之：「畫論」），始能入之而又出之。

所以藝術不僅在模仿自然，更在創造自然，超自然，表現一個普遍永恆的觀念——理念、理型：「道」。因爲藝術是精神主體對於物質的豫想勝利，是觀念、理念、理型透入物質，自然世界，而依他的「想像」，去把「物質——自然」從模仿而創造而超越以表徵之而入於「完全」：「道」。這個「道」——是形上、本體、宇宙、知識、價值、人生、藝術、道德的整個。所以，這個「道」——當「澄」：「懷」以觀之，亦當「心」其臥，「臥」其心，以「遊」之。

我們從一個中國人來看「美」，「美」爲：「感性的美——知性的美——理性的美——神性的美——純美的大美」的向上發展。然而，都要以「情」去作爲它的起點，使生命的情感世界既能「應物形象」——藝術的內容；又能「隨類賦彩」——藝術的形式；以使人類生命「氣韻生動」——藝術的生命（謝赫，自畫品錄）；而「立萬象於胸懷，傳千祀於手下」——藝術世界的永恆與無限；此乃「道」之所存，「美」之所存也。所謂「藝趣妙極，未易言盡」——藝術之極乃在超越世界中見之者是也；是在「備表仙靈」——藝術的神秘世界，「非淵識博見，熟究精麄，擯落蹄筌，方窮致理。」——藝術創造的世界（姚最，續畫品）。這就是中國人所看到的一個透圓的美的世界，乃在「澄懷觀道，臥以遊之」之中所呈現著：「窮理盡性，事絕言象；包前孕後，古今獨立。」（謝赫，古畫品錄）的一個美的透圓世界。如此，乃「不待遷想妙得也」。（顧愷之，畫論）

## 二、中國人觀照「美」於宇宙與人的生命中

而且「美」，不僅是知識的問題，和美的知識架構與理論的問題；甚至主要乃是人在觀照「美」於宇宙和人的生命中，所呈現的美的主體：人——人的「人文化成」的美之理想：「道」的各種層次之不斷上升和充實的問題。故孟子曰：「可欲之謂善，有諸己之謂信，充實之謂美，充實而光輝之謂大，大而化之之謂聖，聖而不可知之之謂神。」這也就是劉勰所謂「思理爲妙，神與物遊」（神思）

者是也。但如不能「具備萬物，橫絕太空」；有若「荒荒油雲，寥寥長風」而「超以象外，得其環中」（司空圖，詩品），則何能如「易」所言：「神也者，妙萬物而爲言也」。此正尙書皐陶謨所謂「天工，人其代之」歟！是在「一味妙悟而已」（嚴羽，滄浪詩話）。

故中國人的這個——「人」：對人，對社會、對自然、對心靈、對整個宇宙都有一種從「美」的觀照中去看的那種凝神而無所待的「獨與天地精神往來」的「上與造物者遊」的人之精神主體自我上升的藝術境界——「以神遇，而不以目視。官知止而神欲行，依乎天理。」（莊子，養生主）。故曰：「所好者，道；近乎技矣。」因此，「人」就有一種從「美」的「觀照」中去「遊」於「無何有之鄉，廣漠之野」而「入於寥天一」這一種向上的生命衝動的逍遙境界。這種「美」已不是知識上的「美」，乃超越了「美」的知識層次，而透過了「知識」的美上達了「美」的「純美——大美」的「美」的本然存在之觀照宇宙於「心」而爲「心齋」的「美」的主體呈現：「道」之所在。

西方人在「美」——中，有些人是把自然與藝術對隔開來看的。中國人在「美」——中，自然與藝術是美的一體，也是美的兩面，有如宋畫的「柳塘呼犢」般表現出對自然美的「靈」——現。這才是「意思橫逸，師心獨見。」（古畫品錄）

因此，自然與藝術在中國人的生命中，不像西方文化中那樣以採取二元對立的思考方式爲主。在中國人生命中，自然與藝術是無限的融合與無盡的和諧。中國人對自然美的那種愛乃是至高的藝術欣賞：「氣韻生動」（古畫品錄）——所謂從「學窮性表，心師造化，特盡神妙」（續畫品）而至於「

登山則情滿於山，觀海則意溢於海。」（文心雕龍，神思）。中國人對藝術美的那種愛乃是無窮的自然進入；「備表仙靈」（續畫品）——所謂從「骨法用筆，經營位置，傳移模寫」（古畫品錄）而入於「規矩虛位，刻鏤無形」（文心雕龍，神思）。在中國人的生命中，藝術美與自然美是同時存在於中國人的心靈世界中的。所謂天人和諧的美，主客俱化的美，心物合一的美，就是中國人對美的追求之最大表徵，最高境界。中國人在藝術品中的美感態度、美感經驗、美感意識、美感趣味，就是要把他對宇宙美一切生命的美之感受中的「天地之美」，「可欲」的善的美，「有諸己」的信的美，美的「充實」的美，「充實而有光輝」的大的美，「大而化之」的聖的美，「聖而不可知」的神的美表達出來。在中國人生命中，自然美就是藝術美，藝術美就是自然美。在中國人的美感中，自然就是藝術——「應物象形」：（古畫品錄）：模仿（藝術形式）的內容——「道」的內涵；藝術就是自然——「隨類賦彩」：（古畫品錄）：創造（藝術內容）的形式——「道」的外延；所謂「天工人其代之」（尚書）者，就是中國人的心靈在從模仿到創造中，透過形式與內容的完成而要出「竅」——以「立萬象於胸懷，傳千祀於手下，藝趣妙極，未易言盡，非淵識博見，熟究精麤，擯落蹄筌，方窮致理。」（續畫品）——這就是在「道」的內涵與外延中以追求一個「氣韻生動」的生生之「美」的生命理想的完成：「天地之大德曰生，生生之謂易。一陰一陽之謂道：繼之者善也，成之者性也。」的美。故其完成，非「凝神遐想，妙悟自然，物我兩忘，離形去智，絕去雜念。」（張彥遠，歷代名畫記）不足以致之。故其完成，非「寄興於筆墨，假道於川山，不化而應化，無為而有為。」（苦瓜和尚畫語錄，資任）不足以致之。「所以大藝術家最高的境界是他直接在宇宙中觀照得超形相的美。這時他才是眞正的藝術家，儘管他不創造藝術品。一切美的光是來自心靈的源泉；沒有心靈的映射，是無所謂美的。藝術家以心靈映射萬象，代山川而立言，他所表現的是主觀的生命情調與客觀的自然景象交融互滲，成就一個鳶飛魚躍，活潑玲瓏，淵然而深的靈境。」（宗白華：「哲學與藝術」、「中國藝術意境之誕生」）這也就是易繫辭傳所謂：「神，无方；而易，无體。」這更就是謝赫古畫品錄的第一品：「窮理盡性，事絕言象；包前孕後，古今獨立。」

爲什麼會這樣呢？先師東美方公說——：

因爲「西方的哲學方法，重思辨，重分析。中國的哲學方法重體驗，重妙悟。中國藝術的胸襟是移情於對象與之冥合無間，忘我於物，即物即我的胸襟。中國藝術的意境之構成恆在一瞬，靈感之來稍縱即逝。文章天成，妙手偶得。中國哲學方法上之體驗在對此宇宙人生靜觀默識，意念與大化同流；於山峙川流，鳥啼花笑中見宇宙生生不已之機，見我心與天地精神之往來，這正是藝術胸襟之極致。中國哲人之妙悟哲學上至高之原理，常由涵養功深，眞積力久，而一旦豁然貫通，不待推證，不容分析，當下即是，轉念即非。這正如中國藝術意境之構成，靈感之下臨於一瞬。

中國藝術，是以物質界的形色聲音象徵吾人內心精神境界之客觀化，——吾人內心精神界在物質所投下的影子。所以中國藝術創作即是溝通內界與外界，精神與物質，超形界與形界之媒合。中國藝術精神融攝內界與外界，精神與物質，超形界與形界之對待，而使人於外界中看見自己之內心，於物質中透視精神，於形而下中啓露形而上。因爲中國主要哲學儒家哲學之內容乃合內外之道，和融精神物質差別相，於形色中見性天，即形下之器以明形上之道。中國的道家哲學更以道爲無所不在，而不以之爲超絕者，要人於螻蟻稊稗中見出天地之原理。所以，儒道二家同是最富藝術性的哲學。而且，中國人之最高人格理想（——「志於道，據於德，依於仁」）正是人格本身在藝術品中之表現。」（「中國文化中之藝術精神」，「文史雜誌」，卅年二月，重慶）故此實乃從「游於藝」中所生者。

所以——：儒家之道，是自易太極而來的乾坤之道曰「元」，在乾元中爲萬物之始；在坤元中爲萬物之生：以天爲統，以地爲承。道家之道是自然之道的「常」，在常道非常道中而爲「無」，名天地之始；「有」名萬物之母的非常之名，以無爲妙，以有爲徼，而觀之。

因此，我以爲儒家的「大哉乾元，萬物資始」，乃指：美——在「乾」中；故云「乾始能以美——利，利天下，不言所利，大矣哉！」故「乾」者美之始，亦美之大生，大生之美。「至哉坤元！萬物資生」，乃指：美——在「坤」中；故云「陰（坤）雖有美，含之，以從王事。」故「坤」者美之生，亦美之廣生，廣生之美。故此宇宙生命大生符號——乾者美之「始」：健——陽剛之美；故此宇宙生命廣生符號——坤者美之「生」：順——陰柔之美，皆自宇宙至高之美：「太極」而來。故「易」——之美，「无思也，无爲也，寂然不動；感：而遂通天下之故。」蓋易者，「一陰一陽之謂道」——「開物成務」也，而「陰陽不測之謂神」乃指陰柔陽剛之美，亦不可測；其美亦在「不測之謂神」中。此神之美，美之所以神者：乃「神也者，妙萬物而爲言。」是以：易之宇宙生生之美，實乃「

妙萬物而爲言」之大美也。故孔子曰：「余欲無言，天何言哉！四時行焉，百物生焉，天何言哉！逝者乃如斯夫！不舍晝夜。」此儒家從宇宙生命時間遷流中所觀之無窮美也，乃在孟子的「充實」於「聖而不可知」之「神」中。故易繫辭傳曰：「天地之大德曰生，生生之謂易。」

我以爲道家的「無，名天地之始」，乃指美──在「無」中，故「無」者「美」之始，亦美之妙也。「有，名萬物之母」，乃指美──在「有」中，故「有」者「美」之母，亦美之徼也。此美之始：無──美之妙；此美之母：有──美之徼；皆「微──妙──玄──通」之入於「常道」之「美」──混而爲一，展現在「美」的──「玄之又玄」的「衆妙之門」的──道中，是皆非「天下皆知美之爲美」的美。此道家從宇宙生命空間擴延中所觀之無盡美也。故天下篇曰：「建之以──常：無，有；主之以太乙。」而遊於「無何有之鄉，廣漠之野。安排而去化，乃入於寥天一。」

因之──：

「自然」，在中國人生命中，就是一件藝術的創作品。「藝術」，在中國人生命中，就是一件自然的創作品。這個自然，已經不只是從一個機械的，物質的結構觀點所看到的自然。這個自然，乃是創造者的神品。這個藝術，已經不只是從一個機巧的，物心的表達觀點所看到的藝術；這個藝術，乃是創造者的神品。眞所謂：「神也者，妙萬物而爲言。」（周易）妙也者，悟萬殊之爲一本，一本之爲萬殊是也；是乃神其所神，方爲中國人在自然與藝術關係中之入於「神」而出於「神」以傳「神」之至極境界。入於神，則「知通於神」（莊子，天地），出於神，則「上神乘光」。（天地）傳神，則「以應目會心爲理者。類之成巧，則目亦同應，心亦俱會。應會感神，神超理得。神本忘端，棲形感類。理入影跡，萬趣融其神思，暢神而已。」（宗炳，畫山水序）傳神，則其形：「氣——韻生動」。傳神，則「以神遇，而不以目視」。所謂「澄懷觀道，臥以遊之」者，其神臥以遊之是也。如此，則「晤對之通神也。」（顧愷之，畫贊）如此，方爲「形全者神全」（天地），以至於「神則順心」（康桑楚），「神動而天隨」（在宥），皆「以之神其交」（則陽）之所以爲「神」者：切勿「襲其貌而遺其神，囿於義法，未能神明變化」（劉師培，論近世文學之變遷）也。故「神者，亡有所爲，任運成象。妙者，思經天地，萬類性情。」（荊浩，筆法記）故虞書曰：「詩言志，歌永言，聲依永，律和聲，八音克諧，無相奪倫，神人以和。」

中國人，這種「美」的「生命心靈主體」——神思：「道」的這種美感的態度——神采，「道」的這種美感的經驗——神韻，「道」的這種美感的精神——神會：今天，在我們這樣的凝神透視之下，的確是不能讓它們失落的。不知道對不對？你說：「是」還是「不是」呢？眞所謂：「山水——質，而有趣靈，聖賢映於絕代，萬趣融其神思。余，復何爲哉！」（宗炳，畫山水序）

## 三、中國人——「美」的主體的一種意境

中國人——儒家之美的主體：「道」是：人——在自然與藝術的美中「行神如空，行氣如虹；巫

峽千尋，走雲連風。飲眞茹强，蓄素守中，喻彼行健，是謂存雄。天地與立，神化攸同，期之以實，御之以終。」（司空圖，詩品，勁健）中透現之。

中國人——道家之美的主體：「道」是人——在自然與藝術的美中是在「大用外腓，眞體內充；返虛入渾，積健爲雄。具備萬物，橫絕太空；荒荒油雲，寥寥長風。超以象外，得其環中，持之匪强，來之無窮。」（司空圖，詩品，雄渾）中呈現之。

中國人——佛家之美的主體：「道」是人——在自然與藝術的美中「若納水輨，如轉丸珠；夫豈可道，假體如愚。荒荒坤軸，悠悠天樞；載要其端，載聞其符。超超神明，返返冥無；來往千載，是之謂乎！」（司空圖，詩品，流動）「畸人乘眞，手把芙蓉，泛彼浩劫，窅然空蹤。」（司空圖，詩品，高古）中靈現之。

中國人——「美」的主體「道」是：「人文化成」的人，不論在自然，或在藝術中，其心靈皆「以妙性知化」；因「太始有愛，愛贊化育；太始有悟，悟生妙覺」。此三家「雖異而不隔」。因爲中國人——「美」的「慧體」，是「一種充量和諧，交響和諧」。中國人——「美」的主體之「道」的「一種意境，不論景象虛實如何，其神韻紓餘蘊藉，其生氣渾浩流衍，其意趣空靈，造妙入微，令人興感，神思醉酡。中國哲學家之思想，向來寄於藝術想像，託於道德修養，只圖引歸身心，自家受用。」（方東美教授，哲學三慧）

中國人這種「美」的主體，「道」：在自然與藝術中，其心靈更是「素處以默，妙機其微。飲之太和，獨鶴與飛。乘之愈往，識之愈眞。如將不盡，與古爲新。如有佳語，大河橫前。虛佇神素，脫然畦封。黃唐在獨，落落玄宗。上有飛瀑，落花無言。超心鍊冶，絕愛緇磷。空潭瀉春，古鏡照神。體素儲潔，乘月返眞。濃盡必枯，淡者屢深。薄言情悟，悠悠天鈞。不著一字，盡得風流。是有眞宰，與之沉浮。眞力彌滿，萬象在旁。妙造自然，伊誰與裁。意象欲出，造化已奇。若其天放，如是得之。載瞻載止，空碧悠悠。道不自器，與之圓方。遇之自天，泠然希音。大風捲水，林木爲摧。絕佇靈素，少迴清眞。俱似大道，妙契同塵。誦之思之，其聲愈希。如不可執，如將有聞。花覆茆簷，疏雨相過。」（司空圖，廿四詩品）此皆爲中國人——「美」的主體「道」之入神而出神「天地大美」中，在「天工人其代之」的「鬼斧神工」的藝術中所「妙」萬物而爲：「言」以傳「神」——美感的不同風格、體勢、趣味、情采、神韻、範疇者也，其神乎？其不神乎？此中國人心靈主體「美」造極之詣乃在「生命情調與美感」（方東美教授著，已收入本文作者所編由三民書局出版之「哲學三慧」）中所表徵永恆與無限之道於宇宙氣象者。因爲當心靈從美的永恆——理型、理念、觀念、絕對：「易」之太極美而來的乾坤——天地大美，縱觀宇宙事物時，在時空中所展現的——「美」——美的生命，生命的美才是「具備萬物，橫絕太空」——無盡生命空間美：「荒荒油雲，寥寥長風」——無窮的生命時間美；而「超以象外，得其環中」——生命時空美的無盡與無窮的超越而執其「皇極——大中：道極」——以應無窮的「正中至和」的理想美，入於「持之匪強，來之無窮」——生命的「永恆——無限」——而又無言的「天何言哉！四時行焉！百物生焉！天何言哉」的宇宙生命的純美，大美

，至美。故「失於自然而後神，失於神而後妙，失於妙而後精。」（張彥遠，歷代名畫記）

中國人從「觀——美」中所看到的「美感經驗」是從一個平面的美的透視而到立體的美的透視。甚而，是一個無限的超越的美的透視。這眞有如老子所謂：「玄之又玄，衆妙之門——天下，皆知美之爲美，斯惡已！」故此——「美」，必須「常：『無』——欲以觀其妙；此「美」，必須「常：『有』——欲以觀其徼。」因爲此常「無」——之美與常「有」——之美，同出於「常：道」之美。此「常：道」之美，是不是又是「視之不見名曰夷，聽之不聞名曰希，搏之不得名曰微；此三者不可致詰，故混而爲一」的「美」呢？這個混而爲一的「美」，究竟是個什麼「美」呢？這個——美，是不是「微、妙、玄」而不「通」才「深不可識」呢？當然不是，因爲老子是在說「微——妙」、「玄——通」之後，才「深不可識」。因此，對於這個——「美」，「夫唯不可識」，而在微妙玄通之後故「强爲之容」者，乃是這位「道隱無名」——「美隱無形」——「其猶龍乎」的老子對這個「美」的本身深不可識，認爲必須常無以觀其妙；對於這個「美」的美感經驗的强爲之容，認爲必須「常有」以觀其徼；如此上下雙迴向以達無限超越的「玄之又玄」——的「美」的至高境界。

此中國人——「道」之「美」的生命之所以永遠同時包涵「無爲」的美與「無不爲」的美，歙歙爲天下「渾」其美之心。因「道常無名：樸。無名之樸，夫亦將無欲。不欲以靜，天下將自定。」此道之美也。故常無名，曰「樸」——美之至極乃曰「樸」。「樸」乃形上美之徵名。「樸」散爲「器」者乃形上美展現爲形下世界，現象中之美也。此可與柏拉圖的「至高理念」美對照，而觀其「樸」

美之「玄德」、「玄同」、「玄覽」無形的「大象」之美，深矣！遠矣！與物反矣，然後乃至於「大順」之「美」，「無極」之「美」——自然。自然：宇宙之至極本然存在——的無所至極之美。莊子以此「樹之於無何有之鄉，廣漠之野，彷徨乎無爲其側，逍遙乎寢臥其下」者，乃自美感經驗——「遊方之內」，而入於美之本身——「遊方之外」，始足以言「天地與我並存，萬物與我爲一」，而入於——「美」之「寥天一」」。故「聖人含道應物，賢者澄懷味像。夫聖人以神法道，而賢者通；山水以形媚道，而仁者樂。」（宗炳，畫山水序）

由此，可見「中國人之宇宙觀念，蓋胎息於宇宙之妙悟，而略露其朕兆者也。中國人播藝術之神思，以經綸宇宙，故其宇宙之景象，頓顯芳菲蓊勃之意境。中國人之宇宙，一有限之體質而兼無窮之勢用，體質寓於形跡，體統寄於玄象，勢用融於神思。藝術造詣，踐迹乎形象，貫通乎神功。中國人之觀察宇宙，蓋材官萬物，以窮其妙用者也。中國人之宇宙，藝術之意境也。中國人之空間，意緒之化境也，心情之靈府也。如空中音，相中色，水中月，鏡中象，形有盡而意無窮。中國人之時間觀念，莫或違乎易：天地大德，悉備於生生不已之易。中國人之靈性，不寄於科學理趣，而寓諸藝術神思。藝術之妙機，常託之冥想。冥想行徑，窅然空縱，苟有濃情，頓成深解。『眞力彌滿，萬象在旁』，毋勞推步演算，以求迹象之極際，而其中蘊蓄之理致，已盎然充滿，所謂「虛佇神素，脫然畦封』，『超以象外，得其環中』是也。中國人領悟宇宙時之心情，司空表聖最能曲予形容，得其妙境。」（方東美教授：「生命情調與美感」亦已編入「哲學三慧」中）此中國人之透視——美感經驗，上達於宇宙生命「生生」之美，更展現於「道」之美的雙迴向中，以透顯其美之主體的微、妙、玄、通——深不可識的玄德美，玄同美，玄覽美；以及其深矣！遠矣的「大象」美。所謂「大音希聲，大象無形」的空靈美，以返於大順之「樸」的美——「自然」：宇宙之至極的本然存在——「無極」（老子）之美。故人法地之美，地法天之美，天法道之美，道法自然之美。此自然之美的「自然」，乃無名之「樸」——宇宙之至極的本然存在：「無所至極」（莊子，逍遙遊）之美的至高存在。故中國人之「自然」多非西方科學文化觀念中的「自然」。蓋「樸散爲器」時，則西方文化中之「自然」概念，始從之而出也。老子云：「執大象，天下往」，乃「抱一爲天下式」之「樸」的自然，而非西方「器」的自然。這才是中國人所體會的：「大象——樸——自然——無極」的道之美。雖然是「視之不見名曰夷，聽之不聞名曰希，搏之不得名曰微，此三者不可致詰。」然而卻可「混而爲一，強爲之名曰大，大曰逝，逝曰遠，遠曰反。故道大，天大，地大，王（人）亦大。域中有四大，而王（人）居其一焉！人法地，地法天，天法道，道法自然」的「法自然」之美。然「孔德之容，惟道是從」，而「道之爲物」，「惟恍惟惚，惚兮恍兮，其中有象，恍兮惚兮，其中有物，窈兮冥兮，其中有精，其精甚眞，其中有信。自古及今，其名不去，以閱眾甫，吾何以知眾甫——（眾美）之狀哉？以此。」吳澄、董思靖、釋德清等皆注——「眾甫，眾美也。」蓋萬有之美，有時變滅，唯孔德由道中出；故言範疇美由形上之道本身的美而來。此美有象，有物，有精，有眞，有信，自古今，不變不滅而常存。故眾美皆具，均自道中而出。蓋此「道，萬物之奧，淵兮似萬物之宗」。故「希言自然」，而自然之所以希言者，乃因此「自然」非「以輔萬物之自然」的自然也——宇宙原理的自然；乃因此「自然」乃「常自然」的自然：「大象——樸——無極」之道的自然：宇宙之至極的本然存在的形上超越的自然——「沌沌兮」！其「大虛若沖，其用不窮」，「有之以爲利，無之以爲用」。蓋因「道，無爲；而無不爲。」「道者，萬物之奧」，「淵兮似萬物之宗。」「夫唯道，善貸且成。」且「天下萬物生於有，有生於無」。是以從有反無——形上至極的本然存在，「道之動」：從無至有——形上至極的本然存在的本身之展開，「道之生」。然「明道，若昧；進道，若退；夷道，若纇」。故「爲道，日損。」「引於大道」，「以道莅天下。」此所以要「致虛極，守靜篤，萬物竝作，吾以觀復」者，因「天下皆知美之爲美，斯惡已」。此「虛，而不屈；動，而愈出」之道亦「道之反」以上達於道之美。此韓非之解老曰：「虛者，謂其意無所制也。夫無術者，故以無爲無思爲虛也。」無爲無思，其意則無所制，而反於道本，皆由「致虛極，守靜篤，萬物並作，吾以觀復」的無窮反本之篤而又無盡致虛之極。故莊子曰：「無聽之以耳，而聽之以心；無聽之以心，而聽之以氣；耳止於聽，心止於符；氣也者，虛而待物者也。唯道——集：虛。虛者，心齋也。無感其名，虛室生白，而外於心知，是萬物之化也。」（人間世）此故「反者，道之動；正言，若反。」亦乃老子——「道」之所以爲「美」者，此也。蓋此美之「道，沖而用之，或不盈，淵兮似萬物之宗。」故「我自然」——我的生命存在美，必上達「常自然」之美，而立於「輔萬物之自然」的美中。如此，方爲「法自然」之美。此實所謂：「道生之」之美——在常自然之美中，「德畜之」之美——在輔萬物之自然之美中，「物形之」

之美——在我自然之美中，「勢成之」之美——法自然之美中者之所以爲美也；而「希言自然」之美者，乃正言若反之美，其意指：人存在於宇宙之美中，當從無限的超越美以完成我自然之美，從「我自然」之美而「法自然」之美，從「法自然」之美而「常自然」之美——常：「知常，曰明。不知常，妄作，凶。知常——容。容，乃公。公，乃王。王，乃天（大）。天（大），乃道。道，乃久。沒身——不殆。」因爲老子在「夫物芸芸，各復歸其根；歸根，曰靜。靜，曰復命。復命，曰常」中從宇宙之美觀出「有物混成，先天地生，寂兮寥兮，獨立而不改，周行而不殆，可以爲天下母，吾不知其名，字之曰：道。强名之曰：大。大，曰逝。逝，曰遠。遠，曰反。故道大，天大，地大，王（人）亦大。」在「常自然」之美的「道」中，必當「輔萬物之自然」之美乃所以「道大，天大，地大。王（人）亦大」之「王（人）亦大」之美也。如此始「幾於道」之美，「惟道是從」之美，「道者同於道」之美。此亦儒家所謂「人與天地參」之美是也。是乃孔子所謂：「夫大人者，與天地合其德」之美是也。故中國人生命美之在時空中，儒道二家確乃各有所觀，合有所會者。此，實中國人生命——美之主體：「道」之所在。美之主體之「道」在：「王（人）」亦大中，在「人」與天地參，合其德之美中。故老子曰：「知和，曰常」。此混沌之美：——「自然」——「樸」呈現於「道生一，一生二，二生三，三生萬物，萬物負陰而抱陽，沖氣以爲和。」中。皆爲中國人生命美之整體存在於其主體——「道」之所在中，是乃謂之「人法地，地法天，天法道，道法自然」之美——是以中國人美的主體之「道」：乃在「自然」中。以故劉彥和在「文心雕龍」首標「原道」以「道之文」，「天地之心」，「自然之道」而入於「自然」以上達「神理」：「道」之美。不然，又如何能「觀古今於須臾，撫四海於一瞬，籠天地於形內，挫萬物於筆端」（陸機，文賦）呢？不然又如何能「多非補假，皆由直尋」（鍾嶸，詩品）呢？故此「自然」者：「不雕琢，不假借，不著色相，不落言詮。古人名句——『梅子黃雨時』，『雲破月來花弄影』，不外自然而已！」（沈祥龍，論詞隨筆）這種「自然」在中國人生命之美中「俯拾即是，不取諸鄰；俱『道』適往，著手成春。如逢花開，如瞻歲新；眞與不奪，强得易貧。幽人空山，遇水採蘋，薄言情悟，悠悠天鈞。」（司空表聖，詩品，自然）非僅此也，司空表聖二十四詩品，品品皆有美感的味道，神韻、理想成爲美的基本範疇，風采類式，心靈境域的集大成；而且，品品皆「自然」：

第一品：「大用外腓，眞體內充」——此「雄渾」之自然也。

第二品：「素處以默，妙機其微」——此「沖淡」之自然也。

第三品：「采采流水，蓬蓬遠春」——此「纖穠」之自然也。

第四品：「綠杉野屋，落日氣清」——此「沉著」之自然也。

第五品：「畸人乘眞，手把芙蓉」——此「高古」之自然也。

第六品：「玉壺買春，賞雨茅屋」——此「典雅」之自然也。

第七品：「古鏡照神，體素儲潔」——此「洗鍊」之自然也。

第八品：「行神如空，行氣如虹」——此「勁健」之自然也。

第九品：「露餘山青，紅杏在林」——此「綺麗」之自然也。
第十品：「俱道適往，著手成春」——此「自然」之所以爲自然也。
第十一品：「不著一字，盡得風流」——此「含蓄」之自然也。
第十二品：「眞力彌滿，萬象在旁」——此「豪放」之自然也。
第十四品：「意象欲出，造化已奇」——此「縝密」之自然也。
第十五品：「但知旦暮，不辨何時」——此「疏野」之自然也。
第十六品：「載行載止，空碧悠悠」——此「清奇」之自然也。
第十七品：「登彼太行，翠繞羊腸」——此「委曲」之自然也。
第十八品：「取語甚直，計思匪深，遇之自天，冷然希音」——此「實境」之自然也。
第十九品：「蕭蕭落葉，漏雨蒼苔」——此「悲慨」之自然也。
第二十品：「如覓水影，如寫陽春，俱似大道，妙契同塵」——此「形容」之自然也。
第二十一品：「亂山喬木，碧苔芳暉，誦之思之，其聲愈稀」——此「超詣」之自然也。
第二十二品：「緱山之鶴，華頂之雲，高人惠中，令色絪縕」——此「飄逸」之自然也。
第二十三品：「花覆茅簷，疏雨相過」——此「曠達」之自然也。
第二十四品：「若納水輨，若轉丸珠，超超神明，泛泛冥無」——此「流動」之自然也。
凡此品品皆「自然」，皆自「道」之「千變萬狀，不知所以神而自神也」中自然流出。（司空表聖，與李生論詩書）至於如「阮嗣宗詠懷，其旨固爲淵遠，其屬辭之妙，去來無端，不可蹤跡。」（劉融齋，藝概），此非深得「自然」而何？

至於宗白華先生在他的「中國藝術意境之誕生」中，用杜甫「精微穿溟涬，飛躍摧霹靂」（夜聽許十一誦詩愛而有作）句，來寫狀「自然」——「道」：樸。他說「前句是寫沉冥中底探索，透進造化底精微的機械」——我則以爲這是「自然」——「道」：樸在「無」的世界中的顯現。所以它是「深沉的靜照。是飛動的活力底源泉。」他說「後句是大氣盤旋的創造，具象而成飛舞」——我則以爲這是「自然」——「道」：樸在「有」的世界中的表露。所以它是「活躍的具體的生命舞姿，音樂底韻律，藝術底形象，才能使靜中的『道』具象化，肉身化。」我想：「道」不僅是「靜中的道」，而是「道」有「靜——動」，有「無——有」，有「乾——坤」，有「陽——陰」，有「剛——柔」，有「闔——闢」，有「顯——隱」，有「外——內」，有「向——背」，的兩面而同時存在於「自然——「道」的：「常——樸」：「易」之太極之中。宗白華先生更說：「這話使我們突然省悟中國哲學境界和藝術境界底特點。中國哲學是就『生命本身』體悟『道』底節奏。『道』具象於生活，禮樂制度。道尤表象於『藝』。燦爛的『藝』賦予『道』以形象和生命，『道』給予『藝』以深度和靈魂。莊子『天地』篇有一段寓言說明只有藝『象罔』才能獲得眞『玄珠』：『黃帝遊乎赤水之北，登乎崑崙之丘，而南望還歸，遺其玄珠。（司馬彪云：玄珠，道眞也。）使知（理智）索之而不得，使離朱（色也視覺也）索之而不得，使喫詬（言辯也）索之而不得也。乃使象罔，象罔得之。黃帝曰：

異哉！象罔乃可以得之乎？』呂惠卿注釋得好：「象則非無，罔則非有，不皦不昧，此玄珠之所以得也。』非無非有，不皦不昧；這正是藝術形相底象徵作用。『象』是境相，『罔』是虛幻；藝術家創造虛幻的境相以象徵宇宙人生底眞際。眞理閃耀於藝術形象裡，玄珠的皪於象罔裡。」這就是中國人「美」的主體的一個透圓的世界：「自然」——「道」——「樸」的「混沌」之「無所至極」的呈現在宇宙與人的生命中的一個美的透圓世界。所以，中國山水畫自始即具有「澄懷觀道」、「遷想妙得」的意趣：「羚羊挂角，無跡可求，故其妙處——透徹玲瓏、不可湊泊：如空之音，相中之色，水中之月，鏡中之象，言有盡而意無窮。」（嚴羽：滄浪詩話）故莊子謂：「聖人將遊於物之所不得遯而皆存」（大宗師）者，其存於道，其效於道，其係於道，其待於道，而爲美之主體所在者也。

## 四、中國人美的主體：「道」——「志於道，據於德，依於仁，游於藝」的展開

美的主體「道」在：人——人的「人文化成」的美之理想中。中國人在宇宙中，追求美的至高表徵又在：——「詩」的生命中：而詩，在孔子說：「詩，天地之心，君德之祖，百福之宗，萬物之戶也；刻之玉版，藏之金府。」（孫星衍，孔子集語集解——御覽八百四引詩含神霧）這個天地之心的「美」——「詩——畫」，就是「美的」的主體「道」之象徵所在。因「人」爲美的主體性之所在而

由「道」：美的主體所顯現，故孔子曰：「天地之性，人爲貴。」（孝經）此「貴」乃在中國「人──文：化──成」的人文生命中的「人，爲萬物之靈。」「靈」──美之至也。人的爲貴，也就是：人，才是萬物的美之至「靈」者──「美」的主體性所在，而以顯現美的主體：「道」。是以：道者，美之主體也：人者，美之主體性也。故人必上承主體之道，中立主體之性──「靈」，以開張人文化成之世界。要這樣，「道」才能就是「這宇宙裡最幽深最玄遠卻又彌淪萬物的生命本體。」（宗白華）此即陳搏所謂：「開張天岸馬，奇逸人中龍」是也。

孔子說：「下學，而上達；知我者，其天乎！」（論語，憲問）這不僅代表中國人的這個──「人」要上達：美的主體的：道──人的生命的理想之追求，更代表美的理想之追求，形上原理的追求。所以孔子說：「人能弘道，非道弘人。」中國人的這個──「人」：是以「志於道」爲美的主體之所現。「道，不可體，故志之而已！」（何晏集解）道，雖因其爲無限超越的形上存在，故不可以體具之，然當以之爲追求目標而使人創造不已，生生不息。所以，要：志──於「道」：才是人之所志。因爲要「志於道」，所以要「據於德」；因爲要「據於德」，所以要「依於仁」；因爲要「依於仁」，所以要「游於藝」。「游於藝」又在「依於仁」；「依於仁」又在上達「據於德」；「據於德」又在上達「志於道」。總之，「志於道」必下貫於「據於德」，「據於德」必下貫「依於仁」，「依於仁」必下貫「游於藝」。這個「德──仁──藝」都是「道」之志的展開於：「志──據──依──游」的人文生命的「上達」之中而又下貫於人的整個存在。朱熹四書集註謂：「游者，玩物適情之謂。藝，則禮樂之文，射御書數之法。皆至理所寓，而日用之不可闕者也。朝夕游焉，以博其義理之趣，則應務有餘，而心亦無所放矣。志道，則心存於正，而不他。據德，則道得於心，而不失。依仁，則德性常用，而物欲不行。游藝，則小物不遺，而動息有養。學者於此，有以不失其先後之序，輕重之倫焉，則本末兼該，內外交養，日用之間，無少間隙，而涵泳從容，忽不自知其入於聖賢之城矣。」故許白雲謂：「游藝即志道，據德之方：而防其違人之隙。」（程樹德，論語集釋）故學記云：「不興其藝，不能樂學。故君子之於學也，藏焉！修書，息焉，游焉！」

因爲中國人的這個——「人」，以「志於道」爲：「終極範疇」；以「據於德」爲：「存在範疇」；以「依於仁」爲：「規範範疇」；以「游於藝」爲：「生活範疇」。爲什麼？因爲「志於道」是人的這個主體性的「建立」，「據於德」是人的這個主體性的「定位」，「依於仁」是人的這個主體性的「充滿」，「游於藝」是人的這個主體性的「自得」。

這又是什麼呢？

因爲「志於道」是人的這個主體性「目標」的定位，「據於德」是人的這個主體性「基礎」的建立，「依於仁」是人的這個主體性「精神」的充滿，「游於藝」是人的這個主體性「內涵」的自得。

這又是什麼呢？

因爲「志於道」的——「道」：當然是指存在本身在形上世界中的本然存在。這個形上世界的「道」——存在本身，當然又與形下世界的「器」——存在本身所存在的展開是一個整體的存在，而不可分，不是二元對立。所以，這個「道」，在周易哲學中，從「易」——而「太極」分爲天道——陰陽，地道——剛柔，人道——仁義。從這裡，我們就不難知道孔子爲什麼要說：「思知人，不可以不知天」的道理。「天」——道，才是「地——人」之道的根源。天道從太極來，這個太極之「道」是天道的根本。太極在「易」中，故「易」就是道的自體，如如，自因自根，本然存在。因爲這個「易」道，在周易的「太極」中，展開爲「乾——坤」相併俱生系統的：「大哉乾元！萬物資『始』，乃統天。雲行，雨施：品物流行。大明——終始：六位——時成：時乘六龍以御天。乾——道：變化：各正性命，保合太和，乃利貞，首出庶物，萬國咸寧。」（乾，彖傳）「至哉坤元，萬物資『生』，乃順承天。坤，厚：載物。德——合：无疆：含弘光大，品物咸亨。牝馬地類，行地无疆，柔順利貞，君子攸行。」（坤，彖傳）（乾坤兩彖傳的解釋，請參考拙作：「六藝——易——生生概念的內外結構」六十六年「哲學與文化」月刊，四卷，五、六、七期）所以，大學說：「大學之道：在明明德，在親民（回到人本身），在止於至善。」中庸說：「天命之謂性，率性之謂道，修道之謂教。唯天下至誠，爲能盡其性，能盡其性，則能盡人之性：能盡人之性，則能盡物之性，能盡物之性，則可以贊天地之化育：可以贊天地之化育，則可以與天地參矣。」孟子說：「夫道，一而已！盡其心者，知其性也：知其性，則知天：存其心，養其性，所以事天。」荀子說：「夫道——體：常：而盡：變：一隅，不足以舉之。」這也就是莊子在天下篇中所說的：「內聖外王」之道。劉槩總論解「內聖外王之道」曰：「道體廣大，包覆無遺：形數肇一，奇偶相生：自此以往，巧歷不能算矣。古之人，循大道之序，順神明之理——於是，有：『內聖外王之道』。其在數度者，雜而難徧。然本末先後之出於一，而散於萬者，未嘗不通也。」（焦竑：莊子翼；方以智，藥地炮莊）近人梁任公故曰：「『內聖外王之道』一語，包舉中國學術之全部，其旨歸：在於——內足以資修養，而外足以經世；所謂『古人之全』者，即此。」（諸子考釋，莊子天下篇釋文）故此「內聖外王之道」的「內足以資修養」之中，之上則爲「玄之又玄」的「常道」；亦從易之「神旡方」，而入於「易旡體」之中。總之，這個人的美之主體：「道」的終極範疇——目標之建立在：「志於道」。它乃是人文生命之所志，它是「開物成務，冒天下之道」的形上原理的無窮追求。

因爲「據於德」的——「德」：它包涵存在生命的主體與存在生命的條件，自然意志與理想意志的俱生；從自然世界到理想世界在斷言命令，價值系統的完成中構成一個級級上升的存在範疇。在這個存在範疇中，其德有四，曰：元、亨、利、貞。「元者，善之長也；亨者，嘉之會也；利者，義之和也；貞者，事之幹也。君子，體仁足以長人，嘉會足以合禮，利物足以合義，貞固足以幹事。君子行此四德故曰：「乾——元、亨、利、貞。」」（乾、文言）「坤，至柔而動也剛；至靜，而德方；後得主而有常，含萬物而化光。坤道，其順乎，承天，而時行。」（坤、文言）元者，生命創造與孕育的本體之所在；故爲生命之本也，始也，生也；乃一動力系統，故大。亨者，生命創造與孕育的宇宙；故爲生命之通也，達也，暢也，乃一運作系統，故遠。利者，生命創造與孕育的知識；故爲生命之宜也，和也，效也；乃一功效系統，故深。貞者，生命創造與孕育的價值；故爲生命之正也，固也，永也；乃一目的系統，故久。此四大範疇皆在易之蘊，易之門內的「至柔而動也剛，至靜而德方，後得主而有『常』，含萬物而化光」中，故「健」，必以「順」，承天，而時——行。時之義，大矣哉！總之，這個人的美之主體：「道」的存在範疇——基礎之建立乃在：「據於德」。它乃是人文生命之所據。它是宇宙模式的把握。

因爲「依於仁」的——「仁」，它兼有內在世界與外在世界的一體存在，故曰體仁；是存在的展開，是生命的「生生之謂易」的「生生」之創造與孕育的完成；也是生命理想在生命的自然中實現的歷程，更是存在生命的主體存在生命的條件中的「踐形」。從封閉的自然，走向開放的自然，從孤立的道德，走向開放而同涵互攝的道德，共有存在與個體存在的合德；也就是既包含「誠者，天之道」，並包含「誠之者，人之道」；既包含「自誠明，謂之性」，亦包含「自明誠，謂之教」；既包涵「誠，則明也」，亦包含「明，則誠也」；既包含「尊德性」，亦包含「道問學」；既包含「內仁：正心，誠意」，亦包含「外智：格物、致知」；所謂「性之德也，合內外之道」；創造與孕育並行，大生與廣生同進。總之，這個人的美之主體：「道」的規範範疇——精神之充滿在：「依於仁」。它乃是人文生命之所依。它是人文理想的完成。

因爲「游於藝」的——「藝」：它是天地大美的存在世界，它是透入存在而又透出存在的美；觀照自然，藝術與一切存在於自由概念的審美判斷而上達整個生命的自我超越中。所以，詩，是天地之心。詩與藝術是達到存在與超越存在的一條線索。在美的世界中，「乾元者，始，而亨者也；利貞者，性情也。乾，始能以美——利，利天下；不言所利，大矣哉；大哉乾乎！剛健中正，純粹精也。陰（坤），雖有美，含之；以從王事。君子，黃中通理，正位居體，美在其中，而暢於四支，發於事業，美之至也。」然「余欲無言」，而「天何言哉」，且「天地有大美而不言」，故「美」——在超越存在的觀照中。因此，藝術世界：「在理想上是想像，在實際上是美的追求，在情感上是美的享受」（柯林烏：藝術哲學大綱）。總之，這個人的美之主體：「道」的生活範疇——內涵的自得在：「游於藝」。它乃是人文生命之所游。它是無言的大美、至美、純美、理想美的觀照。

所以，王船山「四書訓義」說：「夫子創爲學之全功，以示人曰：學者之所學者，道也。一日由之者，此道。終身由之者，此道。一事，有一事之道。合萬事，而統之於道。遵之以行，而人道立，天道亦不違。苟非其道，則人失其倫，物失其理，而可勿道乎？始之，立其志，勿自陰也，必求盡乎道也。繼之，貞其志，勿自亂也，必允合乎道也。終之，遂其志，勿自任也。——不可踰乎道也。道，在天下，而得之於吾心，患其未有德耳！有德，則可據矣。道，即求『盡』，而一理之『誠』，可自『信』，即可『守』之終吾身者也。道，雖不違，而此心之未能喻者，尤必求其體驗焉！志在於道，則據即在德，德即日新，而心幾於化；而所據者，終不可離也。乃若——事之未感，道不可以豫擬；心之未動，德不可以強求。抑在——篤志之時，道不可以外求；執德之際，德不可以力執；則雖吾心之仁，爲可依也。靜，而無一私之妄起，天理於是而凝焉！動，而無一物之不含！天理於是而行焉！動，與依也；靜，亦與依也；不使一念之廣生大生者有息也。靜，與依也，動，亦與依也；不使一念之至虛至明或蔽也。若夫——道之所自著，德之所自放，深於其理，而吾心之與古人符合。古之人以發起吾心之生，理則必游於藝乎！涵而泳之，曲暢而旁通之，乃以知德之果有先獲我心者然也，所以據也；乃以知天地民物之涵育於一念之中而從容以自遇也，無不依也。故此四者，無一而可廢，無一而可緩。分之，而用心之際其辨甚微。合之，而交至之功其用則一。至學之始，即無偏至之功。成德之餘，不舍交資之益。學聖之功，全於是矣。嗚呼！大學之道，止於至善。君子之教，中道而立。聖人之言，深切著明矣。而後之學者，以爲循序而漸進，不亦異乎！」（船山全集，（六）、四五六七—四五六八頁）故其訓義超邁古人者，乃創「爲學全功」之整體展開也。

所以「藝術」與「自然」所從來之「美」的——「道」不僅僅只是一個「道德」的解釋，「被描述爲道德眞理的一個象徵」；也不僅僅是一個理論的解釋，「人類知識的較低的感覺部份的分析」，它更是一個獨立的人的生命的主體——而透圓的世界。它可以與宇宙、知識，價値互爲涵攝；如再向上提升時，它就已透入了形上、本體、宇宙、知識、價値的整個——「道」的世界了。因此我曾說——美學是一門逍遙於形上、本體、宇宙、知識、價値之間的主體生命的學問，它所追求的是美的情感的自由，透過美的主體性——人之「靈」，以入於美之主體——「道」。這個「道」就是「澄懷觀道，臥以遊之」的道——美的本體，「遷想妙得，悟對通神」的道——美的宇宙，「竟求客勢，靈而變動」的道——美的知識。

總之，此實正如王夫之所說「理，則必游於藝」中，其「美」——主體：「道」之呈現的人的「

靈」——主體性——是在人的「人文化成」的美之理想：「志於道——據於德——依於仁——游於藝」的四大範疇中所展開的：「終極範疇——存在範疇——規範範疇——生活範疇」以追求「道」之美的主體性的「目標定位——基礎建立——精神充滿——內涵自得」而使「人」在人的主體性——「靈」中呈現「美」的主體：「道」在人——人的人文化成世界中把美的本身與美的一切存在都透過自然與藝術的生命內涵「游」而有所「自得」。爲什麼呢？因爲只有在「自然」與「藝術」中，生命才能觀照到天地大美與藝術存在世界的美。這就正是孔子所說的：「知之者，不如好之者；好之者，不如樂之者」（雍也）的這個「自得」；也就是孟子所謂：「君子，深造之以道，欲其自得之也」。這個「自得」者「自得之，則居之安；居之安，則資之深；資之深，則取之左右逢其原。故君子欲其自得之也。」（離婁）這就是爲什麼「聖人含道應物，賢者澄懷味像。聖以神法道，而賢者通；山水以形媚道，而仁者樂。」的道理。

「美」的主體：「道」在人的「志於道」，然而「志於道」的「道」又必透現在「美的」一切存在的美的主體性——人之靈中。因此，都必須以生命之所據爲宇宙模式的把握，以生命之所依爲人文理想的完成，以生命之所遊爲無言大美、至美、純美、理想美的透而圓的「方以智」，又「圓而神」的透靈觀照。

假如我們是在這樣一個中國人之美的主體：「道」中從點、線、面、體而至於徹上徹下，徹下徹上的高而又深，深而又高的觀點以透視美感經驗上達美的本身，我們才會發現：美的主體——「道」

在「美─美的」之中是透過美的主體性──「人之靈」層層上達以追求：一個中國人的透而圓的美的觀照世界──人在「美」的凝神，入神、出神中的觀照而自美的主體：「道」以傳其神於天下。此所謂古人云：『形在江海之上，心存魏闕之下。』──神思之謂也。「文之思也，其神遠矣！故寂然凝慮，思接千載；悄然動容，視通萬里。」（文心雕龍、神思）這也就是：「佇中區以玄覽，觀古今於須臾，撫四海於一瞬；籠天地於形內，挫萬物於筆端。」（陸機．文賦）乃爲逍遙於形上、本體、宇宙、知識、價値之間的出竅──情感的自由：美的主體之所在者，以展開美的主體性─人之「靈」於：「志於道，據於德，依於仁，游於藝」中，而呈現一個「開物成務，冒天下之道」（周易．繫辭傳）的──「人─文：化─成」（周易．賁卦）的「欽──明──文──思──安安──允恭克讓──光被四表──格於上下」（尙書．堯典）的大美、至美、純美、理想美的「致中和，天地位焉！萬物育焉！」」（小戴禮記中庸）的人文世界。故孔子曰：「堯典可以觀美。」（尙書大傳略說）

總之，美的主體──「道」之本身，是憑藉著「美」的力量，在透過了美的「主體性」──人之「靈」，才「引人入勝」而使得人在美的偉大中，「點」化了「凡」心，以「超凡入聖」而凝神。這個美的偉大力量是崇高、是秀美、是悲壯、是怪誕；是來自「美」在「自然」中的展現；是來自「美」在「藝術」中的顯露，它讓中國人相信：生命只有在「美」中，這個世界的「人」才能感覺到「美」的──「引人入勝」而使人人達到在「美」中的──「超凡入聖」而凝於神的境域。蓋「靈而變動者，心也。」（王微、敘畫）因爲孔子、以及孔子以前的聖者們，深深地體會出、體悟出、體證出這個道理。所以，孔子才說：「志於道，據於德，依於仁，游於藝」。孟子也才說：「可欲之謂善，有諸己之謂信，充實之謂美，充實而有光輝之謂大，大而化之之謂聖，聖而不可知之之謂神。」這就是莊子在「知北遊」所謂：「天地有大美而不言，四時有明法而不議，萬物有成理而不說。夫聖人者，原天地之美，而達萬物之理。是故──至人無爲，大聖不作，『觀』──於：天地之謂也。」這更就是孔子在周易乾坤文言中所說：「乾，始能以『美──利』，利天下，不言所利，大矣哉！大哉乾乎！剛健中正，純粹精也。陰（坤），雖有『美』，含之；以從王（通天地人曰王）事。君子，黃中通理，正位居體，美在其中，而暢於四支，發於事業，美之至也。坤道其順乎！承天而時行，含萬物而化光。」這是不是中國人一個美的透圓世界呢？故荀子曰：「君子知夫不全，不粹，之不足以爲美也。」（勸學）

此「不全、不粹之不足以爲美也」的理想美，再向上時，就是老子的形上美學。故老氏言：「天下皆知：美──之爲美，斯惡已！」爲什麼？因爲：美──之主體者，道也。而「道，可道：非常道。名，可──名：非常名。」是以，美之主體，乃常道：不可名。而不是「非常道」之「可名」。是以天下皆不易知。因「美」──之「主體」在──「道」。「美」──之「主體性」則在「人──心」之：「靈」。蓋天地之性：「人」爲貴。因爲，「天生烝民，有物有則，民之秉彝，好是懿德。」（詩，大雅）。因爲，「民受天地之──『中』以生，所謂命矣。」（左傳成公十三年）。因爲「大人，與天地合其德。」（易文言），「人者，其天地之德。」（禮運），「人者，贊天地之化育，與天地參。」（中庸）故：人——爲萬物之靈。此——「靈」，乃人能秉「中」以通：「左——右」，「前——後」，「下——上」萬物之理以立：「人——文：化——成」之「美」的世界也。

是故——中國人之「美」——的：「主體」者「道」也。而「美」——之「主體性」，則在：「人——心」之——「靈」中。故王微謂：「本乎形者——融；靈，而變動者：心。以一管之筆，擬太虛之體。」（敍畫）是亦乃宗炳所謂：「澄懷觀道，臥以遊之。」（畫山水序）者也。故中國人美之——主體：「道」；美的主體性：「人——心」之「靈」是矣！

由是言之：荀子所謂：「夫道者，體——『常』，而盡——『變』，一隅不足以擧之。故治之要：在於知——「道」。人，何以知：道？曰：心。心，何以知？曰：虛，壹，而靜；謂之大清明。」（解蔽）皆此之謂矣。因是：「聖人備——道，全——美者也。」（正論）。「是故，美之者，是美天下之本也。」（富國）「故：天之所覆，地之所載，莫不盡其美。」（王制）「天下皆寧，美——善，相樂。」（樂論）「我，獨自美，豈無故哉！」（成相）。

故凡宇宙之：「美——的現象」（或不美，非美，醜，不醜，醜的美，美的醜），皆爲美之主體的「道」在「人——心」之「靈」中，面對其「對象」時所透現者。故此「現象美」（自然或人爲的）：亦有其——超越形上的美，形上的美，本體的美，宇宙的美，知識的美，價値（理想價値——現實價値）的美之不同層次，只是見與不見而已。「見」——亦有不同層次：陸機謂之——「觀——撫——籠——挫」。劉彥和謂之——「神思」。鍾嶸謂之——「直尋」。司空圖謂之——「辨味」。嚴羽謂之——「一味妙悟——入神」。故中國人的「見」而之「觀」，其意義亦有其層層上達之美：「凝神遐想，妙悟自然，物我兩忘，離形去智。窮玄妙於意表，合神變乎天機。」（張彥遠，歷代名畫記）此「見」而之「觀」的「玄之又玄」的境界也。

這個中國人之「美」——的「主體」：「道」在「人——心」之「靈」中的「主體性」，所展現於宇宙中者，蘇格拉底也認爲藝術家所要追求的，是超感覺的與模仿以上的東西：它是理想化的內在結構，而爲精神的「超自然的美，而且充滿了光輝的靈魂。」（請參閱本書「柏拉圖的理想美學」）。

總之，「眞：積——力：久——則入。」（荀子，勸學）因爲「積」——「美，之源也。」（王霸）此乃在「身，盡其——故，則：美。」（解蔽）是以：美之——「主體」：在「道」：美之主體性：則在「人——心」之「靈」。由是而「身盡其：故：則——美」者也。

此所謂「身」者，乃「人——心」之「靈」也：「盡其：故」者，窮究——價值之美，知識之美，宇宙之美，形上之美，超越形上之美——「常——無，欲以觀其妙：常——有，欲以觀其徼：此兩者，同出而異名，同謂之玄，玄之又玄，衆妙之門」也。如此「身盡其：故則——美。」此「美」，當然不會就是「天下皆知：美——之爲美」的「美」了。天下所知道的「美」，是「美的」——現象的美，而不是美的本身——本體的美，形上的美，超越形上的美。故：盡其故，亦乃全之，粹之者也。此中國人之美的主體之所在矣。

——七十三年七月卅一日　華岡：中國文化大學哲學研究所——

（本文曾刊於「哲學與文化」月刊第十三卷第八期、七十五年八月）

（并刊於中國畫學會「美術學報」第二十四期、七十九年七月）

# 美的主體性

## 前記

這一篇「美的主體性」，是我在方師東美所開的「宗教、哲學、科學與藝術」的討論課中，所提出的論文之一。爲了讀者多一個了解，就把我在宣讀這篇論文時前面的話，寫在下面：

昨天方老師打電話告訴我，要我在今天把上學期的「美的主體性」這篇論文提出宣讀與討論。我內心很高興，並且很感謝方老師給我一個鼓勵與這一個學習的機會。我從四十九年十月九日開始跟著方老師聽「柏拉圖哲學，比較人生哲學（A Comparative Philosophy of Life, Ideals of Life and Patterns of Culture），中國形上學之性質及其演變，漢魏晉南北朝佛學，大乘佛學，宋元明清新儒家哲學」等課起到現在的「宗教、哲學、科學與藝術」這個討論課，已有十多年。十多年來，雖只缺過一二次課，聽到方老師從西方哲學談到東方哲學，使我覺得方老師在東西學問上，不管談到那一門學問時，總使我覺得在那一門學問上的專家們，實在並不比一位縱橫貫通，體大思精的哲學家如方老師者還要專與高。可是，我們的老師並不止此，他不僅是在這裡解惑與授業，而且是在傳中西之道，他是站在當代人類文化與歷史的面前，給人類的整個生命要安下一個生命的動力系統，從科學到哲學，從哲學到宗教，從宗教到藝術的每種知識無不納入人類生命動力系統之中，以使人類生命氣韻生動，不斷上升。我雖然聽了方老師十多年的課，但在十多年的學生中，我卻是最笨，最沒有成就的一個。我雖心想老師能把他肚子裡的通通完全講出來，但那是不可能的；我們只能聽到老師學問的系統，精神、門徑等，一切功夫還是要自己去做。所謂必有眞實心地，刻苦功夫而後可。雖聞淵源之懿，而微辭奧義，都在研精覃思，平心易氣，以俟其通，不敢以己意爲是。這篇東西，只是我將平日對這個問題的一些零碎思考，貫串成篇，並非什麼論文，更非什麼作品，只是聽了方老師在這一方面的諄諄教誨之後，感發而成；既非大題小作，亦非小題大作，尤非大題大作。只是闡釋老師的「生命情調與美感」和「哲學三慧」中的一個觀點——「理想的美」；也許我並未說到，也許我根本說錯了。反正學生在老師面前總是學生，同學在同學面前總是同學。此誠荀子所謂：「學不可以已，博學而日參省乎己，則知明而行無過矣」；也就是所謂：「全之，盡之，粹之，然後學者也」。

在「美的主體性」這個問題上，我雖然是用分析的思考去推究。但是，我卻是用的渾然一體的表達方式來表達，我說我自己的話；有些只說到，有些又只點到；既未細說，又未說全。好在各位同學在這個問題上，修養有素，我不過是表達我的一種表達而已。我讀完後，在討論這個問題中，我不一定都能對各位提出的問題作解答，就是答覆，也不一定都能答的對與好。好在老師在座指導討論，如我不能回答時，當然要把老師搬出來代弟子回答了。

假如我們接觸了不少的美，接觸了不少的美的對象，接觸了從原始藝術到現代藝術的各種材料，和接觸了從美的原始概念的興起到美的知識，美的各種學說與理論的形成，發展，影響之後，請問美的問題是一個什麼問題？我們要知道美的問題是一個什麼問題，就得先問我們是怎樣知道這個問題的。這是美的認知的方法問題；認知的方法問題，是入乎其內去了解它，在了解之後必得出乎其外來鑑別它；合自外而內的內在了解與自內而外的外在鑑別二者，才是一個眞正與全般的了解，而入於吾心的開始。此誠所謂入乎其內者有深情，出乎其外者乃顯理是也。我們用這樣一個心態來探索美的問題，探索美的問題究竟是一個什麼問題，自然不會只停留在美的現象論，經驗論之中，甚至說出經驗就是美，或「藝術即經驗」這種半吊子話；而是要從經驗的最內層上達於本體層的底層，然後從本體層的底層一層一層的向上爬，爬到主峯，再從主峯升起來，摶扶搖而上者九萬里，入於寥天一，獨與天地精神往來，上與造物者遊。所以，美的問題是要從經驗的美看出美的主體性之所在。美的主體性之所在者才是美的問題的會歸點。但是，把握到了美的主體性的問題，也僅是對美的問題的整個認知的開始，不一定眞能對這個問題了解到一個無何有之鄉的程度，我就是如此。

因此，我們來談這個問題時，既不採取如數家珍的方式，一個時期一個地區的往下說，也不採取掉書袋的方式開始，一種種一家家的併列說，我們要採取出乎時空的方式，出乎其內外的方式，以同情、了解、鑑別的方式；所謂同情也、了解也、鑑別也，都在欣賞而已。所以我們來談美的問題究竟是一個什麼問題——美的主體性的問題，是要從欣賞開始。

但是，欣賞工夫必須從自己開始。

## 一、美的欣賞

假如我們要把自己，從一個文學藝術的創作者或欣賞者的地位，引向於一個文藝的「純知識」的追求，那我們所要對應的問題，乃是：文學藝術理論與方法的問題。對於這一問題，「須從最上乘，具正法眼，悟第一義」（嚴羽，滄浪詩話：詩辨），才能得其「所」解。

文學藝術的方法問題，是一個專技的問題。這是每一位創作者所熟用而諳知或習焉而不察的專技知識；是可以作爲獨立地思考的。然而，我們假如要把這些各類的文學藝術的方法與技巧的知識問題，放到一個更高的層面時，我們就不得不進入文學藝術這一理論知識的範疇之中了。

在不同的文學藝術的各類理論知識範疇中，有一個更基本的知識；它不是別的，而是「美」的知識。美的知識之「美」，其主體性：一在美的知識之自足存在；一在美的知識所託之美的生命。因之，藝術本身，其自主在美的自我存在，不爲時空所限制，渾然與天地同流，它祇需要另一藝術的生命之流進入這一藝術生命之本身，才能找到美的主體性。

美，之所以成爲一門學問，也許是從這裡開始的。一個文學藝術的創作者或欣賞者，假如要把文學藝術當成「純知識」來對待，則「美」的問題，是首先要被我們加以考慮的問題。因而美的學問，必然會成爲我們研究的對象。

當一個人感覺到，不管他是看到的顏色或形體，亦或是聽到的聲音：是靜的，或是動的；是直感的，或是法象的；是平面的，或是立體的；是空間的，或是時間的；是它本來的那個樣子，或是人把它造成的那個樣子；我們說：「眞好看。」或說：「多好聽。」這時，我們爲什麼會對我們所看到的或聽到的說「很好看」與「多好聽」呢？這個「好看或好聽」的所指是什麼？

所指是什麼，是說所謂「好看或好聽」是什麼？我們爲什麼會說它「好看或好聽」，而不說別的？它是如何成爲美的？你覺得「好看或好聽」，我不一定覺得；過去不覺得，現在覺得；那個地方的人覺得，這個地方的人不一定覺得。這又關涉到「好看或好聽」的對象問題。它包含了美的性質的不同，美的對象的不同，美的程序的不同，美的時空的不同，美的心理的不同等等。

這一來，「好看或好聽」的問題，已經不是一個常識的好看或好聽的問題，乃爲「美」的知識上好看或好聽的問題，也就是「美學」的問題。美學的問題，是一個從科學的美的經驗分析到哲學的美的觀念的綜合而到藝術的美「幻想」的直觀；再向上時，就到一種「言、無言」的一種「無言」之「言」；「名、無名」的一種「無名」之「名」；「象、無象」的一種「無象」之「象」。反過來，「無言，言」；「無名，名」；「無象，象」；這一種超乎言，名、象的美，乃是超科學知識，超哲學知識，超藝術知識的「言無言」，「名無名」，「象無象」境界的美。所以，莊子在「知北遊」中也說：「天地有大美而不言」；我們也就不難發現孔子曰：「予欲無言」；子貢曰：「子如不言，則小子何述焉」？子曰「天何言哉！四時行焉！百物生焉！天何言哉！」（論語，陽貨）這一個道理之所在了。其道理，又豈僅科學知識，哲學知識，藝術知識所能表達的。當然、「美」，是必欲假「象」以詮；乃以「物」言「志」；以「志」賦「物」，比「物」，與「物」；「無我」之境中有「有我之境」，「有我」之境中有「無我之境」；而且是以少詮多，以「有」象「無」。所謂「此時無聲勝有聲」，以及所謂「神乎其技」，「鬼斧神工」和一種精神的「空靈」之美：「羚羊掛角，無跡可求。故其妙處，透徹玲瓏，不可湊泊。如空中之音，相中之色，水中之月，鏡中之象；言有盡而意無窮」（嚴羽，滄浪詩話：詩辨）。

徐志摩「在星光下聽水聲，聽近村晚鐘聲，聽河畔倦牛吃草聲」時說「是我康橋經驗中最神秘的一種：大自然的優美，寧靜，調諧在星光與波光的默契中，不期然的淹入了你的性靈」。並且他還說：「對岸草場上，不論早晚，永遠有十數匹黃牛與白馬，脛蹄沒在恣蔓的草叢中，從容的咬嚼，星星的黃花在風中動盪，應和著它們尾鬃掃拂……在清朝，在傍晚，我常去這天然的織錦上坐地，有時讀書，有時看水……有時仰臥著看天空的行雲，有時反臥著摟抱大地的溫暖。」這乃是徐志摩在「自然美」中的一種「美」的高度享受。然而，此自然美中，能無一個「人」存於其中乎？

美，還不止此：「它那脫盡塵埃氣的一種清澈透逸的意境，可說是超出了畫面而化生了音樂的神味，再沒有比這一群建築更調諧，更勻稱的了！論畫，可比的許只有柯羅的田野；論音樂，可比的許只有蕭邦的夜曲。就這也不能給你依稀的印象，它給你的美感，簡直是神靈性的一種。」這又是徐志摩在「人爲美」中的一種美的高度享受。然而，此人爲美中，能無一個「自然」存於其中乎？

當然，徐志摩在「我所知道的康橋」中，所感到的美，所欣賞的美，進而到一種「神靈性」的美，又豈能完全是我們在欣賞「文學藝術」作品本身以外，只經由「純知識」的科學分析，哲學綜合，藝術直觀所能整個的加以言說的。

儘管如此，我們還是要在「無言」中來「言」，「無名」中來「名」，「無象」中來「象」；要把它作爲「科學知識」來客觀分析，「哲學」知識來綜合通觀，「藝術知識」來直觀冥悟，才能透過「下學而上達」美的欣賞之境。這也就是我們人的「原天地之美，達萬物之理」（莊子）的藝術生命之衝動。

## 二、美的自主體

自然美也，人爲美也，「美」的本身究竟是什麼？是從美的存在物——人的客觀方面來論究美，或是從美的存受者——人的主觀來論究美；如只從一個方面去探索美的本身，都得不到美的「全」。「美」，既不能離開它的存在物而爲美，更不能離開它的存受者而爲美。它是同時具有美的存在物與美的存受者的兩者而生。至於「天下皆知美之爲美，斯惡已」的所指，乃是指一個形而上的美，甚而指的是超形而上的美；「超」，是超越，不是超絕，也非超離人間世而一去不返；這個美，把人點化為大鵬，「摶扶搖而上者九萬里」以後，「其視下也」的宇宙，人間之美，亦若在下所視上之「天」的一樣的美；所謂「乘天地之正，而御六氣之辯，以遊無窮者」——美的無窮，無窮的美，「彼且惡乎待哉！故曰：至人無己，神人無功，聖人無名，以樹之於無何有之鄉，廣漠之野，安排而去化，乃入於寥天一」，以視「下」之美。視下者，一是在寥天一之上，欣賞人間美，一是人再把寥天一的精神世界完全貫注下來，而在人間不僅享受了寥天一之美，亦且人間的臭腐已復化為神奇；人間此時既有所能指之美，尤有所不能指之美。此中確有大美在，唯我們自己的心領神會而已。

郎費爾德（Lanfeld）在他的（The Esthetic Attitude P.108）中所說：「美既不是全靠能經驗之人，亦不是純依所經驗之物，既非主觀，亦非客觀，既非純粹理智活動之產品，亦非附屬於客觀事物之價值；故所謂美，而為兩者變化之關係，亦即人類機體與客觀事物之關係」。我想，「美」，又豈僅「人類機體與客觀事物之關係」所能盡。

美的自主體，它不僅是如卡西勒（Cassirer）在他的「An Essay on Man」（論人）中說：「美似乎表現為人類的一個最清楚的被認知現象」（Beauty appears to be one of the most clearly known of human phenomena）。所以也不僅是一個形上論的美，也不僅是一個理論知識的邏輯美，也不僅是一個心理經驗的美，也不僅是一個幻想的直觀之美，更不僅是一個道德生活的美，尤其不僅是一個實用的美；美的自主體，不僅是一個形上的問題，理論的邏輯的問題，心理的經驗問題，善的問題，用的問題；而且是：美的性質之所在，在從一件自然或人為的藝術品的認知，判斷，欣賞，實用中所得的美的那種精神（非僅止於心理的）活動，和從美的精神活動中，以美來點化人間，而遊於無何有之鄉的那種逍遙遊的境界。假如我們讀莊子，我們不難發現，逍遙遊的境界，才是一種至美的境界之上乘描寫。莊子所建立的世界：最上，是美的世界；其次是天人的世界，其次是神人的世界；其次是至人的世界；其次是聖人的世界，其次是君子的世界，其次是常人（民）的世界。我也只好說：美乃人，自然，神，聖的和諧，多樣的統一；形式的多樣排列與結構統一，多樣內容的統一，多樣形質的統一，主客相融，物我爲一，情理一貫。

美的性質，和它的自主體，是要從它的美的內容和形式中顯現出來的。離開了美的內容與形式，還是上達不了美的至高境界。人，之所以發現美，那是人在心靈上所發現的人的美；這美的感情生起於美的材料，形式與內容的感情。所謂生起於美的材料的感情，是由形、色、音、向而生起的感情：如造形藝術的「指事造形，窮情寫物」（詩品）所創造的形；以及天象，山河大地之狀，動植之炳蔚與賁華，雲霞之雕色，林籟之結響，泉石之激韻；以及「自在飛花輕似夢，無邊雨絲細如愁」，「山映斜陽天接水，芳草無情，更在斜陽外」，「咸陽古道音塵絕，音塵絕，西風殘照漢家陵闕」等等的象；如蕭邦的「別離曲」中的音，李迪的「風雨歸牧圖」中的色。所謂生起於美的形式的感情，是由形、色、音、向所結構成的藝術樣式。它們樣式的條件是：調和，規律，均衡，節奏，條理等。「大漠孤煙直，長河落日圓」的形，在心靈構造了平遠與孤高之感的結合，即在平遠的平面上架上的一個直立的孤圓體，在觀賞者所生起平遠而又孤高的感情。一支曲子的旋律，其節奏是由音的長短與高低所組成；以及一幅畫的構圖亦無不是由形、色、音、向所創造而成。所謂生起於美的內容的感情：是創作者或觀賞者在一件藝術品中，由其形式與內容所表達的情感與景象所生起「高、古、深、遠、長、雄渾、飄逸、悲壯、淒婉」（嚴羽、詩辨）的感情而來的直觀和想像。

這樣，在美的材料，形式與內容中所創造與發現的美，美的感情，是有其美的性質在其中；在這美的性質中，才宣告了它的自主性。要達到此點，既要是美的感情的表現須帶客觀性，又要是美的感情的表現須爲假象，而非定著於實象之上；尤其是美的感情的表現是「爲己，而非爲人」，即是「無關心」於我以外的一切外物，而只全心地將藝術創造者的靈魂投射而出才能把藝術生命從作品中透露出來。同時，藝術家的個性可以在作品的風格與氣質中看出來；而時代的精神，民族的特殊風格也會在一個創造者的作品中表露了它的美的性質；如此，也才能宣告它的自主性。

## 三、美的程序

天下的藝術，沒有只有形式而無內容的作品，也沒有只有內容而無形式的作品；此兩者乃同時具生，而不能分開的。然而，內容與形式孰重？孔子曰：「質勝文則野，文勝質則史，文質彬彬，然後君子」（雍也）。這說明了形式與內容同樣的重要；不偏重一面，兩者都在彬彬然時，亦即同一件作品表現出形式與內容的均衡，和諧，相應時，就是彬彬然的極致了。創作者刹那的直覺也在其中表現出來，它是用最少表現最多，用最美表現最深，二者互爲表象。然而，剎那直覺的表現，又是來自經驗的完整性。經驗的完整，首先就包括了內容與形式統一的要求；其次乃主觀與客觀的互爲作用。所以，中國藝術精神之一，表現於先聖認識此一美的世界之性質才主張「興於詩，立於禮，成於樂。」（論語泰伯）這種儒家將人格之完成置於藝術的內外和諧之上。進而始有「以美利利天下」（易．乾文言）的社會文化的藝術觀。

原始的直覺，是單純，模糊，雜亂的；它須憑藉知識的作用，才能實現精神的價值；而熱烈的情緒要安定，嚴肅的思想要融貫，精神的活動要調和，又是精神價值實現的先件。

經驗，在創作中，其發展必須是連續的，動進的。我們要怎樣才能表達不能表達的心理狀態。然而，心理狀態在很多時候又不是語言文字與其他符號所能如實如情表現的。因爲宇宙的美的眞理，乃整個美的情感的形態發展。我們要怎樣去把握由原始感覺到藝術智慧所存的生命衝動；這其間，一脈相承的一條線是：經驗發展到非常複雜時，實在就無適當方法去表現；亦惟神理、神采、神思、神韻而已。故嚴羽謂「詩之極致有一：曰入神。詩而入神，至矣，蔑以加矣。唯李杜得之。」（詩辨）誠所謂：「不著一字，盡得風流」者是也。（司空圖，詩品）

美感，確是主觀的感覺；而美感經驗又須親自體驗。凡內心快感的放射，情感的傳達，理想的滿足，雖因主觀而異，但仍有其主客的一致性。所以，美感不但爲主觀的心理所使，且爲客觀的條件所制。此二者，缺一不可。

美感，一個是建立在快感上；但是，快感不是美感。快感，是生理的滿足；美感，是以心理爲起點而到整個精神的滿足。情緒，是快感與不快感的基本；當一種情感發展爲美感時，已非原來的情感，而是「意轉情移」的「移情」作用。此種作用，又與統一性的知覺不可分。此種作用，又與聯想分不開。知覺與聯想凝合，符號與象徵的想像功能，自然而生。因此，引起情緒的活動，再擴充想像與思想的活動範圍——即用賦，比，興的三種藝術形態，創造出形象的直覺。快感、情緒、知覺、聯想、移情、想像，是美感的基礎；從美感經驗到形象的直覺，是經由「賦、比、興」的三種形態的交合創造所產生的。正如鍾嶸詩品所謂：「文已盡而意有餘，興也；因物喻志，比也；直書其事，寓言寫物，賦也。宏斯三義，酌而用之；幹之以風力，油之以丹采，使味之無極，聞之者動心；是詩之至也。若專用比興，患在意深；意深則躓。若但用賦體，患在意浮，意浮則文散，嬉成流移，文無止泊，有蕪漫之累矣」。

美感經驗，確是複雜的心理活動，精神的反射，亦即主客相融，直覺與知識相成，形式與內容相連；在：「聚精會神，超現實——不沾實用——心理距離」的藝術情調中，經過了「快感——情緒——知覺——聯想——移情——想像」才出現了：「物我兩忘，渾然一體」。物中有我，我中有物；物化情移，情移物化。以從汎生論到汎情論的宇宙人格的外射作用投向到新的對象上，成爲一種形象的直覺作用，而藝術創作者的生命與人格就從此中浮現而出。

## 四、美的世界

藝術，不僅在模仿自然，更在創造自然，超自然；表現一個普通永恆的觀念。歌德就說過：「藝術家對於自然，有兩重關係：他是自然的主人，也是自然的奴隸；他是自然的奴隸，是因爲他必須用人世的工具——自然的工具，才能叫人懂；他是自然的主人，是因他奴使它們效忠於他卓越的心裁」。

一方面，藝術描寫自然，而且描寫我們實際的生活。凡存在的，都是實在的：生命就是藝術的眞理。所以，Mulher說：「每樣東西都是藝術的材料。」因此，藝術的優劣，當以表達自然和生活方式與技巧的優劣爲標準。這乃是藝術的內容受自然和生活本身所決定。藝術的特質在表達的方式，而不在選擇其內容；不問道德，政治、哲學。它在描寫存在時，只重個性和具體的事物。此王國維所謂「有寫境」是也。

一方面，藝術是用具體材料表現自己的情緒與理想；至於如何選擇內容和技巧的問題，均爲次要；道德與哲學的根據是極爲重要。它在藝術創造中，只重典型，而不重個性。此王國維所謂「有造境」是也。

前者，以爲藝術美在模仿全部自然美；後者，以爲藝術美在選擇一部分自然美；但都不承認美在自然本身，而在藝術美。其實，他們都把自然與理想，自然美與藝術美分開了。

我們從一個中國人來看「美」，「美」爲：「感性的美——知性的美——理性的美——神性的美——純美的大美」的向上發展。然而，都要以「情」去作爲它的起點，使生命的情感世界既能「應物形象」，又能「隨類賦彩」，以使人類生命「氣韻生動」（謝赫，古畫品錄）；而「立萬象於胸懷，傳千祀於手下」；所謂「藝趣妙極，未易言盡」者是也，是在「備表仙靈」，「非淵識博見，孰究精麁，擯落蹄筌，方窮以致」（姚最，續畫品）。這就是中國人所看到的一個透圓的世界。

## 五、美的理論

然而，在西方對於「美」卻取判斷的方式，其方式不外兩種：

一種方式，是判斷美的眞，乃取敘述的方式，此敘述判斷在對「美」的「事實」作解釋。因此，這樣的審美判斷，是可眞的；這就成爲：發見美的特性，乃爲敘述的判斷。

一種方式，是判斷美的眞，乃以爲全在鑑賞者的心靈所賦加，它創造了美之特殊反應，給予美以性質，在敘述之外另有所見；此賦加判斷在對「美」的「觀念」作直觀。因此，這樣的審美判斷，是非眞的；這就成爲：發見美的特性，乃爲賦加的判斷。

前者，是唯智主義，對於美的判斷，作爲理智的判斷；對於美的形式與內容要用一定法則去加以解釋，把美感建立於純經驗之上。這是美學上的物理主義，亦即把「美」作爲物理元子去分析、解釋、判斷。

後者，是唯情主義，對於美的判斷，作爲情感的直覺，對於美的表現和藝術家的創造要以情感要素去判斷，把美感建立於純直覺之上。這是美學上的心理主義，亦即把「美」作爲心理元子去陳述、解釋、判斷。

在這兩種判斷美的方式以外，我們可以看出美的理論不外：一、美的實在論者；二、美的現象論者；三、美的邏輯論者；四、美的內在價值論者等。

美的實在論者，以「美」的本身爲：初性、次性、第三性等。美的初性乃時空的配置，不是感覺性質，而爲外物基本架格；當時空配合爲特殊關係時，就突出了新的性質——次性。美的次性，乃成爲主客兩觀所組合。第三性，乃次性的再配合，超時空、超主客。但是，我們也以爲美少不了外在條件；可是，外在條件不等於美。美乃個人的情感意向，心志所投射在外物的超原始狀態的複雜經驗，非常複雜的心理作用，整個注意力在情緒飽和時所接觸的對象之活動。

美的現象論者，以爲「美」的本身乃心理的現象，美感因人、因主觀、因心境而異；乃因各人的主觀心境而異，主觀的心境是爲各人的愛好；除了自己，和自己的偏好，就無價值可言。因此，美感之爲主觀的感覺，美感經驗之須親身體驗，是因爲美感乃內心快感的放射，情感的傳達，理想的滿足。但是，我們以爲美感與愛好不同；對一物的美感雖因主觀而異，但仍有相合的一致性；美感不僅爲主觀的心理所產生，且爲客觀的條件所由現。

美的邏輯論者，以爲「美」的本身乃邏輯的理型；美是先驗的，非經驗的；有一個標準，是普遍的，非特殊的，是必然的，非偶然的；美非存在之物，不在外物之中，非物理的；心理的產物是主觀的、特殊的；美的標準非主觀的、非特殊的、非變化的。因此，美乃客觀的、普遍的、永恆的；美不是物理的、心理的，而爲邏輯的。但是，我們以爲美雖有邏輯上的美，但美的邏輯卻非僅建基於物理的邏輯，生理的邏輯，心理的邏輯之上。此物理、生理、心理當合而演展爲社會的美，再從而進展爲理型的美，德型的美；更從各種價值之美昇華爲純美的大美之美。總之，美的理想是從「不完美」的美感經驗中昇華而出。美不僅在美感經驗、和美的判斷，尤在美的理想之呈現。

美的內在價值論者，以爲「美」的本身乃人整個精力，投射於一事物之意象時，人格與對象之融和及統一；有同一的，也有非同一的美感經驗。所以，杜威說：「藝術是浸潤在經驗中的一種性質，而非經驗本身；美感經驗不僅是美感的，它包有許多外物和意義；這些外物和意義的本身並不美感。但當它們組成一種極有規律的條理時，就變成美感了。美感經驗的材料是人爲的，一方面也與自然相連續的；人是自然的部分，也是社會的，因爲藝術乃文化的表現和頌揚，推動文化發展，文化性質之優劣的最好判斷」。而朱光潛也以爲：「美不僅在物，亦不僅在心，它在心與物的關係，也是心藉物的形相來表現情趣。世間並沒有天生自在，俯拾即是的美，凡是美都要經過心靈的創造。在美感經驗中，我們須見到一個意象或形相；這種『見』就是直覺或創造；所見到的意象須恰好傳出一種特殊的情趣；這種『傳』就是表現或象徵；見出意象恰好表現情趣就是審美或欣賞。創造就是表現情趣於意象，可以說是情趣的意象化；欣賞是因意象而見情趣，可以說是意象的情趣化。美就是情趣意象化或意象情趣化時心中所覺到的『恰好』的快感。『美』是一個形容字，它所形容的對象不是生來就是名詞的『心』或『物』，而是由動詞變成名詞的『表現』或『創造』……」。這就是以美為複雜的心理組織，主客相融，直覺與知識相成，形式與內容相連的聚精會神，不沾實用，無為而為的物我合一的內在價值論。

然而，以內在價值的「美」與「天地有大美而不言」的「大美」——美的理想相比，就知「聖人者，原天地之美，而達萬物之理」（知北遊）的「天地之美」，乃「美」在「物理、生理、心理、社會、理、德、物我合一」等不同層次的連續向上發展之後，為人所點化了的「美」；「自然」與「人」，此兩者只有同時從美的世界中顯現出來，人才能成為「聖人」。「美——聖」的「美」，不僅為知識的美，乃為從知識的美到美的知識，從美的知識到人格性的美，從人格性的美的人格性，才能看出「美」之為「美」的所在。這又與西方僅以美為獨立自存之物，乃是一種形而上的，實在形上美學；或僅以美為一種感覺經驗，或僅以美為一種價值判斷者所不可同日而語了。

## 六、美的直體呈現：妙悟——妙「萬物而為言」；悟「萬殊之為一本，一本之為萬殊」

中國人，在人的全程中，對人、對社會、對自然、對整個宇宙都有一種從「美」的「觀照」中去看的那種凝神而無所待的「獨與天地精神往來」的「上與造物者遊」的人的精神主體自我上升的藝術境界——「以神遇，而不以目視。官知止而神欲行，依乎天理」（養生主）。因爲「天地有大美」，所以「德將爲汝美」；因此「人」就有一種從「美」的「觀照」中去「遊」於「無何有之鄉，廣漠之野」，而「入於寥天一」這一種向上的生命衝動。這種「美」，已不是知識上的「美」，乃超越了「美」的知識層次，而透過了「知識」的美上達了「美」的「純美——大美」的美的本然之觀照宇宙於「心」而爲「心齋」的美的直體呈現。這種宇宙的本然「美」，是渾然與形而上「道之美」和形而下「器之美」爲一，從人的精神主體中投向宇宙的本身之中；是乃「通乎物之所造」（達生篇），「浮遊乎萬物之祖」（山木），「遊心於物之初」（田子方）的至美寫照。「物化」的境界，乃主客兩忘的美的觀照的境界；「上神乘光，與形滅亡，此謂照曠。致命盡情，天地樂而萬事銷亡，萬物復情，此之謂混冥」（天地）的以美照曠天地，以美混冥主客，化臭腐爲神奇，把宇宙完全點化爲「美」的世界。所以，中國人——莊子創造了一個「全美——大美」的「美」的世界；西方的美學家只創造一個知識上的一曲之美的外向美。中國的美爲化外於內化內於上上之美；西方的美爲化內於外之客觀的分析美。中國的美，是一不失藝術主體精神的美，西方的美，是多喪失了藝術主體精神的美。

這兩種中西不同的「美」，其差異在於：西方人乃從靈魂分裂症所產生的自然二分法的二元對立的宇宙觀以觀美；中國人則「以妙性知化，依如實慧，運方便巧，成平等慧，演爲妙性文化，要在挈幻歸眞，其慧體爲一種充量和諧，交響和諧，慧相爲爾我相待，彼是相因，兩極相應，內外相孚，同情交感之中道。中國人頂天立地，受中以生，相應爲和，必履中蹈和，正己成物，盡生靈之本性，合內外之聖道，贊天地之化育，參天地之神工，完成其所以爲人之至德。」（方東美教授、哲學三慧）。此爲兩種文化精神之不同之所致。因爲中國人「思理有致，而思理勝而性靈之華爛然矣。抒情則出之以美趣，賦物則被之以幽香，言事則造之以奇境，寄意則宅之以妙機。宇宙，人心之鑑也；生命，情之府也。鑑能照映，府貴收藏。託心身於宇宙，寓美感於人生。中國人之宇宙，其底蘊多屬虛象靈境，中國人之靈性，不寄於科學理趣，而寓諸藝術神思。藝術之妙機，常託之冥想；所謂虛佇神素，脫然畦封，超以象外，得其環中」（方東美教授，生命情調與美感）。美哉！此乃「妙萬物而爲言」者也。

總之，「美」不僅是知識的問題，和美的知識架構與理論的問題，而且主要乃是人在觀照「美」於宇宙和人生中，所呈現的美的主體性的各種層次之不斷上升和充實的問題，故孟子曰：「充實之謂美，充實而有光輝之謂大，大而化之之謂聖，聖而不可知之之謂神。」也就是劉勰所謂：「思理爲妙、神與物遊」（神思）者是也。但如不能「具備萬物，橫絕太空」有若「荒荒油雲，寥寥長風」而「超以象外，得其環中」（司空圖、詩品），則何能「妙」萬「物」而爲「言」也。此正尙書皋陶謨所指：「天工、人其代之」歟！是在「一味妙悟而已」。

所以，「美」，乃在：妙「萬物而爲言」；悟「萬殊之爲一本，一本之爲萬殊」者也。

（本文曾刊於《中華百科全書》、《六十年全國慶祝美術節特刊》、《出版與研究》第二十一期　六七年五月一日、《藝壇》第三十九期　六十年六月、《愛智》第三期　政大哲學會、《青年戰士報》六十年四月二十四日、《華岡哲聲》第二期　六六年五月、《國軍文藝理論會・文藝論叢》六三年二月、《國魂》第三三一期　六二年六月、中華日報副刊，六十年五月三日——五月十日）

# 西方「美」——的血緣學：柏拉圖的「理想」美學

理想「美」——的建立
柏拉圖的「觀念」論
「美」——的觀念
「美」——的結構
「美」——的性質
「美」——的本身

## 一、理想「美」——的建立

我們如從整個西方哲學史來看，照愛默生的觀點，柏拉圖就是哲學，哲學就是柏拉圖；照另一當代西方大哲學家的看法，西方哲學都是柏拉圖的註足。而且鮑桑葵（Bosanquet）在他的美學史第二章就是以柏拉圖爲「美」——的先知者（The prophet of beauty）。當然，在柏拉圖之前的畢達哥拉斯學派不僅從「數」的觀點來看宇宙存在的本質，而且從「數」的觀點來看美的形式與其概念之所在。至於赫拉克利圖斯（Herakleitos）不但以爲調和是美的形式，而且以爲調和爲美的構成的基本，尤其事物的內在和諧乃神所賜，它是世界的絕對美；這種美的來源，與善的行爲及正義的行爲可視爲同一體。所以，秩序就是美，也是最完全的東西。但是，蘇格拉底認爲藝術家所要追求的是超過感覺的與模仿以上的東西，它是理想化的內在結構而爲精神的「超自然的美且爲充滿了光輝的靈魂」。

柏拉圖之成爲西方「美」——的先知，不僅是：「There must be one Beauty that appears in them all（Symposium 210b, Republic 476, 479, Phaedo 78de, Phaedrus 250d）. This is the essential Form of Beauty, absolute Beauty, not seen with eyes but grasped conceptually by the「mind alone」（Phaedo 65, 75d）. There must be a single transcendental Form of beauty. The beauty of this world reminds us of true beauty（Phaedrus 249e）. The ideal Form of Beauty exists, or subsists, in a realm distinct from the empirical world, and has the same sort of Being as ethical ideals, like Justice, and mathematical entities, like numbers and perfect equality.」而且是「What we also want, and need, is a path that will bring us again into a direct apprehension of Beauty, in so far as this is possible while our souls are still in bodies, only in this way can the divine Love （Eros） within us be satisfied. This is the theme of the Symposium and especially the discourse of Diotima of Mantinea: We can progress from bodily beauty to beauty of mind, to beauty of institution and laws and the sciences themselves （210 11） finally, to essenfial beauty entire, pure and unalloyed （211 e）. We may behold Beauty in itself.」（註一）

這種從Love Eros——Knowledge and the Dialectic of Love（註二）而來所建立的以「美」乃是實在的客觀存在的這種本質美學：形上美學——乃是：「美」，生長在人類生命的愛中。所以，柏拉圖認爲愛是達到美的至高手段。這個手段，包含了——生命、自然、知識，以及先在與後在的不朽（註三），以至於發展到形上的超越存在。「愛」是人類在生命中，從宇宙靈魂而來以面對自然，透過知識結構，從不完全追求完全的不朽的天賦欲望。這個「愛」（Love—Eros）的存在，在柏拉圖的思想中，既可從mythos 的文化生命中找到它的根源與型態，更可從Logos 的大全宇宙中找到它的形上基礎，宇宙建造，知識層級，價值系統。所以，柏拉圖的「愛」（Love—Eros）是他整個哲學的「活水源頭」——「血緣」：也即是他的理型哲學的起點：Love（Eros）—Mythos—Logos—Idea 以成爲整個宇宙生命在文化中的層層創造。這個創造，就在柏拉圖的整個哲學中，柏拉圖的哲學，就是從「愛」到「理想美」的追求之在文化生命中，大全宇宙中的不同存在：形上——宇宙——知識——價值的會通系統，使他成爲西方哲學上的第一個集大成者（註四）。不然，W. T. Jones 就不會說：「It is not easy to say, but it appeas that Plato felt that order anywhere in the universe is esthetic—the order for instance, of the motions of the Planets.」（註五）。

## 二、柏拉圖的——「觀念」論

因此，我們可以說——柏拉圖創造的世界：哲學——「理型、理相、理想」的觀念世界，是一個「善」——「眞」——「美」一體和諧的宇宙。「善」，是一個人間的天國世界，它透過了「眞」——知識世界：辯證：這個「善」，就是永恆不變的本體，本體世界的至高點：它透過了「美」——藝術的理想世界，這個美在善中，是透過了「眞」的美，始使這個「善」成爲理想國的生命價值的最高規範。

這就是「In the West the history of systematic philosophizing about the arts begins with Plato.」的道理，也不僅是：The begining of wonder about imitation, i. e. the relation between representation and object or appearance and reality」，尤其不僅是「Plato

Shows the aesthetic consequences of the thinking on this problem by Democritus and Parmenides」

因爲「Nearly all of the fundamental aesthetic problemes were broached, and some were deeply considered, by Plato. The questions he raised and the arguments he framed are astonishingly varied and deep. They are scattered throughout his dialogues」（註六）。

爲什麼呢？因爲「That Plato regarded beauty as objectively real is beyond all question」（註七）柏拉圖把「美」作爲客觀的眞實，乃是因爲他的「美」是建立在「眞」——知識世界之上的——善、眞、美的一體性之上。要了解這一點，就不得不從「知識」的問題開始。

由於柏拉圖的「美」是存在在他的整個哲學中，也就是他的「美」是在他的「理型、理相、理想」的觀念世界中：而且，必然「觀念論的自身，是以知識論爲基礎的」（註八）。

要了解什麼是「知識」這一點就得先了解什麼不是「知識」，即是從「知識」的反面問題開始去考察什麼才是知識。

從反面去看「知識」，「知覺」不是知識，因爲知覺乃因人而不同，知覺產生矛盾的印象：它使一切學說，論證都成爲不可能，破壞了眞理的客觀性，使眞和僞的分別毫無意義。當然，意見也不是知識，那也是由於意見也無客觀的標準。那什麼才是知識呢？

因爲蘇格拉底主張一切知識都必須經由概念而產生，並且要建立在理性之上；它是客觀的存在。一個概念和一個定義——是確定的知識，不因個人的主觀印象而改變，它是一個客觀的眞理。

柏拉圖的「知識論」，雖然是從蘇格拉底的這個主張開始，建立了他自己的哲學體系，但跟蘇格拉底卻又大不相同。因爲他在蘇格拉底的知識論之上，不僅是要以知識客觀概念作爲思想範疇的定義知識，而且更要向上推展成爲一種存在本質的理論知識，使知識成爲一種形而上的存在。以此，知識——「本質的知識」已非僅僅只是心理的，而是更有他自己的實在以獨立於心以外的客觀存在。所以，柏拉圖的「觀念」的知識，乃是形而上的一種本體知識——客觀的形上存在。

柏拉圖的「觀念」的知識之建立，除了來自蘇格拉底的概念說——知識的本質，定義而外，乃就是：

㈠赫拉克利圖斯的變動說——知識的感覺世界：現象：非存在的一面。

㈡埃利亞學派的絕對說——知識的理性世界：本體：存在的一面。這裡從齊諾「一就是上帝」，「一切即一」而來以分出存在與非存在之不同：因實在世界必求之於概念或觀念，實乃理想主義之不同於非存在的物質主義之所在。

㈢畢達哥拉斯學派的數型說——數學的始基就是一切存在的始基。

這些來源構成了柏拉圖的整個「觀念論」。因此，柏拉圖的「觀念」是實在的根源，它是它自己的原因，它決定於其自己，爲一切的根源；除它自身外決無任何其他的根源，它乃是一個自存的實在。總之，「觀念」是宇宙的第一原理，是普遍的，而又非物體的，乃是客觀的概念思想。每個觀念都是一個統一，不變不滅，爲萬物的基本素質，一個定義就是表明一個基本素質，它並包涵所及的現象世界。每個觀念都是他自己的絕對的完全，而且在時空之外，爲理性所把捉。

所以，「美」的觀念，是一切美的對象的客觀的形而上的實在。當然，「美」的觀念，「眞」的觀念，「善」的觀念，又都爲「觀念」的本身所統一。

## 三、「美」—的觀念

我想，在西方卓越的哲學史家中凡是說到柏拉圖美學者，再沒有比W. T. Stace在他的那本「A Critical History of Greek Philosophy」大著中談得最糟的了。他爲什麼很能談柏拉圖的觀念論，而且談得很好；但爲什麼又不能談柏拉圖的美呢？這使我想起了孔子的一句話：「知之爲知之，不知爲不知，是知也。」的話，我想，一個人的學問不管如何的大與深，你在讀著一個人的著作時，總有你不喜歡的，而且也不是你的興趣之所在的地方，自然就會使你的思想之眼看不到，且一無所措，久而久之在這方面的學力，功力，智力就會變得無所用其回旋了。再加上自個的不自知，不藏拙，又要在這方面去表現自己的本事，其結果不是知識越位，就是不守學術的本分。這就難怪柏拉圖的藝術觀：「美」—的觀念，要使Stace不能了解，而說出「柏拉圖的藝術觀，實在不能令我們滿意」

的怪話。以致看不出Stace在柏拉圖美學上的本色與當行。

因爲柏拉圖的：「美」——的觀念，是指「美」——的本體，而非「美」——的現象；是「美」——的「一」本，而非「美」——的「萬」殊。不懂得這一點，就很難了解柏拉圖「美」——的觀念之蘊，以及進入「美」——的觀念之門。

柏拉圖的：「美」——的觀念，其「所」指，其「實」指，其「當」指者乃爲「永恆的美」——「美」的「理型、理相、理想」。這個就是：「美」——的觀念。柏拉圖：這個西方形而上學的「美」之始祖，從存在世界的「共相美」出發，指出「美」——的實在，認爲「美」是獨立自存的實體，永恆不變的本質；「美」爲一切宇宙美的「理型、理相、理想」。眞正的「美」——的知識，只存在於觀念中；所謂觀念，就是「美」——的觀念，也即是「善」——的觀念，「眞」——的觀念。觀念，是超越感覺、經驗、現象的統一體。所以，任何美的東西，都在「美」——的觀念統一中。因此，凡是構成爲「美」的各種性質的，在形而下的世界中的：感覺、經驗、現象中的美的都是從形而上的「美」——的「理型、理相、理想」的「美」——的觀念而來，同其爲整個宇宙的客觀形上存在，而又爲人的主觀存在所把定。

這個「道理」，在柏拉圖，乃是他從整個哲學的體系來加以建立與呈現的；然而，在中國的大哲學家中，只用一句話，就把它說盡了。這一句話就是：「天下皆知美之爲美，斯惡已！」（註九）。這句話，正如孔子所說：「神也者，妙萬物而爲言者也；」（註一〇）的「妙」；因爲大家都知道的那個美，乃是感覺的，經驗的，現象的美，而非「美」——的「理型、理相、理想」的觀念的「美」——才叫「斯，惡已！」所以，大家都知道的美，這個並非美的本身，乃「美」的感覺、經驗、現象而已！

我們知道，柏拉圖的「美」——的觀念的理論，最突顯出來的，還是：「As I am going to try to explain to you the theory of causation which I have worked out myself. I propose to make a fresh start form these principles of mine which you know so well that is, I am assuming the existence of abslute beauty and goodness and magnitude and all the rest of them, and to find a proof that soul is immortal. It seems to me that whatever else is beautiful apart from absolute beauty is beautiful because it partakes of that absolute beauty, and for no other reason. The one thing that makes the object beautiful is the presence in it or association with it, in whatever way the relation comes about, of absolute beauty. I do not go so far as to insist upon the precise details—only upon the fact that it is by beauty that beautiful things are beautiful.」（註一一）（我打算跟你解釋「自因自根本然自存」的理論，這個理論是我自己所研究出來的。我要建議從我的那些理論原理重新開始，這些也是你很知道的，也是我所要確定的——乃是絕對的美，善，大的存在，以及它們的不同層次與不同方面等，而且還要找出一個證據，靈魂的不朽。對我來說，

只要在此之外的一切「美的」東西之所以成爲「美的」，乃是因爲它從「絕對美」而來，因爲它分有了「絕對美」的本身，而無他故存在於其間。一個東西之所以是「美的」乃是因爲「美」——的本身在它之中，而且與其聯結在一起，不管它是怎樣出現的，以及它跟絕對美的關係的方式如何。因此，對於那些極精微的詳情細節的地方，我並不堅持到如何的地步——我所要堅持的事實乃是：美的東西之所成爲「美的」乃由於「美」——的本身。）（本文作者譯）

因此，「We predicate」to be of many beautiful things and many good things, saying of them severally that they are and so define in our speech. And again, we speak of a self-beautiful and a good that is only and merely good, and so, in the case of all the things that we then posited as many, we turn about and posit each as a single idea or aspect, assuming it to be a unity and call it that which each really is. And the one crass of things we say can be seen but not thought while the ideas can be thought but not seen.」（註一二）

Afred Weber在他的History of Philosophy一書中說得好：「柏拉圖的哲學，像數學一樣，乃是唯一自明與必然的科學，一種先驗的直覺和推理的科學，只因這些先驗的直覺，乃是他有系統用以作爲基礎的，又與幾何學的原理相似，所以他名之爲理念——『觀念』，或曰不變的形式，或曰變遷事物的永久模式，或曰本體。總之，柏拉圖的觀念，包含(1)、近代哲學稱爲思想，道德，趣味的定律；⑵、亞里士多德所說的範疇，⑶、自然科學的模式、類等。簡言之，他所意味的觀念包括一切可能的概括，其種類和其名稱的數目一樣的多，每一共名表示一觀念，正像每一專名表示一個體，感官所顯示的是特殊對象或自然界的對象，而抽象或概括所給予我們的乃是觀念。由柏拉圖看來，「美」——是一種實在，不但是眞實的，而且比一切「美的」東西集合在一起的更美，更久，更眞。「美」的也是柏拉圖所最愛好的「觀念」，而他喜歡把「美」的觀念和善的觀念看爲同一的東西。在感官世界所表顯出來的那些「美的」，只是相對的，但是「觀念」中的「美」，則是長存的，無始終的，無盛衰的，不變的，恆定的，絕對的；它是純粹的，清晰的，完全的；它超越一切想像力之上。它既不僅僅只是一個概念，也不僅僅只是純粹的個別的知識，而是一個永恆的實在。」（註一三）

## 四、「美」——的結構

「美」——的觀念，是「美」在「觀念」的世界中（He looks upon beauty visible presentment in idea on immortality)（註三九），入於「眞」（The true)（註三九）的一體存在而上達「觀念」本身的「善」（Virtue s self)（註三九）以爲宇宙的最高存在（This perfect virtue, the friend of god, immortality)（註三九）。這在中國人稱之爲「止於至善」（註一四），在柏拉圖則稱之爲「眞」的「美——善」或「善——美」的「眞」的系統，它是要在整個的宇宙中展開來的。爲什麼？因爲宇宙是一個整體，它整個的宇宙，也就是從觀念到實體，從形上到形下，從理想到自然，是要層層展開，成爲一個系統的「結構」；因爲宇宙是井然與和諧有序的存在。所以，「美」——的結構，是「美」——的觀念在整個存在世界中的展開，交融互攝，成爲一個不可分割的整體（見圖）。它展現在人類面前的乃是一個：宇宙美的大化流行——圓融和諧的大美宇宙。這在莊子就稱之爲「天地有大美而不言」的宇宙。這個「宇宙中最高的眞相與知識上究竟的眞理『孚尹旁達』，互相契合，形成一個廣大悉備的系統。這個含賅一切的系統，由一股內在的精神力量激揚著，流行發舒，次第增進，最後乃能臻於純『眞』，完『善』，與『美』妙，在轉變遷化的過程中，一切事物都受條件的支配，拘牽束縛，而未得享有絕對的自由，因此時時墮入缺陷，亦即處處尋求超升，其步驟爲一貫的矛盾和矛盾的不斷消除。人類燭察內心，曠照宇宙，須把握理性的契機，地地升進，以求徹悟此中的秘奧；境界未臻於神明，知識未達乎究竟，一切事理而瀕臨仄境，而難免達戾剌謬。故哲學家透過徹底的理性作用，藉著飛翔的幻想自由，其精神的極詣終乃凝成焰慧，照了宇宙全盤相相，而成就絕對眞理。」（註一五）這個道理，就是中國人所謂：「易：无思也，无爲也；寂然不動，感——而遂『通』天下之故，非天下之至神，其孰能與於此？是故：形而上者，謂之道；形而下者，謂之器。化——而裁之，謂之變；推——而行之，謂之通；舉——而措之天下之民，謂之事業。」（註一六）這就看出來「柏拉圖以老師的發現作爲起點，繼續走哲學之路，他發現Eidos不但是知識的中心，而同時也是一切存在及思想的中心。Eidos的啓示，使柏拉圖有了整個哲學體系的建構。」（註一七

）而且，美的建構，就在柏拉圖的整個哲學中，自成一種「結構」。（見圖）

這個「美」——的結構乃是「The world of sense is the copy of the world of Ideas, and conversely, the world of Ideas resembles its image, it forms a hierarchy. In our visible world there is a gradation of beings from the most imperfect creature to the perfect sensible beings, or the universe. The same holds true of intelligible realm or the pattern of the world, the Ideas are joined together by means of other Ideas of a higher order, the latter, in turn, are embraced under others still more exalted, and so on; the Ideas constantly increase in generality and force, until we reach the top, the last, the highest, the most powerful Idea or the Good, which comprehends, contains, or summarizes the entire system, just as the visible universe, its copy, comprehends, contains, or summarizes all creatures」（註一八）（感覺世界乃是觀念世界的抄本；反之，觀念世界則近似它的表象；在它們中間，形成一個體系的結構。在我們的感知世界中，從最不完全的衆生世界以至於完全而又爲感官所及的存在或宇宙，乃是一個存在的等級，在知性所及的領域，或世界的模式中，它的眞，是同樣的。此觀念又以另一較高秩序的觀念爲方法聯結成爲另一較高的觀念；而比較高程序的觀念，更以其更高的觀念爲之聯屬，又成爲另一更高的秩序；如此類推上去，觀念的普遍性和力量不斷的向上增加，直到抵其頂點；這個頂點也即是最後的，最高的，最具力量的觀念，也

即是最具力量的善。此觀念——善，包含著，蘊藏著，或統貫著整個的體系；亦正如其可見的宇宙，乃是它的抄本而包含著，蘊藏著，或統貫著一切的眾生。）（本文作者譯）所以，柏拉圖的觀念乃是一個統一體，一個有機體。

假如觀念是絕對的，神又是什麼呢？神就是觀念自身，是主動者，是模造者，是創造者；換言之，神與絕對的觀念——善，是同一的，是精神世界之王，它是正義與美的原因，一切都從神與絕對的觀念——善而來。所以，柏拉圖所說的神，即是善的絕對觀念本身；絕對的觀念，連同一切其他的觀念，一開始就含藏在心靈之內，而非從外面而來；乃是心靈世界的自體客觀存在，而非主觀的他體產物。因為它是心靈的「常」德。

這個心靈的「常」——德；「美」——的結構，就在柏拉圖的整個哲學中；尤其在他的 Symoos-ium，（筵話篇）中。柏拉圖在他這篇充滿了天賦詩才，蘊含了高遠哲思，窮盡了語言絕妙的對話錄中，採取了一種雙重的詩的創造境界，呈現出一種本質上的宇宙心靈存在。這種、也眞是有若我們從「關關雎鳩」之美，天地之道，造端乎夫婦之美；生命存在的身體之美——來開始展現宇宙大美的起點，層層向上提升，而為精神的美——「志於道，據於德，依於仁，游於藝」的步步上達於美的本身。的確，柏拉圖又與我們「莊子」的那種「空言無事實，然善屬書摛辭，指事類情；其言，洸洋自恣以達己」（註一九）的「芴漠無形，變化無常，死與生歟！天地竝歟！神明往歟！芒乎何之？忽乎何適？萬物畢羅，莫足以歸。以謬悠之說，荒唐之言，無端崖之辭，時恣縱而不儻，不以觭見之也，以卮言爲曼衍，以重言爲眞，以寓言爲廣，獨與天地精神往來，而不敖倪於萬物；不譴是非，以與世俗處，其書雖瓌瑋，而連犿無傷也。其辭雖參差，而諔詭可觀。彼其充實，不可以已！上與造物者遊，而下與外生死無終始者爲友，其於本也，宏大而辟，深閎而肆；其於宗也，可謂調適而上遂矣！雖然，其應於化而解於物也，其理不竭，其來不蛻。芒乎昧乎，未之盡者，」（註二〇）的「宏才命世，辭趣華深，正言若反。」（註二一）以相映出柏拉圖與莊子在天才縱逸上，著述宏肆中的强烈對比以托出：「希臘人以實智照理，起如實慧。中國人以妙悟知化，依如實慧，運方便巧，成平等慧，希臘如實慧演爲契理文化，要在援理證眞。中國平等慧演爲妙性文化，要在絜幻歸眞。希臘慧體爲一種實質和諧，中國慧體爲一種充量和諧，交嚮和諧。」（註二二）

希臘人這種「實智照理，援理證眞」的「契理文化」所展現的「實質和諧」就在柏拉圖的Symposium中得到充分而又高度的表現。把這一點說得很好，而又爲中西好多哲學史家所不曾道及的，乃在鄔昆如教授「西洋哲學史」中成爲一大特點：

『柏拉圖的觀念論包括了整個體系的建立，他的「善」觀念既然是最高的存在，也就是存在的本身，那麼，在「善」觀念中也就包含著一切的眞，一切的美；而且，善本身也就成了眞本身和善本身。眞善美的合一是柏拉圖最高存在的構想。

柏拉圖著作中，關於「美」的對話錄，有「饗宴」（Symposium）與短篇的利西斯（Lysis）中也有提及。

Symposiun「饗宴」的全部結構如下：

A、Eros 是對善和美的嚮往，它本身就有這嚮往和追求的需要，對善和美追求的內在需要。

a、Eros 是對一種事物的愛。

b、Eros 愛那自己沒有的事物。

c、Eros 愛那自己現在沒有，可是希望將來能佔有的事物。

d、Eros 的目標是美，不是醜。

e、Eros 因爲愛美，而這美又不在Eros 本身，或至少現在不在其本身；故Eros 本身不是美。

f、因爲美之最高峰是善，故Eros 亦愛善。

B、Eros 不是神明，因爲它站在善與惡之間，和醜與美之間。

a、蘇格拉底（Sokrates）講述自己如何向迪奧地瑪（Diotima）女巫請教，關於Eros 的問題。

b、討論問題的起點：Eros 本身非善非美；人的欲望本身非善非惡。

c、Eros 不是惡，也不是醜，而是善和惡，美和醜中間之物。

d、故Eros 不是神明，因爲神明是善的和美的。

C、繼續發揮Eros 的中性，以神話方式表示之。

a、是神明與人之間的鬼神。

b、故Eros 能溝通人神之間的關係。

c、Eros 在一個生日宴會中，由富有的波羅斯（Poros）和貧窮的貧尼亞（Penia）所生。

d、它像母親，故貧窮，髒，缺乏日常需要。

e、但它亦似父親，故愛美，有智慧。

f、故Eros 是在生與死之間，貧與富之間，智與愚之間。

D、哲學在本質上就是Eros 的園地。

a、神明與智者用不著念哲學，因爲它們本身就有智慧。

b、愚笨的人不會念哲學，因爲他們不知道智慧的存在。

c、哲學家就如Eros，站在智者那邊，同時也站在愚者這邊，它介於智者與愚者之間。

d、智慧是美的，故愛智（即哲學）就應該是Eros 的園地。

e、一般對Eros 的誤會，就因爲沒看清它不是被愛的美，而是愛的主動。

E、Eros 在廣義上說，是想佔有善。

a、討論Eros 的功用。

b、一般說來，Eros 嚮往善，即是說，追求幸福。

c、狹義的 Eros 就單指幸福而言。

d、廣義的 Eros 想佔有善。

e、指向幸福和佔有善是二而一的行爲。

F、Eros 的工作：生在美中，好使自己長生不死。

a、愛的狹義工作就是追求幸福。

b、愛的嚮往就是要在美中出生。

c、「生在美中」是人類的固有希望，而且以永生不死爲前題，分受那永恆的「善本身」，唯有「愛」達到了善之後，才算得到了幸福。

d、愛的作用不但在人類身上，而且亦在禽獸身上生效。

e、愛在禽獸身上亦在嚮往長生不死，都有天性要保全自己的性命。

f、這長生不死的自然表現不一定在自身，而亦可能在同類的繁殖，使下一代延續自己的生命。

G、精神的繁殖高於物質的繁殖。

a、對長生不死的嚮往正等於對永恆之嚮往。

b、肉體生殖之性能之外尙有靈魂之生殖，如那些智者，詩人和藝術家。

c、這些肉體的或精神的生殖，都是「生在美中」的追求：這追求表現得最强烈的是，在群體的生活中。

H、對美認識的四個等級。

a、第一級是愛一個特定的，個別的肉軀。

b、第二級高了一層，是愛那普遍的，超越的，肉體之美。

c、第三級是愛靈魂之美，以及對這美的追求。

d、第四級是最高一級，是愛知識之美，並且內心嚮往知識。

I、美之最高級是「生命」之完成。

a、比第四級知識之美更高之知識是：第五級之美，其對象是美之本身。

b、「美本身」是沒有形象的，而其本身便是一切美之模型。

c、到「美本身」之道超越了一切方法，唯有內心的追求可以到達。

d、這「美本身」是使生命有價値的最後基礎：因爲生命就追求「長生不死」，嚮往「生在美中」。就在這追求和嚮往中，生命找到了自己的意義和價値。

e、人類的生命嚮往與這「美本身」結合，顯得比別的存在更積極。

f、「德」的產生，全靠與這「美本身」的結合，嚮往「生在美中」是德的傾向，已經「生在美中」則是德的完成。「德」的完成就是人生目的完成。

g、有了眞正的「德」就得到「長生不死」。

h、Eros 才是帶領人類到達最高階層之美的領袖，我們應當尊敬它，聽從它。

至此，我們約略看出柏拉圖把「美本身」和「善本身」融化在一起，而且把人類的生活看成一種走向完美，走向至善的追求。這種「追求」是一種深度的嚮往，是內在目的概念的高峰。

美善的追求唯有在超時空中才有保障，而且是在「長生不死」的境界中。否則人類的理知會受到蒙蔽，把善善的影子當作美善去追求，以變化無常的感官作爲不變的觀念去嚮往。

由於那美善本身是生長不死的，故要與美善結合，要達到美善，第一步要變成長生不死。這長生和不死是兩條路，都在指向美善本身，長生就是柏拉圖所指出的「生在美中」，而且這「美」不但是肉體的美，而且是精神的美；如同 Poros 和 Penia 在神話中生了 Eros，人類對美善的嚮往也可以生出「長生」來，生出一種不死不滅的生命來，這生命就是自己生命的延續。所謂「不死」就是永恆保存著已有的生命，並且發展這生命。柏拉圖以爲第二條路走不通，而需要走第一條路，用積極的「生在美中」來支持長生不死的追求。

這「生在美中」的概念，就表示出人生追求幸福，追求美善的本性。柏拉圖以蘇格拉底（Sokrates）和迪奧地瑪（Diotima）的對話表出之；一方面指出知識的等級和愛的等級一致，生在美中原就是面對美的本身所見——面對面見到美本身。另一方面指出愛的力量並不是自發的，而是由 Eros 來領導，也就是說，這 Eros 在萬物當中，尤其在人心裡，引導一切追求「生在美中」，引導一切走向美善本身。

可是，這種要完成自我，才能走向美善本身的力量從何而來？要使自己生在美中，要使自己長生不死的力量在那裡？柏拉圖用了赫拉克利圖斯（Heraklitos）對Logos學說的啓示，以爲Eros不但是高高在上，吸引萬物去「愛」的力量；而且也是萬物當中，使萬物因著它內在的領導，去追求美善本身的內存能力。這種把目的Eros請下來，要求其同時擔任「形成」的角色，領導萬物歸向自己的路，就是合「內存」與「超越」爲一的學說峯頂。如此，Eros在推動，Eros在進行，Eros在完成。Eros內存於萬物，同時又超越萬物。柏拉圖雖然祇承認觀念界爲眞實，可是萬物中本身就含有Eros——追求美善，追求「生在美中」的力量，這力量是天生的，透過這力量，萬物回歸善本身。

Eros篇章中所討論的，雖然沒有直接指出人類肉體靈魂的細分，可也是解釋人類行爲極主要的篇章，眞可與其知識論比美。柏拉圖哲學無他，設法從各種角度，從各種嚮往和追求，甚至用感官的本能，直指那「善」觀念。以「眞」「善」「美」的綜合爲最高的存在，爲存在本身。用觀念論，知識論，倫理學的一切指向，辯論出宇宙全體之大統一，而在這統一之中，以「善本身」作爲一切之中心，以「善自體」作爲一切之起始和終了。柏拉圖的哲學是整個生命，整個生活。他的哲學根基就建立在這Eros「愛」之上。「愛」不但愛美，而且也愛眞，愛善。柏拉圖把眞、善、美的本體用「善本身」表示出來，把知識與行爲的力量用「愛」來作代表，萬物由之都經「愛」達到「善本身」，完成一個唯一的「善」，正如帕米尼德斯（Parmenides）的存在「概念一般」。

柏拉圖哲學方法的大概，追求「善」和「眞」的概念用了辯證法，作爲「愛」的主觀性的補充（Symposiun 209 E）。追求美，用了Eros「愛」，好使辯證法乾枯無味的「觀察」和「推理」有個主動的力量（Politeia VII 518B）。這樣，柏拉圖用了理性和感情，用了整體的人去做哲學的工作，其實，理性和感情分不開，在「人」之中結合爲一，因而，這「辯論」和「愛」的方法也分不開；正如「善」的觀念，「眞」的觀念，「美」的觀念也永遠是同一的觀念一般。』（鄔昆如教授：「西洋哲學史。pp.115—122）。

但是，在柏拉圖的Symposium 中又是如何的呢？

「That Love (Eros) was a great god, wonderful alike to the gods and to mankin-d, and that of all the proofs of this the greatest was his birth. ……and then

From Chaos rose bread-bosomed
Earth, the sure
And everlasting seat of all that is,
And after, Love (Eros) ……

Acusilaus agrees with Hesiod, for he holds that after Chaos were brought forth these twin, Earth and Love (Eros), and Parmonides wribes of the creative principle.

And Love (Eros) she framed the fist of all the gods.（註一一三）

That Love (Eros) is the oldest and most glorious of the gods, the great giver of all goodness and happiness to men, alike the living and to the dead.（註二四）

Tell me, my creatures, what do you really want with one another?（註二五）

………………………

And so all this to-do is a relic of that original state of ours, when we were whole, and now, when we are longing for and follwing after that primeval wholeness, we say we are in love (Eros).（註二六）

With Love, Our duty is first to praise him for what he is, and secondly, for what he gives. And so I shall begin by maintaining that, while all the gods are blessed, Love—be it said in all reverence—is the blessedest of all, for he is the loveliest and the best. The lovelist, I say, because first of all, Phaedrus, he is the youngest of the gods.（註二七）

We see, then, that Love is for one thing the youngest, and for another the most delicate, thing in the world, and thirdly gentlemen, We find that he is tender and supple,………… And steal into all our hearts so secretly…………. But where the ground is thick which flowers and the air with scent, there he will settle, gentlemen, and there he loves to linger……for Love will never settle upon bodies, or souls, or anything at all where there is no bud to blossom, or where the bloom is faded.

Love is himself so divine a poet that he can kindle in the souls of others the poetic fire. We are every one of us a poet when we are in love.（註二八）

And hence the actions of the gods were governed by the birth of Love—the Love of what is lovely——has showered every kind of blessing upon gods and men.

And so I say, Phaedrus, that Love, besides sides being in himself the loveliest and best, is the author of those very virtue in all around him……and to tell it is he that brings

Peace upon earth, the breathless calm.
That lulls the long tormented deep.
Rest to the winds, and that sweet blam.
And solace of our nature, sleep.

Love is the richest ornament of heaven and earth alike.
Love charms both mortal and immortal heart.（註二九）
The good is also beautiful.（註三〇）

And don't you call people happy when they possess the beautiful and the good?

What I told you before——halfway between mortal and immortal.

A very powerful spirit, Socrates, and spirites, you know, are halfway between god and man.（註三一）

For wisdom is concerned with loveliest of things, and Love is the love of what is lovely. And so it follows that Love is a lover of wisdom. And being such, he is placed between wisdom and ignorance.（註三二）

To Love is to bring forth upon the beautiful, both in body and in soul.

Beauty is in perfect harmony.

Beauty is the goddess of both fate and travail…………

A longing not for the beautiful itself, but for the conception and generation that the beautiful effects.

Love is a longing for immortality.（註三三）

But of all the various effects of Love.（註三四）

The whole creation is inspired by this love, this passion for immortality.（註三五）

Well then, she went on, those whose procreancy is the body turn to woman as the object of their love, and raise a family, in the blessed hope that by doing so they will keep their memory green, through time and through eternity. But those whose procreancy is of the spirit rather than of the flesh——and they not unknown, Socrates——conceive and bear the things of the spirit. And what are they? You ask. Wisdom and all her sister virtues; it is the office of every poet to beget them, and of every artist whom we may call creative. Now, by for the most important kind of wisdom, she went on, is that which governs the ordering of society, and which go by the names of justice and moderation.（註三六）

Well now, my Socrates. I have no doubt that even you might be initiated into these the more elementary mysteries of Love, But I don't know whether you could apprehend the final revalation, for so far, you know, we are only at the bottom of the true scale of perfection.

Well then, …… begin to devote himself to the beauties of the body.

I————①

Next he must grasp that the beauties of the body are as nothing to the beauties of the soul.

(二)————②

And from this he will be led to contemplate the beauty of laws and institutions.

(三)————③

And next his attention should be diverted from institutions to the sciences, so that he may know the beauty of every kind of knowledge.

(四)————④

And, turning, his eyes toward the open sea of beauty, he will find in such contemplation the seed of most fruitful discourse and loftest thought, and reap a golden harvest of philosophy, until, confirmed and strengthened, he will come upon one single form of knowledge, the knowledge of the beauty. I am about to speak of.

Whoever has been initiated so far in the mysteries of Love and has viewed all these aspects of the beautiful in succession, is at last drawing near the final revelation. And now, Socrates, there bursts upon him that wondrous vision which is the very soul of the beauty.

(五)————⑤

so far that the universal beauty dawns upon his inward sight, he is almost within reach of the final revelation.

And this the way, the only way, he must approach, or he led toward, the sanctuary of Love. Starting from individual beauties, the quest for the universal beauty must find him ever mounting the heavenly ladder, stepping, from rung to rung……（註三七）

And if, my dear Socrates, Diotima went on, man's life is ever worth the living it is when he has attained this vision of the very soul of beauty.

But if it were given to man to gaze on beauty's very self——unsullied, unalloyed, and free from the mortal taint that haunts the frailer loveliness of flesh and blood——if, I say, it were given to man to see the heavenly beauty face to face, would you call his, she asked me, an unenviable life, whose eyes had been opened to the vision, and who had gazed upon it in true contemplatim until it had become his own forever.（註三八）

And remember, she said, that it is when he looks upon beauty's visible presentment and only then that a man will be quikered with the true, and not the seeming, virtue——for it is virtue's self that quickens him, not virtue's semblance. And when he has brought forth and reared this perfect virtue, he shall be called the friend of god, and if ever it is given to man to put on immortality. It shall be given to him.（註三九）

西方的美學家們，對於柏拉圖這一巨作，就是Beardsley 在他論柏拉圖的「美」（註四〇），也是一樣，只引此一巨著的一鱗一爪，而未能把它的整個「神思」的投向，作一個全貌式的濃縮：我在這裡，這一個大膽的嘗試，濃縮成十分之一還不到，不知是不是對研究的人有幫助，就不敢說了。當然，能對照全篇慢慢把它讀完，一字不漏的讀，那是最好的了。所以，萬一在閱讀時有或多或少困難的朋友們，就麻煩您把它當作文學作品來閱讀與欣賞。何況在慢慢的推敲，消化，與透入中，將會在文字以外發現更多的無窮「味道」。

總之，我們從之可以看出柏拉圖的生命之愛的理想「美」，既是從mythos 的文化生命找到它的源頭與型態，更是從Logos 的大全宇宙中找到它的形上基礎，宇宙建造，知識層級，價值系統，完成一個──「宇宙──知識──價值」的會通系統。因此，他的「生命」之美的：生化永恆的不朽之美的結構層次於焉以出，乃爲我們所由以觀出者──

一、身體的美（The beauties of the body）。

二、靈魂的美（The beauties of soul）。

三、制度文物的美（The beauty of laws and institutions）。

四、學問的美（The beauty of very kind of knowledge）。

五、絕對美、究竟美、普遍美——美的靈魂（The absolute beauty, The final revelation, The universal beauty, The very soul of the beauty）。

因爲：

柏拉圖「理想美」——是從生命的存在之愛的追求開始，所以：

一、身體的美——是生命的存在美。

二、靈魂的美——是生命的存在超越而入於生命的主體美。

三、制度與文物的美——是生命存在美的超越而入於主體美的展現。

四、學問的美——是生命存在美的超越而入於主體美的展現之後的開創與完成。

五、絕對美、究竟美、普遍美、美的靈魂——是生命存在的超越而入於主體美的展現之後的開創與完成而上達於美的永恆世界。

Eros（Love），在西方到了柏拉圖才被昇華爲「美」的生長的起點——原型、理式，發展而爲觀念的世界——美的絕對世界：眞的「善」——「美」或「美」——「善」的眞，才構成了宇宙廣大悉備的和諧；這一切，都是建立在柏拉圖的「辨證」論之上的一個客觀存在觀念的立體建構；這個建構，必然的，而且一直在「愛」的「生長」中，層層上達到至「美」至「善」的境界而爲客觀世界永恆的「眞」。換言之，柏拉圖的「觀念世界」乃是「愛」從「美」——的「生長」中，在生命的時間與空間中，把美的靜態的觀照與動態的上達都投入了「美」——的「生長」中，此實周易所謂：「易，无思也，无爲也；寂然不動。感——而遂通天下之故」的「生生」生命的「與天地相似，『知』周乎萬物，而『道』濟天下，『旁行』而『不流』，『樂天知命』故『不憂』，『安土敦乎仁』故能『愛』，『範圍天地之化』而『不過』，『曲成萬物』而『不遺』；故神『无方』而易『无體』」（註一六）。

所以，Eros（Love）在「美」——的「生長」中，從「身體的美——靈魂的美——制度文物的美——學問的美——美的靈魂」層層上達，從特殊到普遍，從具體到抽象，從個體到全體，從外到內，從下到上，從肉體到精神，在這廣大無邊的美之大海中（The open sea of beauty），逍遙而上達至極之境。柏拉圖這種從「生長」——血緣的生命的愛在美的生長中的「理想美」，已不僅僅是生物學概念的，心靈學概念的，社會學概念的，文化學概念的，形上學概念的了，它乃是And now, Socrates, there bursts upon him that wondrous vision which is the very soul of the beauty he has toiled so long for. It is an everlasting loveliness which neither comes nor goes, which neither flowers nor fades, for such beauty is the same on every hand, the same then as now, here as there, this way as that way, the same to every worshiper as it is to ever other」（註四一）的「聖」——默然境界。這種境界，在孔子的生命中所透出來的則是——：

「子曰：『予欲無言！』」

子貢曰：『子如不言，則小子何述焉！』
子曰：『天何言哉！
　四時行焉！
　百物生焉！
　天何言哉！』」（註四二）

這種「美」——的「無言」的「聖」——默然境界，孔子在周易乾卦文言中一則曰：「乾，始能以『美——利』，利天下，不言所利，大矣哉！」在坤卦文言中再則曰：「陰（坤），雖有美，含之，以從王事」。中國人這一「生生」的乾坤中和大美在莊子的生命中所透出來的則是——：

「天地，有：
大美——而不言；
四時，有：
明法——而不議；
萬物，有：
成理——而不說；
聖人者：
原——

天地之美，而

達——

萬物之理。

是故：

至人——無爲，

大聖——不作，

觀——於

天地之謂也。」（註四三）

這種「美」——的「無言」的境界，中國人的「生生」的乾坤中和大美在孟子的生命中所透出來的則是——：

一、「可欲，之謂善」的「善」的美。

二、「有諸己，之謂信」的「信」的美。

三、「充實，之謂美」的「美」的美。

四、「充實而有光輝，之謂大」的「大」的美。

五、「大而化之，之謂聖」的「聖」的美。

六、「聖而不可知之，之謂神」的「神」的美。（註四四）

這種「美」——的生命整個人文價值六層結構的立體建造：「善——信——美——大——聖——神」的「美」是層層上達，一體而不可分的「美」的人文生命的完成；而到「不可知」的——神的（The absolute beauty, The final revalation, The universal beauty, The very soul of the beauty）境界，但在柏拉圖則爲五層結構的層層上達，此眞所謂：西海有聖人焉，東海有聖人焉，此心同，此理同。

現在，我且爲柏拉圖構畫出一個「美」——的「結構層次」圖：（圖見下頁）

1.A：B::C：D::（A+B）：（C+D）（註六九）

3.惟生命能層層上達至善之境，合二為一。

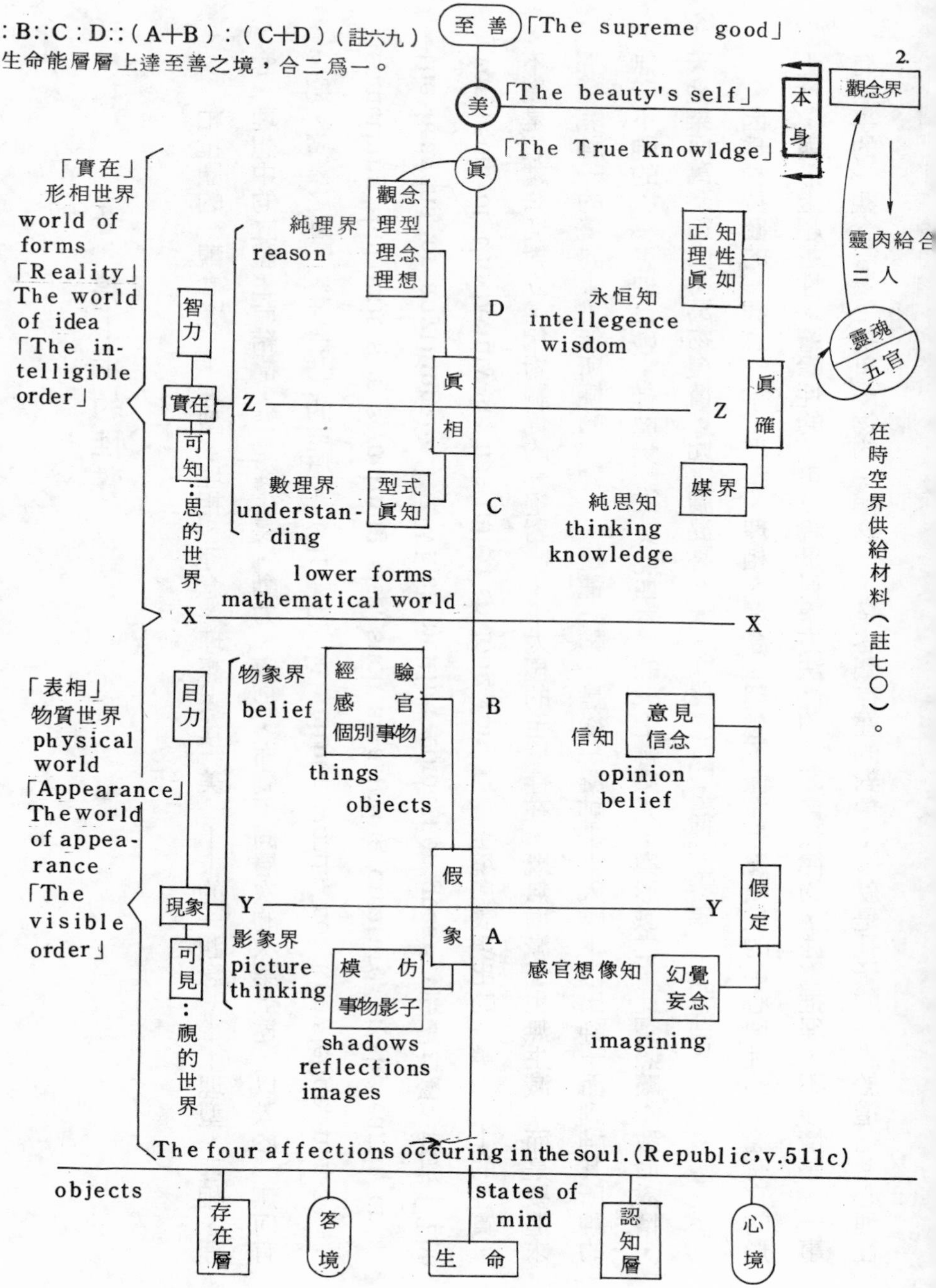
至善
「The supreme good」
2.
美
「The beauty's self」
本身
觀念界
「The True Knowldge」
眞
靈肉給合二人
靈魂
五官
在時空界供給材料（註七〇）。
「實在」
形相世界
world of forms
「Reality」
The world of idea
「The intelligible order」
智力
實在
可知：思的世界
純理界
reason
觀念
理型
理念
理想
D
永恒知
intellegence
wisdom
正知
理性
眞如
眞相
眞確
Z
Z
數理界
understanding
型式
眞知
C
純思知
thinking
knowledge
媒界
lower forms
mathematical world
X
X
「表相」
物質世界
physical world
「Appearance」
The world of appearance
「The visible order」
目力
現象
可見：視的世界
物象界
belief
經驗
感官
個別事物
B
信知
意見
信念
things
objects
opinion
belief
假象
假定
Y
Y
影象界
picture thinking
模仿
事物影子
A
感官想像知
幻覺
妄念
shadows
reflections
images
imagining
The four affections occuring in the soul.(Republic, v.511c)
objects
states of mind
存在層
客境
生命
認知層
心境

## 五、美——的性質

柏拉圖的「觀念」——理型、理相、理念、理想，在「美」——的「觀念」——理型、理相、理念、理想中的立體生命結構，乃是從生長、動力、原型，而到不同層次的次第上達，以入於「無何有之鄉，廣漠之野」（註四五）的至境。("It will be neither words, nor knowledge, nor a something that exists in something else, such as a living creature, or the earth, or the heavens, or anything……")(Which neither come nor goes)。這是什麼？就是「The very soul of the beauty he has tailed so long for」這種至境所表現出的「美」——的性質，不僅是超越一切對立，相對關係的「絕對」——太極的至境存在，既無增減，也無生滅；而是要追求那種「神」的境界——無所極的「神」。這種「神」是從「凝神——入神——出神」而到神其所神的無所不神的：「思理為妙，神與物遊」（註四六）的「上神乘光，與形滅亡，此謂照曠；致命盡情，天地樂而萬事銷亡，萬物復情，此之謂混冥。」（註四七）的這種「美」——的性質。

因為柏拉圖的「觀念」——理型、理相、理念、理想不僅僅是邏輯性的，心理性的，還有它的形上性，與形上超越性。邏輯性的，可以說是科學方法性的，即自然律的，注重推理，不涉情感，一事有一事的「觀念」，一物有一物的「觀念」，是客觀存在的對象；這就是孔子的「志於道」。心理性的，即生命的道德生活的自建，乃道德追求的想像所投入於理想的產物，若可望，若可即，莊嚴華麗，永存宇宙；故此乃心理的體驗與生命的建立；不尙言辯，乃以之爲一身受用而已；這就是孔子的「據於德」。形上性的，乃爲玄想之對象；此一對象確爲一物，不受時空之限制，獨來獨往，四無罣礙，自成一體；容光煥發，至哉美極！此想像力之所至也；這就是孔子的「依於仁」。形上超越性的，即爲「觀念」世界的無窮超越，莊子「逍遙遊」或足以妙此物而爲言者也；這就是孔子的「游於藝」。

但是，柏拉圖「觀念」論的學說，散見於各對話篇中，隨緣立說，前後參差，其所述的「觀念」，忽而爲科學方法的原則，忽而爲生命的心靈生活，道德生活的對象，忽而爲形上的玄思，忽而爲形上的超越；這樣一來，就令人不易捉摸，把持不定，才造成後世的誤解。重視「觀念」之科學方法性的，輕視其心理的性質，甚至認爲乃是柏拉圖哲學的缺點，說他不能自圓其說，則假托寓言，乞靈神話，以自掩飾。重視「觀念」之心理性的則鄙視推理，只重神秘經驗而入於虛玄。亞里士多德就是繼承與誤解柏拉圖「觀念」論的第一個人而且爲其門徒。亞里士多德，終究是一位了不起的科學哲學家，偏重理性，對柏拉圖的「整個宇宙」——宇宙的立體存在，實有未喻，故始覺其師之說有不可通者。但是，他應知道，沒有one—along with many，又那裡會有one among many呢！然而，他的哲學仍然就是從他老師的「形上」——理型世界中的一個層面展開來的。所以，他的主謂邏輯與他的本質哲學分不開；他的四因說又與他那種把「數」放在生命形態中的模仿哲學分不開。

可是，「美」——的性質，究竟在那裡呢？在「This vision of the very soul of beauty」之中。爲什麼？因爲「Man's life is ever worth the living, it is when he has attained this vision of the very soul of beauty」爲什麼？因爲「It were given to man to gazed on beauty's very self—unsullied, unalloyed……」爲什麼？因爲「whose eyes had been opened to the vision, and who had gazed upon it in true contemplation until it had become his own forever.」

「美」——的性質，究竟在那裡呢？在美的理想世界中，觀「美」以心——乃神聖的，至善的，純粹的，完全的，絕對的：也就是：美——的性質，在「Who had gazed upon it in true contemplation until it had become his own forever」的「beauty's very self」中的「the very soul of beauty」所呈現出來生命主體美的永恆世界中。

在這生命主體美的永恆世界中，美的結構性質，也是從美的生命存在性質，美的生命主體性質，美的生命主體展現的性質，美的生命主體展現的開創與完成的性質，層層創造而來，並使之完成，而入於美的——「本身」。在美的——「本身」中去發現美的本質。

但是，就美的性質之所以爲性質來看，柏拉圖也把它分爲三種：一、美的理想性質。二、美的形相性質。三、美的影像性質。這三種「美」的性質，乃是從「觀念」而來的美的理想在「美」——的結構中的運作性質。所以，它是：「理想↑形相↑影像」，這是向上的運作性質；它也是「理想↓形相→影像」，這是向下的運作性質。休謨在他的「趣味的標準」中就說：「美不是在事物自身中的性質，它乃是僅僅存在於觀照者的心靈中。」Cassirer也說：「美不是事物一個當下的性質，它必須包含在一種跟心靈的關係中。」（註四八）這種美的「理想——形相——影像」的運作性質，不僅僅是在觀照的心靈中，也不僅僅是在心靈的關係中，而是在一種從「理想」美而來的一種根源性的運作中。因此，美的運作乃是「理想——形相——影像」的三位一體呈現，不可只認這一運作中的一個或兩個就足以窮盡其一切性質。

所以，爲了我們要看看柏拉圖他自己在表達他的這種「美」——的性質時：「美」——的根源性的運作性質，我才把此所要「引來」的「翻」成中文，放在下面：

「我想，在拒絕承認那些作爲模仿的詩，就是多得再多，但是在我們把靈性的各部已經分辨清晰之後，就會更明顯的覺得，它一定是不能加以接受的。」

(In refusing to admit at all so much of it as is imitative, for that it is certainly not to be received is, I think, still more plainly apparent now that we have distinguished the several parts of the soul.)

他沒有具備作爲解救之道的那種眞實性質的知識（本文作者按：即對作爲模仿的詩的這種知識的眞實性質無所了解）。

(Who do not possess as an antidote a knowledge of its real nature.)

模仿是什麽?

(What imitation is?)

就我來看，我們慣常把若干多樣的個物給與一個共名時，乃是在以一個純粹的觀念或形式（理型）來加以論斷。

(We are in the habit, I take it, of positing a single idea or form in the case of the various muitiplicities to which we give the same name.)

讓我們拿你所喜歡的任何多樣而又不同的東西來說吧！譬如世界上的床和桌子，簡直是多之又多，多得不可勝計。

(Let us take any multiplicity you please; for example, there are many conches and tables.)

然而我以爲，這些多樣不同的器物（床與桌），雖眾多，但所包含的僅兩個觀念或形式，一個是床的觀念或形式（理型），一個是桌子的觀念或形式（理型）。

(But these utensils imply, I suppose, only twe ideas or forms, one of a couch and one a table.)

一定的，沒有任何工匠能製造觀念或形式（理型）本身。

(For surely no craftsman makes the idea itself.)

這世界上的一切東西，只不過是它們的表象，而非實在的或眞正的。

(All the objects of which, the appearance of them, but not the reality and the truth.)

畫家也是屬於從表象世界這個階層去從事製作的人。

(The painter too belongs to this class of producers.)

畫家所創作不是實在的與眞的，然而，依稀地，畫家也好像製造了一架床。

(His creations are not real and true. And yet, after a fashion, the painter too makes a couch.)

是的，一個理型的表象。

(Yes, the appearance of one.)

你剛才不是在說他製造的不是觀念或形式（理型），也就是我們所說的眞的床，床的本身，而僅僅是某個特定的床嗎？

(Were you not just now saying that he does not make the idea or form which we say is the real couch, the couch in itself, but only some particular couch?)

那麼，我們要不要就用這些例子來察看一下模仿者的眞實性質呢？

(Shall we, then, use these very examples in our quest for the true nature of this imitator?)

因此，我們有三種床，一個是在自然中的，這個就是我所認定的，也是我們要說的，那是天（神）（上帝）所造的，不然還有誰能造呢？

(We get, then, these three couches, one, that in nature, which, I take it, we would say that God produces, or who else?)

然後是木匠所造的床。

(And then there was one which the carpenter made.)

再次就是畫家所畫的床。

(And one which the painter.)

天所造的僅一張床，一張眞的床，它就是它自己。天決不會造第二張或更多張的床，這是永不會存在的。

(Now God……created onc only, the couch which really and in itself is. But two or more such were never created by God and never will come into being.)

然而不是那些特定的一張一張的床。

(And not of some particular couch.)

木匠才是造那些特定的一張一張的床的人。
(The carpenter, then, is the creator of a particular couch.)

畫家乃是他人所造之物的模仿者。
(The painter is the imitator of the thing which those others produce.)（本文作者根據原文改寫）

但是，我認爲，假如他（木匠與畫家）（本文作者按）能對所模仿的事物具有特出的知識，他終會以最大的力量致力於眞的事物（理念或形式）的創造，而不以模仿（一層一層的模仿）他們爲能事，爲已足。
(But, I take it, if he had genuine knowledge of the things he imitates he would far rather devote himself to real thing than to the imitation of them.)

從荷馬開始，詩人群就都是美德與別人所造之物的影像的模仿者，而不能把握住眞理之所在。
(All the poetic tribe, beginning with Homer, are imitator's of images of excellence and of the other things that they create and do not lay hold on truth.)

就每一事物而言，有三種藝術存焉：即是使用的藝術，製造的藝術，模仿的藝術。
(That there are some there arts concerned with everything, the art, the maker's, and the imitator's.)

模仿之爲物與眞理有三層之隔。

(This business of imitation is concerned with the third remove from truth.)

靈魂則爲不朽。

(The soul is immortal.)（註四九）

從以上所引的柏拉圖在「共和國」（理想國）卷十中的這些千古常新的話，是要證明我所主張的：柏拉圖在表達他的這種「美」——的性質時：「美」——的根源運作性質，雖有三層：

㈠上帝創造了「床」的理念或形式（理型）——理型的床：自然，眞正存在的理型。——美的理想（理型）的性質。

㈡木匠製造了「床」的形相（個物）——個別的床：眞正存在理型的形相，實在的形相。——美的形相的性質。

㈢畫家模仿了「床」的影像（表象）——眞正存在個物形相的不完全表象。——美的影像的性質。

但是，都是從「美——的理想」的根源性質而來的創造，然後才是各種不同的「美——的形相」的性質的製造，然後才是各種不同的「美——的影像」的性質的模仿。當然柏拉圖指出的「模仿」的觀念，也是在從各方面去反省與批評。但是，從反面看，模仿也正是要從創造巍然獨存的理想美到製造不同形相的不同形相美所不能不出現的；而且也是必然而不可少的自然存在。不然，我們又如何要層層上達理想的美呢？這三層的美的性質，是三位一體，是美的主體性的層層運作，層層建立。

柏拉圖在共和國（理想國）第七卷的影像的寓言中，也就在說明我們對理型——對本體世界所具的感官經驗，也不過是實在世界的一群影像而已。（註五〇）所以，從床的概念的性質來看：木匠製造的床，是本位概念的床；上帝創造的床，是上位概念的床；畫家模仿的床，是下位概念的床。床的本位概念是形相（個物），床的上位概念是理念或形式（理型），床的下位概念是影象（表象）。三者一體而不可分。甚者，亦各有其變易之位。

雖然柏拉圖所反對的詩人，乃是指的是那些模仿的詩人，而非善於創造，很能創造的詩人。所以，柏拉圖並不排斥詩人。他所反對，所排斥的乃是那些沒有靈性的創造，而又墮落了的詩人。因爲他自己就是第一流的詩人。「For a poet is a light and winged thing and holy, and never able to compose until he has become inspired, and is beside himself, and reason is no longer in him.」（註五一）

雖然柏拉圖的「模仿」觀念是隱藏在他的反省與批評的「正言若反」的意義中，但是他的「模仿」一定要是「理想——形相——影像」的一貫三層的根源性的運作「模仿」；而且要上達「理想」（觀念與形式——理型）的本身，以從事「模仿——製造——創造」。所以，「模仿」——是創造想像的起點。沒有它，一切又從何而談起，從何而來呢？

因爲，柏拉圖是一個「模仿」的運作根源的建立者。所以，亞里士多德才能是一個「模仿」的運作程序的建立者。在西方美學與文學的歷史中，前者是一個本體世界中的動力論者，後者是一個知識宇宙中的結構主義者與運作主義者。

對於這個問題，我寫到這裡時，就不能不想起柯林烏(Collinwood, Robin George)在他的「Plato's philosophy of Art」一文中的話：「It has been usual in recent years to regard Plato's account of art, in the tenth book of the Republic, not as a theory of art but as an attack on art, an attack based on a misunderstanding of its nature so complete and so unwarranted.」爲什麼那些西方的哲學家與學者們以及文學家們會對柏拉圖如此的誤解呢？第一、哲學的訓練不夠。第二、既不熟讀原作，又不能心知其意，更不能整個的了解；因爲智力太低，只是斷句取文，率爾比說，根本不懂柏拉圖這個：美——的「理想——形相——影像」的三層運作性質，是表現在它整個的立體建構中。要了解模仿是什麼，也只有從它整個立體建構的全程運作中，才能了解。層層上達，既不可混淆，也不可分離。不然，那不是柏拉圖的，乃是作者自己的。所以，柯林烏才在「The Doctrine of the three Degrees of Reality」中說：「Three orders or grades of objects are distinguished, first, the absolute and eternal form, wholly real and wholly intelligible, secondly, the perceptible object, copied from the form, and thirdly, the work of art copied from the object. The form of a bed is an object of the first order, the perceptible bed made by a carpenter is an object of the second order, the picture of a bed made by a painter is an object of the third order. It is important not to confuse objects of one order with those of another. This theory of grades of reality is indisputably the key to the Republic as a whole and, in particular, to the conception of imitation. Each grade imitates the one above it, that is, tries to be what the one above it is. For the inferior grades are, by definition, not real, that is to say, the real universe is not stratified into these grades but is wholly contained in the highest grade. The other grades are only appearance, it expresses the relation between an apperarance and the reality which it appears to be.」

眞是，「讀其書者，天下比比矣！知其言者，天下寥寥矣！知其所以爲言者，而百不得一焉！然而天下皆曰我能讀其書，知其所以爲言矣！此知之難也。」（註五二）

柏拉圖的「觀念論」難了解，而從之而來的「實在的三個層次的學說」更難了解。

柯林烏可謂在西方世界中，乃知柏拉圖之爲言者中之寥寥者，而更爲知柏拉圖之所以爲言者之一二知己者也，不亦難乎？

假如有人問我：「張某人，你對於柏拉圖『模仿』的意義，還有什麼意見？」

那我就暫且再寫出五條，聊作參考：

(1)，柏拉圖「模仿的意義」是指藝術的創作或美的追求，開始於模仿，終於「自我——藝術」生命的理想（理型）創造。

(2)他的模仿是指：宇宙理型在現象界出現時，並非理型的本身，乃是他的寫本，並經由人的作爲始顯現出來；而藝術的顯現理型，實乃是宇宙理型的模仿。不論其爲「自然之表象或直接」，亦爲「自然之理想化作用或理想化」的模仿，皆非機械式的複寫，一如其原形，而又無所增減；實乃匠心經營加入主觀之產物。這種模仿並非指藝術創造本身是一種模仿的行爲，乃是指藝術在顯現宇宙理型時是要從把捉理型的本身開始。但所把捉的理型，又實非理型本身，實乃它的寫本，故說「藝術是模仿」，並不是說藝術止於模仿，亦非模仿藝術對象本身的行爲，而是藝術在創作上，是要把一個永恆的對象（而非現象界的）表現出來。可是表現出來的造形，但又非永恆所對的本身，故才說藝術是永恆觀念的模仿，而非指是對現象世界中一切對象的模仿，更不是指創作一件藝術乃是對一件藝術品的模仿，乃是精神理念入於官覺形式之中，表現出形式的美，模仿其理念之完全。

(3)相反地，因爲要把捉永恆對象的本身，而非它本身的直體呈現，乃是它的意象或樣子（Image）：既然要去找它，找到了，又要把它表現出來，在藝術品中表現出來的又只是它的樣子，而非它的本身，只是對它本身的模仿：然而，藝術創作的本身則非模仿，乃是創造。所以我認爲柏拉圖的模仿是：藝術開始於模仿宇宙的理型，觀念，永恆的對象而終於自我藝術生命的理想（理型）創造。在柏拉圖整個哲學告訴了我們：他說的是模仿，所要的，則是創造：要從模仿中去創造，從有形中入於無形，從有限中入於無限；他只說了上一半，而把下一半留給藝術創造者。他甚至在從反面來暗示，藝術不止於模仿宇宙的理型，觀念，永恆所對，而是在創造宇宙的理型，觀念，永恆所對。在這一辯證的思考與表達中，把藝術從模仿一意義中提高到創造的地位。所謂言在於此，而意及於彼，眞是「言豈一端，各有所當」。

(4)更廣一點說，人在創造藝術，追求美時，是在從模仿人爲藝術的美，進而模仿自然的美；美的天象、山河、大地。自然的天象、山、河、大地，則是爲自然的「天象的理型」、「山的理型」、「河的理型」、「大地的理型」的寫本，的模仿，而非它們的本身。所以，反過來說，自然是「自然的理型」的模仿而非「自然的理型」本身；自然的天象是「自然的天象的理型」的模仿，而非「自然的天象的理型」本身；山是「山的理型」的模仿，而非「山的理型」本身。我們看到的山，是山的模仿——形，而非山之所以爲山的共通理型——質；「質」是一種觀念的、精神的、理想的。這一種思想，有什麼好處呢？它的好處就是不要你停止思想（Stop thinking），而要你停下來不斷地思考（S-top to Think）。美之所以爲美之究竟意義，乃在要作一個立體的人，而非平面的人。

(5)在某一義上，模仿就是創造，因爲所有的創造都是創造者自己永恆理型（Eternal Archety-pes）的寫本，參與（Particpation），近似（Likness），相若（Resemblance）而已；而不是創造自己永恆理型的本身。因爲它的美的理型，才是永恆的，絕對的；故老子的：「天下皆知美之爲美，斯惡已」的「正言若反」者，意即在此。所以，「美」，是本體的透入，此其性質之圓而神者也。

因此，柏拉圖不但不是西方「藝術——詩」的否定論者，而且是肯定論者；甚且是至高的，整體的，根源的，運作的，動力的，超越的正反肯定論者。亞里士多德，不過在他的「下」面展開來成爲「藝術——詩」的結構運作主義者。因爲柏拉圖是西方「藝術——詩」的根源論者，所以，我要在柏拉圖美學的「美——的性質」中指出來；而且，更要指出：亞里士多德乃是西方「藝術——詩」的知識宇宙論者：「藝術——詩」的知識宇宙論建立者。前者，精深地在「形而上——本體」中建立了西方「藝術——詩」的根源理論；後者，博大地在「宇宙——現象」中建立了西方「藝術——詩」的形成理論；均乃希臘天才、一源一流、無所可分；前者圓而神，後者方以智。若有人問此二者孰重？孰善？此皆「不知言」者之問也。若是言出於「藝術——詩」中之人者，則吾更實不知其所對也！余當反問之曰：「中庸云『致廣大而盡精微』，乃何所謂而云者乎「請有以語我！吾甚待之！」

## 六、美——的本身

這個生命主體美的永恆世界——「美」在生命生長中的動力，從「原型」展開了：身體美——靈魂美——制度文物美——學問美——而上達到「這個生命主體美的永恆世界」：絕對美、究竟美、普遍美。在這個美的立體結構中，展現的美的性質，也是從生命的存在美，主體美，展現美，開創與完成美，而入於「美的永恆世界」：「美——的本身」。(The beautiful itself) 在「美——的本身

」中，去發現的美「本質」。（the essence of beauty）

這個「美——的本身」（The beauty's very self）：美的永恆世界——絕對美、究竟美、普遍美：它是什麼？

它不是別的，就是——現在，我們要指出它被描繪在柏拉圖「筵話」篇（Symposium）210e——212b中。

也許，這是最美，而又是當我們讀起來的時候，這心田最爲之寸寸震動的地方。當年李長之先生在重慶寫「西洋哲學史」（正中書局印行）時曾問教於東美先生。在他的這本書中就有過這樣的話：「倘若生爲一個讀書人而不讀對話集，眞可說枉作了一個讀書人，其中有高尙華貴的思想，有清麗瀟灑的文章，有詼諧調侃的風趣，有掩卷而可吟詠無窮的韻致。這裡是最好的詩（因爲那沁人心脾的警句是風起雲湧）；是最好的戲劇（因爲那對人情的描繪是刻畫至盡）；也是最高潔的靈魂所奏出之最美妙的音樂（因爲那裡回蕩著天地間最幽深的和諧）；同時並有一種不傷害於人的，偉大的，淳樸的感情。但對話又確乎是思辨的；赤裸裸地代表了哲學之愛智慧的本色。你剛一讀時，就爲那書的形式之優美而覺得可驚訝，繼續讀下去，便應當爲書的內容之佳絕而陶醉，而欣然忘食了。我不知道爲什麼在中國許多書裡把柏拉圖造成一個拒人於千里之外的人物，使人對他的書也淡然不睬！這個印象必須改觀，我現在大聲疾呼：柏拉圖是歷史上所有「鉅人」中最可親的人，他那對話集乃是歷史上所看到的『鉅著』中最可愛的書！」（註五三）

現在，我們要端詳端詳柏拉圖「筵話」篇中210e—212b，所描寫的「美——的本身」，就請先看我所翻譯的，再看我所翻的原來的英文——

——……

「就在這兒，從這兒——從美的知識開始，你必須要盡你最大的可能緊緊的跟隨著我。

當一個人已經被帶到愛的神秘境界中時，而且，又井然有序地，不斷地，看過了所有這一切的美的各方面，到最後，終於接近了究竟的絕美之境，而且，就在這個時候，蘇格拉底啊！那不可思議的景象就一下呈現在你的眼前了！這眞正的，完全的，絕對的美的靈魂啊！這就是他的要歷盡如此長長的跋涉以追求的啊！它是一個永久的，無盡的，不斷的，恆常的「美」，既不來，又不去；既不開花，又不凋謝；因爲像這樣的「美」啊！不管在那一方面，在任何一個方面，它都是美的；不管是在那一個時候，或是在這一個時候它都是美的；在這兒是美，在那兒還是美；在這樣的一個樣子，一個風貌，一個儀象是美的，在那樣的一個情態，一個樣子，一個風貌，一個儀象也同樣是美的；對每一個崇敬的人是美，對其他任何一個人也同樣是美。

這美，既不在外表的容顏中，也不在伸出來的雙手中，也不在衆生的一切之中。這美，既不是言語的，也不是知識的，也不是存在在其他的任何一個什麼之中，如像是一個活著的什麼，或是這地球，或是諸天體，或任何的什麼——乃是存在於他自己本身之中，自己本身的純一之中，「凝獨無偶，巍然長存」；而且每一個可愛的事物都分享了美的本身，然而就在這樣分享了美的本身的那些可愛的也都有盛有衰，有成有毀，但美的本身卻無所增減，『注焉而不滿，酌焉而不竭，周比萬物，悉得其宜，雕琢衆形，咸資造化，以美本身觀物，而萬物之應備矣。』（此十句用先師東美先生譯語——科學哲學與人生，一〇五頁），故永爲無始無終，純一眞樸，無上神聖的美——美的本身。」——絕對的，究竟的，普遍的「觀念」之所以爲「美」者。

（And here, she said, you must follow me as closely as you can.)

Whoever has been initiated so far in the mysteries of Love and has viewed all these aspects of the beutiful in due succession, is at last drawing near the final revelation. And now, Socrates, there busts upon him that wondrous vision which is the very soul of the beauty he has toiled so long for. It is an everlasting loveliness which neither comes nor goes, which neither flowers nor fades, for such beauty is the same on every hand, the same then as now, here as there, this way as that way, the same to every worshiper as it is to every other.

Nor will his vision of the beautiful take the form of the a face, or of hands, or of anything that is of the flesh. It will be neitherwords, nor a something that exists in someting else, such as a living creature, or the earth, or the heavens, or anything that is——but subsisting of itself and by itself in an eternal oneness, while every lovery thing partakes of it in such sort that, however much the parts may wax and wane, it will be neither more nor less, but still the same inviolable whole.）——：

在美的永恆世界中，美的本身就是：「凝獨無偶，純一無疵，巍然長存，無成與毀，汪焉而不滿，酌焉而不竭，周比萬物，悉得其宜，彫琢眾形，咸資造化，以美觀物，而萬物之應備」（註五四）。這就是絕對美，究竟美，普遍美，也就是美的靈魂。（The absolute beauty, The final revelation, The universal beauty——The very soul of the beauty.）這個眞正的，完全的，純然的，絕對的美的靈魂，絕對的，究竟的，普遍的知識宇宙最高境界中的眞善美一體所投向的至高的善：「美的本身」，就是這個至高的善，乃是美的善，即「美——善」：它從生命的知識建立來看乃爲「眞」：因此，美的本身，乃是眞的「美——善」，即是「眞——美——善」的三位一體而入於至高的善：「至善」的本然存在——「志於道，據於德，依於仁，游於藝」——以「止於至善」。

我們從柏拉圖的「觀念」到他的「美——的觀念」，再到「美——的結構」，然後到「美——的性質」，最後到「美——的本身」，這乃是從柏拉圖的美的主體生命中所呈現出來的，而不僅僅是一個平面的：它是超越一切而存在於一切中，從「美——的觀念」展開來而絕對的美的靈魂（The very soul of the beauty）。

「柏拉圖在『筵話』裡，把純美的觀念提出來，當作價值的表徵。他在『共和國』之第六章中更

標出一個『至善』來，說明世界之特性，宇宙之眞際純是價值，至善乃有無上的尊嚴，一切價值都是它的緒餘。」（註五四）

這個「至善」，乃是至高無上的「觀念」本身；它是形上學，知識學，價值學的一個整體的渾然存在；因此「美──的本身」結構，是一個立體的建構，有五層，最上一層：美的靈魂就是「至善」的現行（occuring），其「現行」的「美──的性質」，美的根源運作性質，也就又有了三層，而且又爲「觀念」──理型，理相，理念，理想的「現行」；此「觀念」現行的「美──的本身」在「存在層次──的客境」與「認知層──的心境」，又是如何的交互運作呢？而且，在「目力可見的現象假定」與「智力可知的實在眞確」之間，又是一個什麼樣的境域呢？

這是我們在「美──的本身」中又不能不進一步追問的問題。要追問，只有在柏拉圖的原典中去找；我找了出來，我還是把它們「翻」在下面──

──：

「那麼，我們也敢加以斷言的，凡爲智慧的愛之者，他所渴求的是所有整個的智慧，並非一部分，而且那一部分也不是它的整個。」

(Then the lover of wisdom, too, we shall affirm, desires all wisdom, not a part and a part not.)（註五五）

──：

「那麼，一個人他相信那些美的事物，然而，他既不相信『美——的本身』，而且也沒有跟從打算指導他去到『美——的本身』這種知識能力的人——你想，他的『生命』是在做夢，還是清醒著？」

(He, then, who believes in beautiful thing, but neither belives in beauty itself nor is able to follow when someone tries to guide him to the knowledge of it——do you think that his life is a dream or a waking?)（註五六）

——：

「因此，再完全從反面情形來看，這個人他的思想認識一個「美——的本身」，而且也能辨別本身的美與參與這個「美——的本身」的那些事物，並且既不認爲參與的那些事物就是「美——的本身」，也不認爲「美——的本身」就是那些參與的事物——在你的意見，他的『生命』是清醒著的呢？還是在一個夢境中？

他清醒得很。」

(Well, then, take the opposite case, the man whose thought recognizes a beauty in itself, and is able to distinguish the self beautiful and the things that participate in it, and neither supposes the participatans to be it nor it the participants——is his life in your opinion, a waking or a dream state?

He is very much awake.)（註五七）

——：

「我們是否能夠確然地把一個知道，懂得，了解的心靈情態謂之爲知識，而把那一個想當然爾，想以爲是，想之云云的謂之爲意見呢？

那是一定的。」

（Could we not rightly, call the mental state of the one as knowing, knowledge, and that of the other as opining, opinion?

Assuredly)（註五八）

——：

「意見跟正確的，精於學理的知識，透過嚴格學術訓練的科學知識是一件不同的事。」（本文作者按：常識（意見）的知識，科學的知識，哲學的知識，藝術的知識，宗教的知識，既有其層次上的不同，更有其性質上的獨立封域。）

（The opinion is a different thing from scientific knowledge.)（註五九）

「但是，你是不是以爲意見好像比知識含混，而又比無知清楚些？

太像這樣了。」（本文作者按：常識知識比科學知識含糊，比哲學知識混亂。）

（But do you deem opinion something darker than knowledge but brighter than ignorances?

Much so, he said.)（註六〇）

——：

「這些人，他們看到許多美的事物，但看不見『美——的本身』。…………」

（That those who view many beautiful things but do not see the beautiful itself.）（註六一）

「那麼，對於那些在每一方面之中與在任何一類之中的眞地存在著的，都好之不已的人，我們就必得名之曰智慧的愛之者，而非耳食之徒。」

（Then to those who in each and ever kind welcome the true being, lovers of wisdom and not lovers of opinion is the name we must give.)（註六二）

——：

「愛智慧的，就是愛實在與眞理的人。

或者他們（哲學家）的天性（眞——智慧的追求）如我們所描繪的，是與至高的境界和至善的境界相接壤。」

（That the lovers of wisdom are lovers of reality and truth.

Or that their nature as we have portrayed it is akin to the highest and best.)（

註六三）

————：

「學習最偉大的事就是學習善的觀念。」

（The greatest thing to learn is the idea of good.）（註六四）

————：

「有那類可見而不可思的許多事物，同時也有可思而不可見的觀念。」

（And the one class of things we say can be seen but not thought, while the idea can be thought but not seen.）（註六五）

「有兩個存在的世界，一個是爲智力可知的秩序與疆域所駕馭的世界，另一個則是爲目力可見所駕馭的世界。你一定懂得這兩個範式，可見的與可知的。」

（These are these two entities, and that one of then is sovereign over the intelligible order and region and the other over the world of the eyeball. You surely apprehend the two types, the visible and the intelligible.）（註六六）

————：

「那末，就以如是代表之，用一條線把它們分成不相等的兩個部分，然後再以同樣比率分之：一大部爲可見的秩序，一大部則爲可知的秩序。」

（Represent them then, as it were, by a line divided into two unequal sections and cut each section again in the same ratio——the section, that is, of the visible and that of the intelligible order, …………）（註六七）

「你的解釋是很充足的了。現在，了解此四部分者，蓋以認定此四部分都在靈魂中存在著：正智或純理世界爲最高，理解或數理世界爲其次，信念或物象世界爲其三，而最後則爲模仿或臆測的影象世界。」

（Your interpretation is quite sufficient, I said, And now, answering to these four sections, assume these four affections occurring in the soul——intellection or reason for the highest, understanding for the second, belief for the third, and for the last, picture thinking or conjecture……）（註六八）

————：

柏拉圖就這樣，用一條長線（X），兩條短線（Y、Z）來分成了上下兩個世界的四個層級A、B、C、D）：目力可見的下層現象——物質世界，有兩級層，一級（A）是影象界，二級（B）是物象界，智力可知的上層實在——形相世界，更有兩級，即第三級（C）是數理界，在第四級（D），最上級是純理界，而爲眞的存在。

但是，這兩個世界的四層級，雖然一分爲二，二分爲四；可是，人的生命是可以在智慧的追求中，層層升進，而使其無隔，成爲一個整體。因此才能在「美——的本身」中，向至善步步上達，至無上尊嚴的「眞——美——善」的普遍，絕對，究竟的「聖——神」的永恆世界，而爲大全宇宙的靈魂所透出，所以我的圖是：（圖見一八九頁）

所以，「美——的本身」，因爲是「美——的靈魂」；因此，美的靈魂在宇宙生命心境的認知層與客觀的存在層，透過了物質世界與形相世界的四層級（The four affections occuring in the soul），才顯現了「美——的性質」，呈現了「美——的結構」，表現了「美的觀念」；從而建立了「理想美」。這個「理想美」，是在這兩個世界的四級中，一直向上，無所回滯，以踐其形；能踐其形者，非一般之人也，更非那些虛僞的哲學家者也；而是眞正的哲學家——聖者。故孟子曰：「形色，天性也；惟聖人然後可以踐形。」（註七一）柏拉圖自己就是如此的說：「哲學家的天性（眞——智慧的追求）是與至高至善的境界相接壤。哲學雖爲高尙之學，然每爲反對者，視爲毫無價値，而爲人所輕視者，其最大影響，猶非來自與之明白反對者，實乃由於名爲研究哲學之徒所造成。此輩，實人所謂無賴者，在其中，多數哲學家之腐敗，且乃爲虛僞之徒，何可語於哲學，因若輩既不能保其善德，復不能追求眞正之哲學，更不能勉爲高潔之人，僅以眾人之意見爲己之意見，以眾人之知識爲己之學識，顧若輩之所以出此，無非欲得社會大眾之稱許耳！」（註七二）

因此，美的本身不但就是美的靈魂，而且美的本身就在美的靈魂中。但是，美的靈魂又在那裡呢？美的靈魂就在「心境與客境」的「認知與存在」的兩個世界四層級的「踐形」上達中——自我生命的「盡其心者，知其性也；知其性，則知天矣」。而且「性也，有命焉，君子不謂性也；命也，有性焉！君子不謂命也。」這樣，才能透出「可欲之謂善，有諸己之謂信，充實之謂美，充實而有光輝之謂大，大而化之之謂聖，聖而不可知之之謂神」以達到「君子所過者，化；所存者，神；上下與天地同流」（註七三）——的這個「美——的本身，也就是柏拉圖的：「The four affections occurring in the soul.」（Republic, V. 511C.）。

是乎？是也乎？是也。

是的，美的本身就是美的靈魂，美的靈魂就是生命透過宇宙主客的兩個世界四層級而入於「眞——美——善」一體的至善本身者也。是乎？是矣！美的本身，就是「善——美——眞」的一體：「至善」。

索忍尼辛在他的諾貝爾文學獎講辭「爲人類而藝術」中，說「杜斯妥也夫斯基無意間曾漏出這句曖昧的話：『美將拯救這個世界』。這乃在美的本質中。」——這是柏拉圖「理想美」的一個現代證言。然而那美的本質在那裡呢？

美的本質，就在「美——的本身」：美的「靈魂」中。人類未來的命運，只有等待美的靈魂來拯救了！

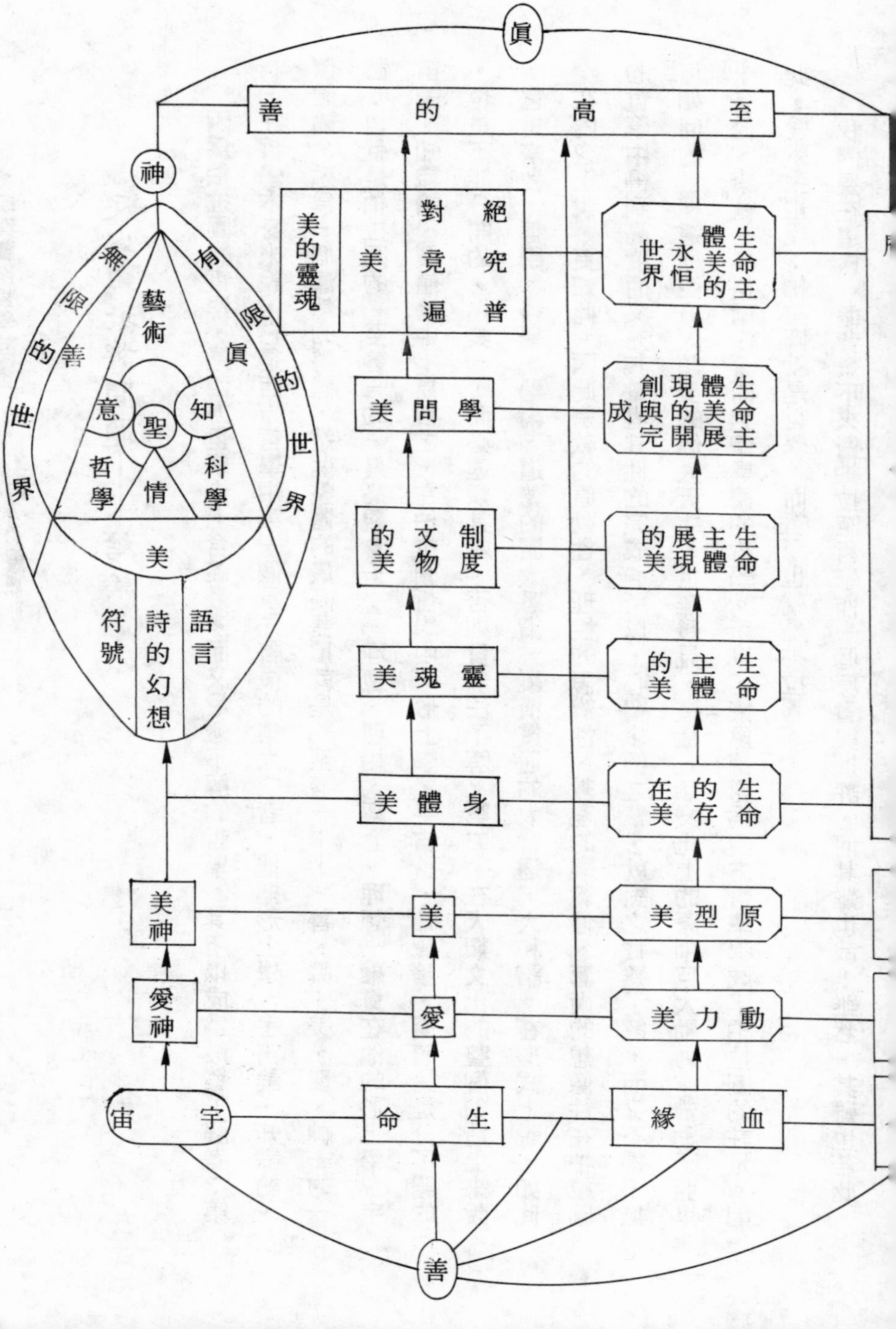
眞
至高的善
神
絕對
究竟美
普遍
美的靈魂
生命主體美的永恒世界
無限善的世界
有限眞的世界
藝術
意
聖
知
哲學
情
科學
美
學問美
生命主體美展現的開創與完成
制度文物的美
生命主體展現的美
語言
詩的幻想
符號
靈魂美
生命主體的美
身體美
生命的存在美
美神
美
原型美
愛神
愛
動力美
宇宙
生命
血緣
善

# 反省與批評問題——結論

因爲柏拉圖的哲學，是西方哲學史上含義最多而又最難了解的哲學。其所以成爲最難了解者：第一，在哲學本身來說，它是西方哲學中第一個承先啓後的集大成者，他把形上學、宇宙論、知識論、價值論，融爲一個渾然的整體，這個整體的最高蓋頂就是「至善」——「善、眞、美、聖、神」的一體；也就是柏拉圖的「至善」的「最高觀念」：「理型、理相、理念、理想」融貫在他的形上學、宇宙論、知識論、價值論中；易言之，在柏拉圖哲學中，形上學，宇宙論，知識論，價值論是分不開的，也是不能分開的，指其一，而必連類其餘，否則實無法了解。第二，在人類文化的整個創造上來說，它是宗教、哲學、科學、藝術、道德的廣大悉備，縱橫貫通的大會通，大和諧。在形式上說，如此；在內容上說，更如此。因此宗教的原動性、理性的思辨性、數理的規範性、藝術的想像性在柏拉圖的哲學中得到高度而又充其量盡其性的完成。所以，心窄才偏之輩，就對之實難了解，而又不得不無可如何的了。這種西方人類上的偉大天才，世難幾見，這種人類文化上的原創巨大動力才帶動了亞里士多德、康德、黑格爾……而到懷黑德的哲學。所以，懷黑德認爲西方哲學都成了柏拉圖的註足。因此，愛默生也說：柏拉圖就是哲學，而哲學也就是柏拉圖。

我們要在這樣一個背景下來對柏拉圖哲學作一個反省與批評，何其難也哉！雖然，其難也若此，但以一個學淺才陋的我把柏拉圖的美學——西方的理想美學，作了一個不太滿意的談論之後，好像不能不說幾句聊備一格的話。然而，這種聊備一格的話，也是無從說起的。因爲要指出柏拉圖哲學的缺點，假如從其所「分」的創造來說，在今天的哲學家與科學家中，確實人人可言之有物；但是，假如從其所「合」、「全」、「通」的創造來說，那實在就很難找到幾個了。柏拉圖哲學，他那種「見天地之純，古人之大體；內聖外王之道」的「無乎不在」的「道術」，不是「道術將爲天下裂」之後的那種「皆以其有，爲不可加矣」（註七四）的天下皆是的方術之徒所可「贊一辭」的。因爲「道不同，不相爲謀」（註七五）。

所以，我對柏拉圖哲學的反省與批評，在現在，我是無話可說；在將來，也許我只說一點點，因爲……。

對於柏拉圖整個的問題的研究，可讀的書，除了他整個的眞與所謂僞的對話錄外，就在西方整個哲學史中的那一切的大小原始典籍與闡述著作之中，而且也在宗教、哲學、科學、藝術、道德的大小文化創造的著作中。當然，世界各大文化系統的對照研究，更是研究柏拉圖哲學問題而不可不掌握的。

那，這樣，在今天的人看起來，不簡直就成了神話了嗎？當然，假如我們超然而凌駕於這一個時代的一切偏見之上，就並不盡然如此的了——因爲：

「達人觀衆相，了知一切因；
紛紛塵世網，何足動其心。
惡運肆兇殘，大壑溢吼聲；
屹立無所怖，巍然稱其眞。」（註七六）

我們要怎樣才能走出一切之「蔽」呢？柏拉圖就是一面鏡子。那中外一切偉大的哲學家、思想家、文學家、藝術家、科學家、宗教家、道德家、史學家都是我們的一面鏡子。我們要走進去，我們要再走出來，走出來：看——觀照萬美於一心。因爲「哲學所造之境，應以批導文化生態爲其主旨，始能潛入民族心靈深處，洞見其情與理，而後言之有物；所謂入乎其內者有深情，出乎其外者乃見顯理也。」（註七七）

不過，話又說回來，我也得提一提幾個人的意見：

W.T.STace在他的「A Critical History of Greek Philosophy」一書中說：「柏拉圖的最大過錯，是他把思想如同實物一樣看待」。這句話，不是新的意見，在柏拉圖的學生，亞里士多德就已認爲他的老師「是分離事物普遍本質與個物的第一人」（註八二）。這都是從思想與實物的「不同」來看，而未能從思想與實物的「同」來看。可是，柏拉圖並非不知此二者之異，而是要執其「同」以合其異來建立其理想哲學；故非不知此二者之異也。我們只要細讀深思柏拉圖的整個著作，就可以透過心靈的逼視而發現；而且更可以發現思想與實物的同，也有看得見的同，更有不見的同；只從「看得見」的「思想與實物」的同不同來看柏拉圖哲學，就已帶上了自亞里士多德以來「道術將爲天下裂」的偏見了。他並不是「不能說明世界」，也不是「不能說明自身」，也更不是「不忠於自己的原理」（Stace），而是非不能也，是不爲也。柏拉圖是從精微中走向廣大，亞里士多德是從廣大中走向精微，此非可以較論孰善孰劣者是也。西方哲學與科學者中的一些腐儒與餖飣之學的人物，乃欲從柏拉圖與亞里士多德的哲學上，來爲自己建立哲學與科學的地位，實多未能潛心治二氏之學者，「何其每下而愈況也」（註七八），蓋不知柏拉圖乃「乘物以遊心」（註七九）者，而其徒——亞里士多德則「乘心以遊物」者，豈可軒輊？一個是「其靜也專，其動也直」，一個是「其靜也翕，其動也闢」（註八〇）；有如中國周易乾坤之美。的確，此師徒二人，乃西方以及人類的二大瑰寶。宜並共推重之！眞可謂：此二人相並俱生，有如乾坤之不可分者。

就是，在柏拉圖的哲學中，不從其同，而從其異來看，他把他的哲學建立在感覺（現象）與理性（實在）的區分上，他把宇宙萬有分爲兩個世界：

觀念（理性）——永恆不變的世界。

現象（感覺）——變動不居的世界。

現象界的每一具體都是模仿觀念界的理型而來，在現象界中每一個特殊的具體的茶杯，就是模仿觀念界中那一個普遍的抽象的茶杯觀念而來。在觀念界中只有一個茶杯的觀念，在現象界中則有無數個具體個別不同的茶杯。觀念界的茶杯，在知識的邏輯層次上也是一個概念，亦即普遍存在的共相（Universal），理性，永恆不變的實在。現象界的特殊具體茶杯是在時空中的有限存在，變動不居的經驗，也即個別存在的殊相（Particular）。觀念界是眞相，現象界是假象。但是，整個感覺世界的所有物，又如何從觀念界發生出來呢？此其異也。柏拉圖雖然沒有交待，沒有說明，然而，柏拉圖並非不交待，並非不說明，乃是要執其「同」以合其「異」來建立其理想哲學。亞里士多德乃承其師——柏拉圖的「同」，而執其「異」以合其「同」。因此，亞里士多德的形上學，便是由此出發，而以其師——柏拉圖既假定觀念乃爲萬物的本質——「範疇、定律、規範、模式……」，而又不把觀念放在宇宙萬物殊體本身之內作爲出發。以此，亞里士多德的形上學就是在說明宇宙萬有的由來，也就是說明如何從觀念界發生而來的；並因此，而說明宇宙萬物的本質（Essence）。

亞里士多德把宇宙萬有的由來，以物質因——構成的質料，動力因——一切變化的原因，形成因——物質的概念，究竟因——運動趨向的目的來說明，並以形式因（form）——共相，普遍概念；與物質因（matter）——殊相，特別個體作爲根本範疇；就是要以此二者來說明宇宙萬有。此形式與物質二因，是對宇宙萬有作理智的分析所得的兩個概念：此固然可以分別思之，但又決非兩個對立存在的東西，也是分不開的。形式中有物質，物質中有形式。換言之，天下萬物沒有只有物質而無形式的東西，也沒有只有形式而無物質的東西；形式離不開物質，物質離不開形式。兩者，同時存在於具體事物中，也就是在每一個物（individual thing）殊體之中。

因爲：

具體事物——在時空中佔有位置，爲變動不居的殊相。

普遍形式——不在時空中不佔有位置，爲永恆不變的共相（柏拉圖的觀念）。

然而，宇宙萬有的本質，在每一事物中，必然包含：一、個物——特殊相（具體），二、性質（屬性）——普遍相（抽象）。個物是本質嗎？非也，它只是一個殊相，因爲一個事物的「本質」的存在，不是由它本身以外的什麼根源灌入造成的。而且，本質是自因自根，本然自存的實在。性質（屬性）是本質嗎？也非也，它只是一個共相，因爲所謂性質，有屬於主體而爲其屬性的意思。但此所謂一事物的「本質」，乃是一事物的特殊性質，也就是此一事物不同於其他事物的理由。所以，本質乃是：個體加性質（屬性），也就是殊相加共同，亦就是主語加謂語。舉例言之：「金是黃的」一命題，它包含了：

金——主體、主語，乃個物。

黃——附體、謂語，乃性質（屬性）。

因爲黃的屬性（性質）必依金的個物而存在，以此謂「金」的性質與個物是不能分開的。但是金的本質決非謂語，只有用謂語來「論謂」金的本質，但是金的本質，又不能作謂語用，因爲「黃」是與其他類的黃的性質相同而成爲一共通性質，乃非金的本質。因此，個物非本質，性質非本質。然而，本質又存在個物之中，可是，個物是離不開性質（屬性）而存在，性質（屬性）也是離不開個物而存在。所以，當個物與性質（屬性）中的任何一個都沒有離開任何一個時，才被視爲是「本質」。這個「本質」就是：「個物加性質（屬性）——殊相加共相——主語加謂語」。因此，特質非本質，宇宙萬物的本質與性質（屬性）是不同的。因爲本質存在於個物中，但個物非本質，而本質又只能作主語（subject）用，不可用作謂語（predication）。反過來，性質（屬性）是普遍相，只能用作論謂事物的謂語，不可用作主語。

主語是殊相——金：個物。

謂語是共相——黃：性質。

這樣，用共相論謂殊相就是一個命題，而以指出宇宙萬有如何從觀念界而來，而成爲亞里士多德主謂邏輯的哲學基礎。這就是我所謂亞里士多德乃承其師——柏拉圖的「同」而執其「異」以合其「同」的理由。

所以，我們要把柏拉圖的「觀念論」與亞里士多德的「四因說」合爲一個體系看西方哲學之所以爲西方哲學者，乃成爲西方思考的基本模式。但是，要去思考任何一個對象的基本範疇（基礎、原理、理論）的問題是什麼？它是如何展開？如何推演？這就是西方人在內外兩個世界中，把人的心靈投向宇宙——外在客觀世界：主體性客觀化之後，心靈的自然化之後，才從一個純粹的自然本質，自然秩序，自然概念中，去向自然哲學、數學形象、邏輯思想、客觀秩序去追求數學、物理學、化學、生物學、生理、心理學的完成與冒險，建立一套自然文化，把邏輯、哲學、科學、藝術、宗教都放在自然知識的基礎上，這種自然化的心靈，表現爲：一、心靈的自然化——秩序。二、自然化的心靈——天人對立，也就是懷黑德所謂的「Bifurcation of Nature」（自然二分法），「Simple Location」（簡單定位），而柯靈烏在他的「The Idea of Nature」（自然的觀念），Dampier 在他的「A History of Science」一書中，都有更多的說明。

所以，柏拉圖的「觀念論」——理想哲學是西方「自然原理學」的開始——自然的抽象思考，合其前的各哲學而爲一個型式。亞里士多德是西方「自然結構學」的開始——自然的實象思考，開始奠定自然科學的基礎。從培根（Francis Bacon）到米爾是西方「自然運作學」的開始——自然的規律思考，建立實驗學的基本方法。

因此，西方哲學在希臘哲學的三百多年之後，經過一千八百年的中古經院哲學——希臘哲學的繼續，才能開始近代哲學——理性論與經驗論的對諍發展。其實，此兩大趨勢的發展，在西方哲學的歷史過程中也是必然的，也是不可分的，更是要合而觀之的。不然，就無法得其完全的，整個的，眞正的了解。

就是我之如此主張，也是W.T. Jones 所謂「It is true that Plato kept all these insights in suspension without managing to bring them in to systematic order. But the point is he did keep them in view, and in the theory of forms he provided the framework on which Aristotle was to work out a more unified world view.」（註八一）的道理之所

在與其背後的眞象、意義、和價值。

我在前面提到Stace在他那本「批評的希臘哲學史」中說：「柏拉圖的最大過錯，是他把思想如同實物一樣的看待」並不是新的意見，執持這樣的看法的是從他的學生亞里士多德開始，就成爲刺激、帶動、創發西方哲學在不同型態中的發展，一直到當代的觀念哲學，生命哲學，本質哲學，存在主義，構成主義，機體主義的諸大哲學家們，在他們每一個大哲學家的哲學中，都可以或多或少，若隱若顯找到柏拉圖哲學的痕跡。James 說得好「It is true that Plato Kept all these insights in suspension……」因爲柏拉圖把他的哲學置於「in suspension」中，西方哲學才有今天這個面貌與景象。這種影響，不僅在中世紀，尤其在康德，黑格爾，特別是在新康德派大將之一的Frederick Albert Lange 的大著「The History of Materialism」（Translated by Ernest Chester Thoms) 中，就是一個顯著的表現。他在此書的「對唯物論與感覺論的反動——蘇格拉底，柏拉圖，亞里士多德」這章中，就實在令人不得不爲之擊節贊嘆，欣賞不已——：

「我們關於這一切現象，均須由全部文化史予以說明，因爲哲學在任何民族的精神生活中，都非獨立存在者。普遍二字，就在嚴密的唯名主義的意義上被解釋了。知識，正可在這地盤不必超出經驗論及蓋然性而推廣至於無限；以致普遍一辭，在超越的意味上被吟味，並在超越的意味上，由柏拉圖導入科學中了。名之於物，非任意給與的，乃與物之最內部的性質相應，後此爲柏拉圖所高揚——高揚在被低視爲假象的個別事物以上——的本質，亦在萌芽的形態上，包含在事物的這性質中。亞里士多德以爲方法上的兩個本質的革新——定義的使用與歸納法——是蘇格拉底之功，辯證法的這二大手段，都依存於普遍概念。但對於蘇格拉底，必定有確實的知識這一觀念，以爲指導他全部努力的北斗星。但在哲學史上的主要意義，決不在此，而在於他相信知識及其對象。換言之，相信事物有普遍的本質，相信現象的過程中，有靜止的極點。這種信念，也許眞跨過了它的目的以外。但相對論與唯物論所不得不跨過而其精疲力竭又不能實行跨過的這一步——即是就普遍對個別之關係而研究普遍，並研究與知覺相反對的概念——就這樣跨過了。

柏拉圖觀念論的雜草，雖與麥穗共同發芽，但土地已再被耕作了，又有一個强壯的手扶起犁來，外表看似一定無所生產的哲學園地，遂重結了百倍的果實。

在蘇格拉底學派中，抱有最深的從蘇格拉底出發的宗教熱情的，是柏拉圖；在最純粹的方法上引伸其師之思想的——雖亦非常片面——亦是柏拉圖。蘇格拉底世界觀之根基上的錯誤，就在柏拉圖手上，取得了極有力的支配幾千年的發展。但是，柏拉圖此等謬誤，因其深度反對從經驗出發的各種世界觀，然而對於我們倒有特殊的重要。此等謬誤像唯物論一樣，是世界史的謬誤。不過，此等謬誤不能像唯物論那樣，依直接的結合點而與吾人思惟力之性質相聯絡，卻更確實地，依存於我們全部心理組織之廣闊的基礎。

這兩個世界觀，都是人間思惟的必然通過點，與柏拉圖哲學相較，在特殊幾點上，唯物論雖更能維持地位，但柏拉圖哲學所提供的世界全圖，也許更近於未知的眞理。在任何場合，那都和人類的情感生活、藝術、道德任務，持有更深的關係。不過，此等關係雖甚高尚，由此等關係，柏拉圖哲學在人類整個的發展中，雖在各時代都有更多的影響，但我們仍有不可推諉的義務，要徹底暴露柏拉圖的謬誤，無暇顧及其較高的諸方面。」（註八二）

朗格所暴露柏拉圖哲學的謬誤是什麼？只有請諸位讀者讀讀德文原本，或英文譯本，或李石岑中文譯本了。當然，朗格對於「觀念世界與物質世界——普遍與個體的批評」：「感官——覺——知——理念」的獨特而又與人類的整個認知，不管是那種知的關聯，乃是一個不可分的存在。他自然擊中了柏拉圖觀念論的要害；但是，反之而又為科學知識本身所不要突破的；然而，這一切限制之所以超越，而且之能作無窮努力的一大堆進點的，還是在柏拉圖的哲學中。Karl Jaspers 對柏拉圖哲學所謂「The contradictions in particular, may help to call our attention to Plato's central meaning」（註八六）（Trans. RalphManheim）的「中心意義」又在那裡呢？「西方形上學的發展，最後總是與藝術和宗教聯成一系，以窺測純眞性，完美性，與宇宙之神聖性。形上學第一原理之安定，實是柏拉圖所謂一切知識系統蓋頂的工作。在西方，層疊的宇宙觀可說是希臘哲學家獨特的貢獻。蘇格拉底對於道德界，柏拉圖對於本體界，亞里士多德對於自然界和道德界，各有一套完整理論，將宇宙劃分階段，區別層疊，並依次安立價值品級，使人類在精神生活上，能按步升陟，上達於至善之境，以完成神聖的使命。幾位希臘哲學大家，中古宗教家，和近代康德黑格爾諸人，雖曾劃分宇宙層疊，但因他們對於㈠各種分殊的境界未有清晰的認識，㈡各種境界相互關係未有適當的配合。㈢

時間之重要性未有眞切的了解，便很難建立好的方法以貫串這些層疊，使之圓融和諧。我們現在權且畫一簡單圖表，以說明宇宙大全中各種境界差別。」（請讀方先生原著）（註八三），這就是東美先生對西方形上學從柏拉圖開始一貫發展的中心意義所提出的而又爲西方哲學家們所不能提出的一個定形建構。「所以柏拉圖繼續蘇格拉底之後，在共和國第七章和晚年所寫的蒂馬亞斯（Timaeus）篇中，又使超越的精神回到人間世來，企圖把上界的價值移轉貫注於下界，以拯救下界的虛妄，因此他在哲士（The Sophist）中不得不另立一套動性的發展的範疇系統，稍稍糾正永恆『相』論之偏蔽。這一轉變，卻與亞里士多德的動性宇宙論的體系銜接起來了。」「亞里士多德實爲西方第一個大哲學家，首次發現我們在上圖中所謂『直透界』。他雖然也像柏拉圖劃分上下兩界，但在理論上並未使之懸隔。第一，他依據邏輯上種屬的差別層次，建立了梯形概念系統，然後又據判斷的根本形式，把下界的殊相納入上界的共相，使之互相結合，原委一貫，產生決定的關係。我們就此關係次第推證，可以藉普遍原理以括約特殊的事物。第二，他也像柏拉圖，把永恆的相和變異的物比照對擧，形成上下兩界，所不同者，柏拉圖直將『相』推送至於寂寥高遠之境，漸與下界的事物脫節，亞里士多德則就上下兩極安立『形』『質』，然後創建四種因緣，約爲二類，分別生起貫注和發展的作用，使之互相結合，依次成就許多等級不同但又脈絡貫通的個體。準此以言，亞里士多德可說是希臘哲學之集大成者，他憑藉柏拉圖的宇宙間架，直把巴曼里第斯的不易哲學和黑拉克賴塔斯的變易哲學綜合起來，成爲理趣和諧的一貫系統。永恆的『相』是上界能動之力用，變易的『質』是下界所變之資具；資具在下為儲能，藉力用的發展；力用居上為形式，挈資具以實現；彼此流注貫徹，遂成為統一的實體。第三，宇宙上下兩極——即形與質——之間，藉空間的遷移，時間的流轉，運動的持續、性質的變化，和價值的提高，以形成發展的系統。在這個發展系統裡面，依次成就的個別實體，比併貫串起來，表現著自然之梯形組織，或宇宙之層疊構造，於是在機械的形象裡，又透露廣大目的的程序。我們可以說，亞里士多德又把希臘科學上傳統的，尤其是德謨克利塔斯(Democritus)的機械秩序和蘇格拉底，柏拉圖兩人的目的系統綜合起來，而成更廣博的思想格局了。第四、亞里士多德的整個發展系，我們稱之為直透界，實已下開黑格爾的歷史世界，不過在範圍上有廣狹之不同而已。黑格爾的歷史世界只是人類精神形態變遷發展的過程，而亞里士多德的直透界則囊括宇宙大全內各種事物由質變形之完成實現的步驟。黑氏思想體系是人類的世界史綱（如果就整個黑氏邏輯系統來看，而邏輯系統又與形上學系統合而為一，那麼這裡所指的差別又沒有了），亞里士多德的思想體系則是宇宙的史綱。亞里士多德之在上古，黑格爾之在近代，雖然都發現了歷史世界，但因他們缺乏眞實的時間觀念，所以都未能完善地處理這歷史世界。黑格爾所變化只是邏輯轉變的步驟，至於變化的實質在時間歷程裡是什麼一回事，黑氏殊無確切的說明。亞里士多德在物理學一書中確曾鄭重考慮過時間，然適足以證明時間並非眞實時間，只是空間的影子而已，所謂過去與未來僅為物體轉移其方位時所表現之先後交替的狀態，這是變化的方式而不是變化實質，至於『現時』，亞里士多德更認為是一種永恆的形式，可以安挿於任何先後交替狀態之中，又何嘗有眞正變化之可言？正緣此故，亞里士多德本人和後來黑格爾所謂發展，並不是指著眞實時間變化的歷程，而是發展完成以後所安排的行列(order of developedness)。這卻等於宣告歷史（世界根本沒『歷史性』（Geschichtlichkeit）。第五、在一切發展到達最高的層級時，那完成的狀態便叫現實，它只是純粹的『形』，它只是永恆的「相」，其中絕不再容納任何『質』。（在這一點上亞里士多德似又回到柏拉圖。）它是上帝，它是純粹的精神，本身不動，本身不變，但又是一切變動之原，因爲一切質都已拋棄在下面，所以它只是精神的主宰，是永恆想它所想的神聖思想，形成最高度的異分思想——思想的思想。它雖是超越的精神主體，同時卻又在思想上居高宰制整個的宇宙，使之蘄求至善而成爲最好的秩序。如是立論，形上學之最高發展眞變成神學。這一點後來予黑格爾以莫大的鼓勵。黑格爾承受亞氏思想的影響，一方面以爲絕對精神是宇宙萬有之原，他方面又把它看做一切發展之極詣。他們之間重要的差別是：亞氏的神學傾向於超越的宗教，而黑氏的神學則依傍汎神論的宗教。從上面的討論，我們可以斷言，撇開希臘層疊的宇宙觀，黑格爾的系統哲學是無法了解的。所以黑格爾在哲學史演講錄裡敘述柏拉圖或亞里士多德的思想時所佔的篇幅大都三倍於其他個別的大哲學家。」「柏氏就宇宙全體劃分假相、現象、數理、和絕對眞善美價値領域四個層級。柏拉圖激揚靈魂，飛騰向上，直昇至眞善美絕對價値之統會處，視爲絕對眞相，然後回顧幻化不實的低層世界，直目之爲假像，頗示不屑之意，就連生滅無常的自然界，他的精神經歷之後，也遠視爲拘泥於實物形象之意見的領域，因爲它逕與最高眞相隔了兩層，數學家置身於世界的第三層，本可提神向上，鄰近眞相，但他們卻趦趄逡巡，停滯於第三層世界，安立假設之後，不但不上求眞源以資徵知第一原理，反乃迴向有形世界的物象，引以爲佐證，毋乃捨本逐末了。柏拉圖實爲西洋第一位識高膽豪的玄想哲學家，他標舉至高無上的精神領域爲絕對眞相，一切知識與之契合，方始成爲絕對眞理，其他眞理亦應上溯本源，與之相應，乃能成立。從柏拉圖的眼光看來，數學家儘管確立假設，據以爲演繹的前提，往下推證，獲得正確的結論，但因假設原非眞理，所以不能保證結論必爲眞理。他爲補救這種理論的缺陷起見，乃張開慧眼，凝視宇宙上層永恆價值的統一，期與至善冥合，然後據爲標準以衡量知識之眞實價值，方能免於鑿空蹈虛，陷入迷途。數學之所以可貴，不在援假設而下推至有形的物象，乃在憑假設爲階梯，上昇至於永恆的相，企圖覓得眞理的本源，及至妙造極峰，心凝神會於絕對價值之最高標準，乃能啓發理性靈光以曠照宇宙之大全，這便是有名的「辯證學」（the Science of Dialectics）或辯證的上躋術（Dialectical ascedency）。哲學家的慧心兀自與科學家的理解有別，後者可以定住一境，往往撇開眞源以尋思，捨第一義而造論，前者必須玄覽曠照，探索宇宙之大全，然後提神上躋於價值之極峯，於以體會眞相，證悟眞理，故能從源溯流，窮根究底，創獲上下融貫縱橫旁通之思想系統。惟有在這樣的思想體系中，我們才能援引第一義諦懸爲眞理標準，以徵驗其他一切後得知識之眞理價值。這是形上學的根本義。在西方上古，巴門里底斯，蘇格拉底開其端，柏拉圖總其成，亞里士多德踵事增華，發揚光大，從此以後，遂成西洋哲學之優美的傳統。亞氏名言：『第一原理和第一原因信是眞知，因爲憑藉這些，依據這些，一切別的事物方能知曉，但是它們本身不能藉次於它們的事物予以體認。』可謂盡一切形上學的奧義。」（註八

三）

以上，所談到的這幾位中外大哲學家對柏拉圖的反省與批評，也許可以作爲我的「柏拉圖的美學」的結論；因爲它乃是「理想美」的建地，所以必須深其基。然而，先師東美先生在西方哲學上的反省和批評的叡見，實已邁越中外各大哲學家，實不能不提出以供研究。這一點，在其傑著「黑格爾哲學之當前難題與歷史背景」中，就已完全而突出地顯露了出來，這實非我所能贊一辭。因爲「希臘人之稱物也，往往贊其全性，顯其完形；蓋必如是，其圓滿無漏之軌度，始彰彰可考。宇宙（Cosmos）云者，即具此軌度之全體境象也。吾人分疏希臘科學之體系，哲學之創獲，其宇宙觀念，固未有能軼出此種類型之外者。」（註八四）因爲「希臘人以實智照理，起如實慧！演爲契理文化，要在援理證眞；其慧體爲一種實質和諧。希臘世界秩序形成一種具體有限的大宇宙（Macrocosm），其機構爲三相貞夫一體。一體者指實質和諧，三相疊現指柏拉圖之法象，數理及物質三種境界（Republic BK. 6 pp.510—511）或至善、主宰、物質三種區域。」（註七七）因之，「柏拉圖解剖宇宙，分爲兩橛，視物質與精神爲截然不同的兩事。亞里士多德則網羅萬象，統於一宗，以明其原委。」（註八五）

最後，我要說一句話：在西方「美」——的血緣學：柏拉圖的美學——「理想美學」中我們發現蘇格拉底、柏拉圖、亞里士多德，三個人的哲學雖各有所樹，兀自不同，且是分不開的；而且應以之作爲西方希臘哲學的一個整體以觀之而始能見其爲西方文化之原型所在者方爲上之上者也。總之，「

批評須有博學，玄想則仗天才。」（註八六）至於，柏拉圖美學在西方的發展與運用，且看C.E.M. Joad 在他的「Guide to Philosophy」一書中 pp.327—358 可供參考。

【附註】

註一 Monroe C. Beardsley, Aesthetics from Classical Greece to The Present, pp.39—41.

註二 Fmile Brehier, The History of Philosophy V1, pp.108—110. Translated by Joseph Thomas.

註三 顧西曼著，瞿世英譯 西方哲學史 pp.110—148.

註四 鄔昆如教授：西洋哲學史，pp.85—144.

註五 W. T. Jones, A History of Western Philosophy, The Classical Mind, p.192.

註六 The Encyclopedia of Philosophy v.1, p.18.

註七 Frederick Copleston S. T., A History of Philosophy v.1, p.280.

註八 W. T. Stace, A Critical History of Greek Philosophy，慶澤彭譯，p.141.

註九 老子：第二章。

註一〇 周易：說卦傳，第六章。

註一一 Plato, The Collected Dialogues, edited by Edith Hamiltom and Huntington Cairns, Phaedo loobcd.

註一二　Plato, Republic: VI, 5076.

註一三　Alfred Weber
　　　　Ralph Barton Perry ⌉, History of Philosophy, pp.57—61.

註一四　小戴禮記：大學。

註一五　方東美教授：黑格爾哲學之當前難題與歷史背景。

註一六　周易：繫辭傳。

註一七　鄔昆如教授：西洋哲學史，p.93.

註一八　Alfred Weber History of Philosophy, p.62.

註一九　史記：老子韓非列傳第三。

註二〇　莊子：天下篇。

註二一　郭慶藩：莊子集釋，陸德明「經典釋文序錄」。

註二二　方東美教授：哲學三慧。

註二三　Plato, Symposium, 178.

註二四　ibid, 1806.

註二五　ibid, 192b.

註二六　ibid, 193a.

註二七　ibid, 195a.

註二八　ibid, 195a.

註二九　ibid, 196abc.

註三〇　ibid, 201c.

註三一　ibid, 202cde.

註三二　ibid, 204b.

註三三　ibid, 206bde/d207a.

註三四　ibid, 207c.

註三五　ibid, 208b.

註三六　ibid, 210abcde, 211bc.

註三七　ibid, 210abcde, 211bc.

註三八　ibid, 211de.

註三九　ibid, 212a.

註四〇　Boardsley, Aesthertics, pp.39—46.

註四一　Plato Symposium, 211a.

註四二　論語，陽貨第十七。

註四三　莊子，知北遊。

註四四　孟子，盡心。

註四五　莊子，逍遙遊。

註四六　劉勰，文心雕龍，神思。

註四七　莊子，天地。

註四八　Ernst Cassirer, An Essay on Man, Art p.193.

註四九　Plato Repulic 5956—611.

註五〇　請閱鄔昆如教授：西洋哲學史，pp.93-114.

註五一　Plato Ion 534b.

註五二　章學誠：知難。

註五三　李長之：西洋哲學史，第一篇，第三章，二・希臘哲學之極峯上——柏拉圖・p. 59.

註五四　方東美教授：科學哲學與人生，一〇五頁。

註五五　Plato, Republic, V. 475b

註五六　ibid, 476c.

註五七　ibid, 476d.

註五八　ibid, 477b.

註五九　ibid, 478ab

註六〇　ibid, 478c.

註六一　ibid, 479e.

註六二　ibid, 480.

註六三　ibid, 501d.

註六四　ibid, 505a.

註六五　ibid, 507b.

註六六　ibid, 509d.

註六七　ibid, 509d—511d.

註六八　ibid, 511de.

註六九　Emile Brehier, trans. Joseph Thomas, The History of Philosophy VI, pp.99—130. W.T.Tones, The Classical Mind, pp.121—146. Frederick Copleston, S.T., A History of philosophy, VI, pp.166—231.

註七〇　鄔昆如教授：西洋哲學史，pp.109—114.

註七一　孟子，盡心。

註七二　Plato, Republic, VI.

註七三　孟子，盡心。

註七四　莊子：天下篇。

註七五　孔子：論語・衛靈公。

註七六　魏傑爾：Georgics 二卷。

註七七　方東美教授：哲學三慧。

註七八　莊子：知北遊。

註七九　莊子：人間世。

註八〇　周易：繫辭傳。

註八一　W.T.Jones, A History of Western Philosophy: The Classical mind, p.213.

註八二　李石岑譯：朗格唯物論史（上冊）四五頁—八〇頁。

註八三　方東美教授：黑格爾哲學之當前難題與歷史背景。

註八四　方東美教授：生命情調與美感。

註八五　方東美教授：科學哲學與人生。一〇七頁。

註八六　Karl Jaspers, The great philosophers, p.117.

（本文曾刊於《哲學與文化》第八卷第六期—第九卷第二期七十年六月—七十一年二月）

# 東方「美」——的血緣學；孔子的「生生」之美的建立

我們從西方「美」——的血緣學——柏拉圖的美學：「理想美」中所「點」出的來看：「我們關於這一切現象，均須由全部文化史，予以說明，因爲哲學在任何民族的精神生活中，都非獨立存在著。」（註一）尤其，「西方形上學的發展，最後總是與藝術和宗教聯成一系，以窺測純『眞』性，完『美』性，與宇宙之神『聖』性。」（註二）因爲「每種民族，各具天才，始能妙制文化，以宣揚其精神生活之內美。善哉！德人奚槃格羅（Spengler）之言曰：『文化者，乃心靈之全部表現……。文化，宛如生命，情感，及思想之畫幀，一種生靈默察其內心經歷。』各民族之美感，常繫於生命情調，而生命情調又規撫其民族所託之宇宙……準宇宙之形象以測生命之內蘊，更依生命之表現，以括藝術之理法……。每種民族各有其文化，每種文化又各有其形態。……吾人對影自鑑，自覺其（中國人之）懿德，不寄於科學理趣，而寓諸藝術意境。中國人之宇宙觀，蓋胎息於宇宙之妙悟，而略露其朕兆者也。莊子曰：『聖人者，原天地之美而達萬物之理。』可謂篤論矣。希臘人與歐洲人據科學之理趣，以思量宇宙，故其宇宙之構造，常呈形體著明之理路，或定律嚴肅之系統。中國人播藝術之神思以經綸宇宙，故其宇宙之景象頓顯芳菲蓊勃之意境。質言之，希臘人之宇宙，一有限之體質也。近代西洋人之宇宙，一無窮體統也。中國人之宇宙，一有限之體質而兼無窮之『勢用』。體質寓於形跡，歸依乎玄象，勢用融於神思。科學立論，造端乎形跡，歸依乎玄象；希臘人與歐洲人之窺探宇宙，蓋準形跡以求其玄象者也，前者創始而後者圓成之，固猶屬於相似之理境。藝術造詣，踐迹乎形象，貫通乎神功；中國人之觀宇宙，蓋材官萬物，以窮其妙用者也。準此以言，希臘人與近代西洋人之宇宙，科學之理境也。中國人之宇宙，藝術之意境也。科學理趣之完成，不必違礙藝術之意境；藝術意趣之具足，亦不必損削科學之理境；特各民族心性殊異，故其視科學與藝術有畸重畸輕之別耳。」（註三）

假如，我們是從這樣一個「觀景」上，「點」出了：西方柏拉圖的「理想美」；然而，我們對於東方孔子的「生生美」，又當如何「點」出呢？

由於「Little has been ventured on the Chinese Mind which a man of insight」（註四），要把一個中國「美」——的血緣學：孔子的美學：周易「生生」美學「點」出來，又確是頗爲著力的。因爲「中國人」的宇宙，就是一個「藝術意境」的宇宙：中國人準宇宙之「形象」以測生命之「內蘊」，更依生命之「表現」以括「藝術之理法」。它雖然要踐跡乎「形象」，但是它更要貫通乎「神功」，表徵其「妙用」；歸依乎「玄象」，融勢用於「神思」。凡此種種，皆在「一味妙悟」

（註五）！所謂「大用外腓，眞體內充，返虛入渾，積健爲雄，具備萬物，橫絕太空，荒荒油雲，寥寥長風，超以象外，得其環中，持之匪强，來之無窮」的「不著一字，盡得風流，語不涉難，已不堪憂，是有眞宰，與之沉浮。」（註六）

何其難也哉！其難也者，正是中國的哲學在方法上不像西方哲學在方法上那樣重思辨，重分析。中國哲學，在方法上乃是重體驗，重妙悟。中國藝術的創造是移情於對象與之冥合無間，忘物我；即物即我，即我即物。故中國藝術之意境之構成恆在一瞬，靈感之來，稍縱即逝，作品天成，妙手偶得。中國哲學方法上之「體驗」在對宇宙人生，「靜觀默識」，「意念」與大化同流，在山峙川流，鳥啼花笑中，見出宇宙「生生」不已之「美」，而透出我「心」與天地「精神」之往來，萬物之「理」；這正是中國「藝術心靈」的「極致」。

中國哲人的「妙悟哲學」上之至高原理（如周易「生生」之——「美」的哲學），常由涵養功深，眞積力久，而一旦豁然貫通，不待推證，不容分析，「當下即是」，轉念即非。這正如藝術意境之構成，靈感之下臨於一瞬。所以，在西方文化中，科學精神滲透到文化之各方面，而在中國文化中，則藝術精神瀰漫於中國文化之各方面。

因此，我們要點出中國的「美」，中國的「藝術意境」，要從孔子周易的「生生」之——「美」之爲中國人「人文生命」美的根源之所在來「點」出其「當下即是」的「生生美學」。因爲「天地之德，悉備於生生不已之易。舉易以言天之經、地之義、人之紀，則智慧之門可得而入也。」（註三）

此眞所謂：——

「文、之爲德也，大矣！與
天——地，並生者，何哉？
夫玄黃色雜，
方圓體分：
日月疊璧——
以垂麗天之象：，
山川煥綺——
以鋪理地之形：，
——此蓋：
『道』之文也。
仰觀——吐曜，
俯察——含章，
高卑：定位——故
兩儀既生矣，惟
『人』參之——『性靈』：所鍾：，

是謂：三才，爲五行之：「秀」；
實「天——地」之：「心」。
「心——生」，而「言」立，
「言——立」，而「文」明，
「自然」之道也。
旁及萬品，
動植皆「文」：
龍鳳以藻繪呈「瑞」，
虎豹以炳蔚凝「姿」，
雲霞雕色，
有踰畫工之「妙」，
草木賁華，
無待錦匠之「奇」，
夫豈「外」飾，蓋「自然」耳。
至於林籟結響，
「調」如竽瑟；

泉石激韻，
『和』若球鍠。
故：
形——立，則章——成矣！
聲——發，則文——生矣！
夫以——
無識之物，鬱然有彩，
有心之器，其無文歟？
『人——文』之：『元』，
肇自『太極』；
幽贊神明，
『易——象』惟先。
庖犧畫其始，
仲尼翼其終，
而乾坤兩位，
獨制——『文言』。

『言』，之『文』也，
『天──地』之
『心』哉！
若迺
河圖孕乎八卦，
洛書韞乎九疇；
玉版金鏤之實，
丹文綠牒之華；
誰──其尸之？
亦『神──理』而已！
……………………
故：知──『道』沿……『聖』
以垂：『文』。
聖，因文，而明道。
──蓋『文──心』之作也：（文學心靈之原理與運作在人文心靈之創造中）
本乎道，

師乎聖，
體乎經，
酌乎緯，
變乎騷，
文之樞紐，
亦云極矣。」（註二二）

「文」者之義有「爲文」（文章）曰文，有「人文」曰文，有「文華」曰文，有「華美」曰文等等之義；故究極言之，此人文之「文」與「華」乃「美」之所指謂也；亦爲美之本身之呈現。阮元亦謂：「文即象其形也，然則千古之文，莫大於孔子之言易。」（註二三）故「文」之爲德也，乃「美」之本身之爲德——「華」，大矣！與天地並生者，何哉？……此蓋道之「美」也。實乃劉彥和從孔子周易「生生之美」所體悟而來，以爲「生生」之——美的一個最早的精靈雕像。

儒家這種「行神如空，行氣如虹；巫峽千尋，走雲連風；飲眞茹强，蓄素守中；喻彼行健，是謂存雄；天地與立，神化攸同；期之以實，御之以終。」（註二四）的「生生」之「美」的哲學，只要我們一讀周易乾坤兩卦的卦爻辭與孔子的彖象文言傳，就能體會出——那確是孔子對「生生」之——「美」——的透靈的「生命美」——「道」之美：乾坤之「元」的頌「詩」——只有從一個兼具聖者，詩人，先知三者合一的理想人格生命中才能流露出來的，而且是自然而然的從生命的「中和大美」

追求中所流露出來的：

☰乾下（內）乾
☷乾上（外）坤 「生命」——「生生」哲學：體系的建立

「生生」哲學創造系統的建立：

乾——元：亨、利、貞。

「生生」哲學創造系統的演進：

初九：「潛」——龍，勿用。

九二：「見」——龍，在田；利見大人。

九三：君子，終日乾乾，夕「惕」若，厲无咎。

九四：或「躍」，在淵；无咎。

九五：「飛」——龍，在天，利見大人。

上九：「亢」——龍，有悔。

用：九——

見：「群——龍」——「无——首」；吉。

「生生」之「美」的：

「生生」哲學創造系統的完成：

彖曰：大哉！「乾——元」

萬物資始，乃統天。雲行雨施，品物流形，大明終始，六位時成。

時——乘六龍以——御：天。

「乾——道」：變化；

各正——「性命」。

保合太和，乃——「利——貞」。

首——出：庶物，

　萬國：咸寧。

「生生」「生生哲學」創造系統的體現：

象曰：「天——行」：健；「君——子」：以——自強不息。

「潛」——龍，勿用：陽在下也。

「見」——龍，在田：德施普也。

終日乾乾（「惕」）：反復道也。

或「躍」，在淵：進无咎也。

「飛」——龍，在天：大人造也。

「亢」——龍，有悔：盈不可久也。

「用——九」：天德不可爲首也。

「生生哲學」的：
「人—文：化—成」的
人文生命「人文學」原理：

文言曰：元者，「善」—之「長」也。
亨者，「嘉」—之「會」也。
利者，「義」—之「和」也。
貞者，「事」—之「幹」也。

君子：體—「仁」，足以「長人」。嘉—「會」，足以「合禮」。利—「物」，足以「和義」。貞—「固」，足以「幹事」。

君子—行此：四德者，故曰：乾：元、亨、利、貞。

「生生哲學」的：
「人—文：化—成」的
人文生命「人文學」的運作：理論

•「初九」曰：「潛龍勿用」，何謂也？
子曰：龍德而隱者也——
　不易乎世，
不成乎名，
遯世无悶。
不見是而无悶，
樂則行之，
憂則違之。
確乎其不可拔——潛龍也。

•「九二」曰「：見龍在田，利見大人」，何謂也？
子曰：龍德而正中者也——：

庸言之信，
庸行之謹。
閑邪存其誠，
善世而不伐。
德博而化。
易曰：「見龍在田，利見大人」——君德也。

•「九三」曰：「君子終日乾乾，夕惕若，厲无咎」，何謂也？
子曰：君子進德修業——：
忠信，所以進德也；
修辭立其誠，所以居業也。
知至，至之；可與幾也，
知終，終之；可與存義也。
是故
居上位而不驕，
在下位而不憂；

故乾乾因其時而惕，

雖危，无咎矣。

•「九四」曰：「或躍在淵，无咎」，何謂也？

子曰：上下无常，非爲邪也，

進退无恆，非離群也，

君子進德修業，

欲及時也，故无咎。

•「九五」曰：「飛龍在天，利見大人」，何謂也？

子曰：同聲相應，同氣相求。水流濕，火就燥。雲從龍，風從虎。聖人作而萬物覩。本乎天者，親上。本乎地者，親下。則各從其類也。

「上九」曰：「亢龍有悔」，何謂也？

子曰：貴而无位，高而无民。賢人在下位而无輔。

是以動而有悔也。

**人文學的運作規律一**

- ——「潛龍勿用」：「下」也。
- ——「見龍在田」：「時舍」也。
- ——「終日乾乾」：「行事」也。
- ——「或躍在淵」：「自試」也。
- ——「飛龍在天」：「上治」也。
- ——「亢龍有悔」：「窮之災」也。
- ——「乾元用九」：「天下治」也。

**人文學的運作規律二**

- ——「潛龍勿用」：「陽氣潛藏」。
- ——「見龍在田」：「天下文明」。
- ——「終日乾乾」：「與時偕行」。

——「或躍在淵」：「乾道乃革」。

——「飛龍在天」：「乃位乎天德」。

——「亢龍有悔」：「與時偕極」。

——「乾元用九」：「乃見天則」。

「生生哲學」的
「生生」之「美」的美學——
「美」的人文生命的
「美」在「生生哲學」中的展現：

「乾」——「元」者：始，而「亨」者也；
「利」——「貞」者，
「性」——「情」也。

乾：

始能以『美』

——利、「利——天下」，

「不言」——：所「利」；

大矣哉！

大哉，

乾乎！

「剛——健」

「中——正」

「純」「粹」「精」也。

六爻——發揮

旁通：「情」也。

「時」乘六「龍」以御「天」也。

雲「行」雨「施」

天下「平」也。

「生生哲學」的人文生命的
人文美學——「眞」的「美」——
「善」的運作：

■君子（初九）——以成「德」——爲：「行」；
日可——「見」之：
「行」也——
潛之爲言也：
隱而未見，
行而未成，
是以；
君子弗用也。

■君子：（九二）
「學」以「聚」之，
「問」以「辨」之，

「寬」以「居」之，

「仁」以「行」之。

易曰：「見龍在田，利見大人」君德也。

■九三：重剛而不中，

上，不在天，

下，不在田，

故乾乾

因其時而惕，

雖危，无咎矣。

■九四：重剛而不中，

上，不在天，

下，不在田，

中，不在人，

故「或」之；

「或」之者，疑之也；

故，无咎。

■夫大人者：（九五）

與天地合其「德」；

與

日月合其「明」；

與四時合其「序」；

與鬼神合其「吉凶」；

先——天，而天，弗違；

後——天，而奉天——時；

天，且弗違，

而況於人乎？

況於鬼神乎？

■「亢」之為言也：（上九）

知進，而不知退，

知存，而不知亡，

知得，而不知喪。

■其唯聖人乎！（用九）

知——進退存亡，

而不失其

■正者，其唯聖人乎！

這，乾卦的彖象文言傳是不是孔子對「生生」之——「美」——的整個的透靈的生命——「美」——的偉大頌詩呢？從「大哉！乾——元；萬物資始，乃統天；雲行，雨施，品物流形，大明終始，六位時成；時乘六龍以御天」——一開始就直透而出了對宇宙生命之美的「開天闢地」的讚頌。

這，是不是「中國人之宇宙觀，蓋胎息於『宇宙之妙悟』而略露其朕兆者」呢？

這，是不是「中國人播藝術之神思以經綸宇宙」呢？

這，是不是「中國人之宇宙，藝術之意境」呢？

這，是不是「中國人之宇宙，一有限之體質而兼無窮之『勢用』」呢？

這，是不是「中國人之宇宙，體質寓於形跡，歸依乎玄象，勢用融於神思」呢？

這，是不是「中國人之觀宇宙，蓋材官萬物，以窮其妙用」呢？

這，是不是「中國人準宇宙之形象以測生命之內蘊，更依生命之表現，以括藝術之理法」呢？

這，是不是「中國人的藝術造詣，踐迹乎形象，貫通乎神功」呢？

的確，古人說：「易之乾坤（之美），足以窮道通意」（註七）者，其在此乎？

「乾──坤」；「生生」的中和大「美」，其在此乎？此誠「大戴禮記」易本命所謂：「子曰：夫易之『生』──人、禽、獸，萬物，昆蟲……各有以『生』，唯達『道──德』者，能『原』『本』之矣。各以其『類』也：萬物之『性』，各異類，此乾坤之『美』，類──禽獸萬物之『數』也。」這就已經指出──孔子已在乾坤兩卦的妙悟中，播藝術之神思以經綸宇宙，窮其妙用；在體質寓於形跡中，而又歸依乎玄象；其玄象又是準宇宙之形象，以測生命之內蘊；更依生命之表現，以括藝術之理法，其理法，又以踐迹乎形象，貫通乎神功；乃能直透而出對宇宙生命──乾元與坤元：生命創造系統的建立之大「美」的讚頌：自然而然地在六爻「生生」歷程中流露出對宇宙生命的美，人類生命的美，人文生命的美的「演進」，「完成」，「體現」的偉大而又至美的讚頌！

至於，坤卦的卦體與象，以及卦爻辭，和孔子的彖象文言傳，其中的組列，雖小有不同，但是讀者仍可用詩的體式把它寫出。

章學誠有謂：「易之象也，詩之興也，變化而不可方物矣。易象雖包六藝，與詩之比興尤爲表裡。易象通於詩之比興。」（註二五）者，此也。

總之，由這可以看出來孔子爲什麼要說：「詩者，天地之心；君德之祖，百福之宗，萬物之戶。」（註八）這句話，也就是說：「美」者，天地之心──宇宙的最高本然存在；天地人三位一體之根源，一切幸福的宗本，萬物的門戶。因爲孔子具有這樣一個大人文生命之「美」，才能在中國人文文

化生命的歷史傳承中，看出來：「堯典，可以觀『美』……。」（註九）

是以，「文言」者，「天地人」——「文」之「美」所以言者也。故「美」，乃天地之心。因之「言之文也，天地之心」即天地人文所呈現之「美」者，實即天地之心。以是，天地之「心」，即天地之「美」。故始言：「人文之元，肇自太極」即謂人之追求「美」，其根本動力乃自「太極」而來；因太極，即「美之至極」者也。

所以：「詩人，是說話者，命名者，代表者，他是完整的，獨立的，佔在中央。因爲世界從創造之始，就是美的；不是後來才加上去的，上帝並沒有創造什麼美的東西；『美』，是宇宙的創造者。」（註一〇）

由是言之，所謂「中華」者，乃美在其中，「中」之美也；此「美」，即以花喻之，更以象徵美之本身。故坤文言曰：「君子黃中通理，正位居體，美在其中，而暢於四支，發於事業，美之至也。」實即我「中華」——「剛—健」，「中——正」，「純、粹、精」：「美」的偉大讚詩；皆從乾坤而來；乾坤又從太極而來。因：「太極」——即「美」之本身，展現而爲乾坤之大美，故始言：「美在其中」。

我不禁又想起歌德在「浮士德」偉大的和歌中，也讚頌出：——

一切消逝的，

不過是象徵；

那不美滿的，
在這裡完成；
不可言喻的，
在這裡實行；
永恆的女性，
引我們上升。

那永恆的女性，就是象徵永恆的「美」，在引我們上升。

總而言之，我們從乾坤——「生生」之「美」中，就可以看出中國這個「民族之美感，常繫於生命情調，而生命情調又規撫其民族所託之宇宙，準宇宙之形象以測生命之內蘊，更以依生命之表現，以括藝術之理法」。所以，「中國先哲所認識的宇宙，是一種價值的境界，其中包藏無限的善性和美景。我們民族生在這完『善』，和純『美』的宇宙中，處處要啓發『道德』的人格，努力以求止於『至善』，同時也要涵養『藝術』的才能，藉以實現『美』的理想。孔子贊『易』，於『宇宙生命』之玄秘，更是洞見其幾微。天地之所以廣大，即在其『生生』不已。天德施生，如雲雨之滋潤，人物各得其養以茂育；地德成化，如牝馬之馳驟，人物遍受其載以攸行。天之時行，剛健而文明，地之順動，柔謙而成化。天地之心，盈虛消息，交泰和會，光輝篤實，其德日新，萬物成材，貞吉通其志，人類合其德，中正同其情。故坤文言曰：『君子黃中通理，正位居體，美在其中，而暢於四支，發於事業，美之至也。』孔子及原始儒家把宇宙人生看成『純美的太和境界』，所以於藝術價值言之獨詳。論語述而篇說：『志於道，據於德，依於仁，游於藝。』世界惟有游於藝，而領悟其『純美』者，才能體道修德，而成爲完人。所以我說，一切美的修養，一切美的成就，一切美的欣賞，都是人類創造的生命欲之表現。我們中國人的宇宙，不只是善的，而且又是十分美的，我們中國人的生命，也不僅僅富有道德價值，而又含藏藝術純美。」（註一一）

而且，中國人認爲「宇宙間眞正美的東西，往往不能以言語形容。」（註一一）所以乾文言說：「乾，始能以『美』──利，利天下：『不言』所利，大矣哉！」坤文言說：「陰（坤）雖有『美』，『含』之，以從王事。」因此，孔子在乾坤彖象文言傳外，「讚美創造不已的生命，一則曰：『惟天之命，於穆不已！』再則曰：『逝者如斯夫，不舍晝夜。』三則曰：『天何言哉！四時行焉！百物生焉，天何言哉！』以及莊子的『天地有大美，而不言。』他們最能深悟宇宙人生之『美』，要想說，直說不盡，要想絕對不說，又不能不說，所以常常用玄妙的寓言來作譬喻之辭，藉以測驗我們的瞭解力。」（註一二）

總之，我們在東方「美」──的血緣學──孔子的美學：周易「生生」美學中所要說的，乃是：孔子的生生之「美」──的美學「建立」，是建立在孔子周易的「生生」哲學之上，而爲其本源；並從而展現在「志於道，據於德，依於仁，游於藝」的「不言」之「美」的雖有「美」以「含」之「知夫不全，不粹之不足以爲美；而神，莫大於化道」的「天地有大美而不言」的「充實之謂美」，全在

「一味妙悟」的「神思」之中。眞所謂：妙萬物而爲言，悟萬殊之爲一本，一本之爲萬殊，必從「乾——坤」中和之「美」，乃能呈現之。白虎通義所謂：「中和之性，可曲，可直」者乃中和之「美」的層層疊疊上入宇宙之心者也。是以，天地之美，在中和之中——純美的太和境界中。因「中者，天地之所終也；而和者，天地之所成也。夫德莫大於和，而道莫大於中。中者，天地之美，達理者也。和者，天地之正，順情者也。」（註一二）甚且，我們對於「生生」之——「美」的「建立」之所以要從這樣一個基礎上去了解，乃是「勢有必至，理有固然」者也。

爲什麼？因爲——

這就是我們要接著往下追問：

「生生」是什麼？

「生生哲學」是什麼？

「生生」之——「美」的「展現」是什麼？

「生生」之——「美」的「體系」又是什麼？

「生生」之——「美」的「性質」是什麼？

「生生」之——「美」的「本身」是什麼？

要這樣，也許，才能完全而又整個地了解周易「生生」美學之建立與其所以爲「生生」美學者；而且也才能眞正了解中國人的「美」的世界是一個什麼世界，也才能了解中國人的「美」的世界之能從之而代代生生不已者之所以也！

所以，孔子不但是中國「美」的先知者，而且是中國「美」的理論——「生命」——「血緣」直樹者：孔門的小大六藝之傳，以及孟荀，莊氏之徒的「美學與藝術哲學」之能走上無窮的開展道路與一個大美的世界，更爲中國人的「美」的「生命宇宙」，帶來了中國藝術在人類文化上的獨特而又奇偉的成就者，其在此矣。

總之，中國人的「美」——「藝術」，就是從一個生命：一個宇宙生命，一個人類生命，一個人文生命：一個整個宇宙人類人文生命的生生之「美」，生長出來的。所以，孔子爲周易「乾坤」兩卦展現了最高的生命之「美」的永恆而又無窮的頌詩，孟荀繼之，而莊子更以大鵬爲「喻」——寓言：象徵——人類生命在「北冥」中，「化而爲鳥」，「海運」，則「徙於南冥，水擊三千里，摶扶搖而上者九萬里，去以六月息者——野馬也，塵埃也！生物之以息相吹也…………天之蒼蒼，其正色邪！其遠而無所至極邪！其視下也，亦若是則已矣！」（註一三）這種「乘物以遊心」（註一四），「化臭腐爲神奇」（註一五）以對生命之「美」——宇宙生生之「大美」的透入而又能「安排而去化」上升「入於寥天一」（註一六），托顯出整個宇宙的——生命大美，從「聖人不由而照之於天」的——地籟，人籟，天籟以透現生命的「眞宰」在把握「道樞」，而且要達到「樞，始得其環中，以應無窮」的——無盡「美」中，才能體現出：「天地與我並存，而萬物並與我爲一」（註一七）的「天地有大美而不言」（註一五）的孔子宇宙生命中所體悟出的「乾坤大美」的「不言」，「以含之」的乾坤大美；這是從一個平面的生命美而到一個立體的生命美，再到一個無窮超越的生命美：「這個美，把人點化爲大鵬，搏扶搖而上九萬里以後，其視下也的宇宙──人間之美，亦若在下的人間世所視上之『天』的一樣的美。」（註一八）這使我不禁要說：孔子──「中國生命美──生生美」的建立者，孟子──「中國生命美──生生美」的直承者，荀子──「中國生命美──生生美」的傳承者，莊子──「中國生命美──生生美」的「龍」乎？其猶龍乎？眞是，「宏才命世，辭趣華深」（註一九）；「申道德之深根，述重玄之妙旨」（註二〇）。這是不是東美先生之所以要說：「一切藝術都是從體貼生命之偉大處得來的。生命之所以偉大，即是因爲它無論如何變化，無論如何進步，總是不至於走到窮途末路。」（註一一）的根本由來呢？這是不是「中國人的藝術造詣，踐迹乎形象，貫通乎神功」（註三）的道理呢？是的，先師東美先生說得好：「中國人之觀察宇宙，蓋材官萬物，以窮其妙用者也，中國人之宇宙，藝術之意境也。」（註三）這都是從「生生」哲學的「生命」之大「美」而來以投向「生生」之──「原」而爲「本」「美」者。

眞是──

大海中的落日
悲壯的像英雄的感嘆
一顆星追過去
向遙遠的天邊

黑夜的海風
括起了黃沙
在蒼茫的夜裡
一個健偉的靈魂
跨上了時間的快馬

——————

最後，且錄歐陽修「讀易」之詩，作爲感興之餘者——

莫嫌白髮擁朱輪，恩許東州養病臣；
飲酒橫琴銷永日，焚香讀易過殘春。
昔賢軒冕如遺屣，世路風波偶脫身；
寄語西家隱君子，奈何名姓已驚人。

【附註】

註一　李石岑譯：朗格唯物論史，上冊，四五頁。
註二　方東美教授：黑格爾哲學之當前難題與歷史背景。
註三　方東美教授：生命情調與美德。

註　四　方東美教授：The Chinese View of Life

註　五　嚴羽：滄浪詩話。

註　六　司空圖：「詩品」、雄渾、含蓄。

註　七　淮南子：要略。

註　八　御覽・八百四：引詩含神霧。

註　九　孫星衍：「孔子集語集解」，六藝中「引尚書大傳略說」。

註一〇　愛默生：論詩人。

註一一　方東美教授：「中國人生哲學概要」，中國先哲的藝術理想。

註一二　張肇祺：一個原始統會的中國人性論。

註一三　莊子：逍遙遊。

註一四　莊子：人間世。

註一五　莊子：知北遊。

註一六　莊子：大宗師。

註一七　莊子：齊物論。

註一八　張肇祺：「論人」，美的主體性。

註一九　陸德明：經典釋文序錄。

註二〇　成玄英：莊子序。

註二一　覃子豪：「追求」——這首詩，（在覃子豪先生的「海洋詩抄」中；這本詩抄，為覃子豪先生民國四十二年出版時所贈）；是我最喜歡的一首。當時曾寫一詩評，因寄出遺失後，每欲重寫未果，一再延誤至今。子豪與我同鄉，我們之相交是因他讀到我四十一年在「中學生文藝」第三期上一篇「談一首無名的詩」的詩評（今已收入「論人」中，由三民文庫出版）。每讀故人手札，不禁低吟：「落月滿屋梁，猶疑照顏色」之句。

註二二　劉勰：「文心雕龍」原道第一，序志第五十。

註二三　阮元：研經室三集，二、文言說。

註二四　司空圖：「詩品」，勁健。

註二五　「文史通義」，易教下。

（本文曾刊於《哲學與文化》第九卷第三期—第四期七一年三月—四月）

宋　李唐萬壑松風圖

# 藝術哲學

莊子・養生主——：
天地

所好者，
道也；進乎
技矣！
以神遇而不以目視，
官知止，而神欲行，
依乎天理。
恢恢乎！其於遊刃，
必有餘地矣。

能有所藝者，技也。技兼於事，
事兼於義，
義兼於德，
德兼於道，
道兼於天。

周易・乾坤文言傳——:

・乾元者:始,而亨者也;利貞者,性情也。
乾——始能以「美——利」,利天下,不言所利,大矣哉,
大哉乾乎,剛・健・中・正・純・粹・精也。六爻發揮,旁通情也。
時——乘:六龍以御天也。
雲行雨施,天下平也。
陰・雖有美,含之,以從王事,弗敢成也。
君子,黃中通理,
正位居體。
美——在其中,而暢於四支,
發於事業,
美——之至也。

莊子・知北遊——:

・天地有大美,而不言;
四時有明法,而不議,
萬物有成理,而不說。
聖人者——原:
天地之美,而達:
萬物之理。是故:
至人無爲,
大聖不作,「觀」於:
天地之謂也。

齊物論——:

・天地與我並存,萬物與我爲一。

孟子・公孫丑・盡心・萬章——:

・何謂善?何謂信?
曰:可欲,之謂善;
有諸己,之謂信;
充實,之謂美;
充實而有光輝,之謂大;
大而化之,之謂聖;
聖而不可知之,之謂神。
・敢問浩然之氣?
曰:難言也,其爲氣也,至大至剛,
以直養而無害,則塞於天地之間
。其爲氣也,配義與道。
・萬物皆備於我——反身而誠:
樂莫大焉,强恕而行,求仁莫
近焉!夫君子:所過者,化;
所存者,神;上下與天地同流。
・故:說詩者——不以文害辭,不以辭
害義;以意逆志,是爲得之。
・何謂知言?曰:詖辭知其所蔽,淫辭
知其所陷,邪辭知其所離,遁辭知其所
窮。
・孟子曰:——言——近,而旨——遠者;
善言也。
守——約,而博——施者;
善道也。君子之言,不下帶,而道存焉。
・其至,爾力也,
其中,非爾力也。
・孟子曰:梓匠輪輿——
能與人:規矩;
不能與人:巧。

# 「藝術」所指的究竟是什麼？

## ——論美學與藝術中的哲學功能

Art is an ideal reconstruction of reality and an expression of the inner "dynamic process" of human life.

——Prespectives in Aethetics, Cassirer, P.400

## 一、導　言

柯林烏（R. G. Gollingwood）在他的「藝術哲學大綱」中，爲「藝術哲學」這一個「名」——之所「指謂」，下了三個定義，也就是表達了他對藝術哲學的三個基本概念：

一、「藝術哲學，是企圖發現藝術是什麼？」

二、「藝術哲學，必須開始於研究何者是最基本的，與美的了解；接著研究自然的與人爲的之間的區別，並說明這種區分如何發生；最後結束於人爲的藝術品之特殊形式。在按步就班的進行中，還得表明此三者的關聯，沒有一個能個別的理解」。

三、「藝術哲學，是人和他的世界的哲學，其中特別關心藝術家的功能，和他的世界之美的形態。」

這三個定義——的基本概念，爲在西方世界將「藝術」作爲系統哲學的思考歷史中，是接著——柏拉圖的美感判斷（註一）所啓示的問題而發展下來的。

柏拉圖在這裡所啓示的問題乃是：表象與對象的關係，或現象與實在的關係。

表象與對象的關係這個問題，在「藝術」中既是「藝術哲學」中藝術玄思問題，也是「藝術科學」的藝術知識問題，這是從藝術來看的問題。

假如要從「現象與實在」來看這一個藝術的問題，就已經把這個問題從「藝術哲學的層面提升到「哲學」本身來思考。

因此，當我們要面對一個「藝術」對象的時候，我們是要從它的藝術科學知識層面而進入藝術哲學玄思層，再從而上達哲學本身層。這是一個連續的整體與不可分的世界。因此柯林烏的「藝術哲學」的三個基本概念，第一個概念乃是藝術科學知識層的，第二個概念乃是藝術哲學玄思層的，第三個概念乃是哲學本身層的。因爲我們從藝術科學知識層看到的是「藝術」——的「作品與題材」。我們從藝術哲學玄思層看到的是「藝術」——的「表象與對象」，我們從藝術哲學而到哲學本身來看「藝術」對象時，這一個問題就已經是哲學上的「現象與實在」這個問題的本身了。

至於，藝術的欣賞與批評，只是從這三個層次的立體結構中所發展出來的特殊「興味」與專門「知識」問題而已。若更只是以藝術中的某一類的藝術品的欣賞與批評就當成爲整個的藝術哲學，或整個的美學來講，這就未免太有一點——「管仲之器，小也哉！」的「藝術哲學」與「美學」了。

所以，從一個大全的「藝術哲學」觀點來看藝術，是要看到整個藝術的：性質、原理、系統、形式、材料、內容、創作、作品、鑑賞與批評、藝術與精神生活等的表現。

## 二、在我觀念中的——「藝術」

藝術——在我的「觀念」中：「藝術」是從人類生命世界中，以人性的「愛」爲起點，所直透而出的一種心靈語言與符號，自然語言與符號，社會語言與符號，並經由理想、寫實、古典、浪漫、自然、象徵、印象、野獸、表現、未來、抽象、純粹、絕對、主觀、超現實、達達、構成、實感、立體，等所創造與呈現的那一個宇宙生命的覺識。所以，東美先生方公說：「中國先哲所認識的宇宙，是一種價值的境界，其中包藏無限的善性和美景，我們民族生在這完善和純美的宇宙中，處處啓發道德的人格，努力以求止於至善，同時也要涵養藝術的才能，藉以實現美的理想。天地之大美，即在普遍生命之流行變化，創造不息中。聖人原天地之美，也就是在協和宇宙，使人天合一，相與浹而俱化，以顯露同樣的創造。換句話說，宇宙之美寄於生命，生命之美形於創造。一切藝術，都是從體貼生命之偉大處得來的。」（註二）我們看出，生命之偉大，就在：人性的「愛」中。這是從人性中的「愛」而到藝術的「愛」，才有「美」的呈現。從美的「情感——衝動——欣賞——尊崇」而到愛美的「情感——衝動——欣賞——尊崇」，才進入了「藝術」的世界。在這個藝術世界中，「藝術」是生命的感受與觀照。所以，藝術是人在情感，思想，想像，自然上透過了藝術語言與符號來表現生命的感受以觀照生命本身與宇宙的無窮存在；從而激動自己與欣賞者，呈現那個生命的美，以滿足與完成觀賞者與自己心靈的不同追求與上達。因爲一個人的「藝術」知識，實在必須建立在藝術「生命」之上。所以，藝術知識又是思想，情感，想像，自然的創造，而表現在不同的藝術符號與語言中。

因此，藝術形式的——「表現」之追求與上達，是「情感——思想——想像——自然」的整個產物。而且，藝術在作品中所要傳達的情感，又是什麼情感呢？它的性質又與別的情感有什麼不同呢？我們知道，在藝術作品中，必須把握住兩件事：一是興味的永久性，可以觀賞了再觀賞，完全是個別性的。一是價値的永恆性，可以創作了再創作，完全是普遍性的。這就是：藝術乃是要在個別中創造普遍，在普遍中創造個別。因爲個別性在「藝術」中，可能就是普遍的；普遍性在「藝術」中，可能就是個別的。這個，就是我所體認的「藝術」的根本原理，「藝術」就是要把個別性創造爲普遍——具體的抽象，更要把普遍性創造爲個別——抽象的具體。每一件藝術作品，它要透過思想訴諸思想，透過情感訴諸情感，透過想像訴諸想像，透過自然訴諸自然。

有時，我們在「藝術」中所感受到的「情感——思想——想像——自然」雖不一定是直接的經驗，但也是我們「情感——思想——想像——自然」的再經驗之後而進入於觀照世界中的那種美的「情感——思想——想像——自然」的透現。因此，「藝術」中的「情感——思想——想像——自然」是從作者、作品，而觀賞者「情感——思想——想像——自然」的直瀉、動蕩、迴旋中所流出的。在流出中其純正與適度，活躍與力量，連續與實在，範圍與變化，階段與性質，乃構成了「藝術」——的表現問題。

## 三、想像：心靈的探險

在藝術「作品」中的——「想像」，那才是藝術「表現」中心靈的一種探險。它並不僅僅如Reynolds說：Art is under the Direction of the Imagination。而我所謂「探險」，乃是指想像是人類心智的高度充滿之後而在心靈世界中的無窮追求。我這話的意思是指：藝術，乃想像的無盡探索與追求。所以愛默生說：「由想像而表現自己的洞察力，是一種很高的觀察力，它並非由研究而能獲得，而是由它所看見的心智中獲得的，是經由萬物的路或迂迴小徑，通過許多形式而來的，所以能使這些成爲半透明的。」（註三）此所謂心智，當然指感覺、知覺、概念、記憶、觀察、聯想、判斷、推理、體悟、冥會、直尋而到「創造的想像」之完成。這種對知覺的心像作用，以實物表現於直接意識之作用，稱爲知覺，刺激消去後，而仍能記憶其印象者，稱爲觀念——概念，聯合若干觀念——

概念而構成新的意匠者稱爲想像。此一般心理學上所主張者也。他們且以想像有自動與被動之分，更有利弊之別。但是，藝術的——想像，藝術心理學的「想像」，乃是從：美感經驗所生，當吾人之意象返觀對象時，而將情感具象化以入於對象的直覺形相之中，且出之以抽象的象徵符號，從而托顯出一個宇宙的覺識的整個心靈活動。所以，我在基於這一認識之下，我才在拉司金（John Ruskin 1-819—1900）三種想像的心理作用：聯想的想像，透入的想像，觀照的想像與溫徹斯特（C. T. Winchester）的三種想像：聯想的想像，解釋的想像，創造的想像和 Richards 的想像理論之外，就不得不把「想像」分爲十類：

一、回想（再現）的想像——是在心境中，喚起已往意象而產生的想像作用。

二、聯想的想像——是在心境中，把美感經驗所面對的事物、觀念，情緒與意象中的此類相若的美感經驗相聯所產生的擬人、托物、變形的想像作用。

三、再造的想像——是在心境中，使過去的美感經驗栩栩如生的，周密的，重建於吾人意象中，而呈現出從平面的形象以構成一幅清晰的立體圖象的直覺能力所產生的想像作用。

四、代替的想像——是在心境中，在不知不覺中，我的生命已在美感經驗的對象中出現時，不知是物還是我，是我還是物的物我同一的移情作用所產生的想像作用。

五、解釋的想像——是在心境中，對於美感經驗所面對的各種對象，能從不同的意象意義中，說出別人所不能說出的而又不得不爲之心動的理由時所產生的想像作用。

六、推理的想像——是在心境中，經由美感經驗的活動，更經由感覺、知覺、概念、推論的理智活動而到超脫一切的整個透明的心靈作用，把觀賞者推向外在的客觀對象，而遺忘其自己與客體在身體上的關係，並幻想其能自由馳騁於六合之中，逍遙於所想之地的精神境界，乃為「心靈出竅」的「形在江海之上，心存魏闕之中，神思之謂也」的「寂然凝慮，思接千載；悄然動容，視通萬里」而「觀古今於須臾，撫四海於一瞬，籠天地於形內，挫萬物於筆端」的想像作用。

七、投射的想像——是在心境中，以意象所形成的焦點，投入於外在世界中的任一對象，而射出其生命情調與美感之所向的想像作用。

八、透入的想像——是在心境中，以直觀入於美感對象，且神遊於物內，而直接與其獨特無比不可言狀的本體融合為一所產生的想像作用。

九、觀照的想像——是在心境中，以心眼觀美於一切對象之內，之外，之上而入於「無何有之鄉」者所產生的想像作用。

十、創造的想像——是在心境中，欲從其對象的意象中，以使自我連接於對象，並從而改變我與物之連接形式，更從之而化一切可能為眞實的存在，化本質為宇宙存在本身的至高存在形式時所產生的心靈創造的想像作用。

然而 Charles Lamb 之所以要說：「想像力吸引一切的事物為一，意識著一個不可毀滅的區域，但當靈魂一旦感覺到，而且承認了想像之華美，則任何其他的心智能力皆無法使靈魂鬆懈，受傷或消沉。」這些話的道理，就是我所謂的心靈世界的無窮追求，乃在想像的追求中。

此十類「想像」，非孤立的，隔絕的；有其一，而其餘者亦必出焉！且其通體之關係，尤有其妙趣者存焉，此亦非渥茲華茲（Wordsworth）與柯立芝（Coleridge）對想像力的了解所可得而盡者。實在說，想像力乃是生命形上世界的至高點（Omega），或當論之於他日。

然而，就整個的「想像」之爲一物而言之，則如我在下圖所透現——：

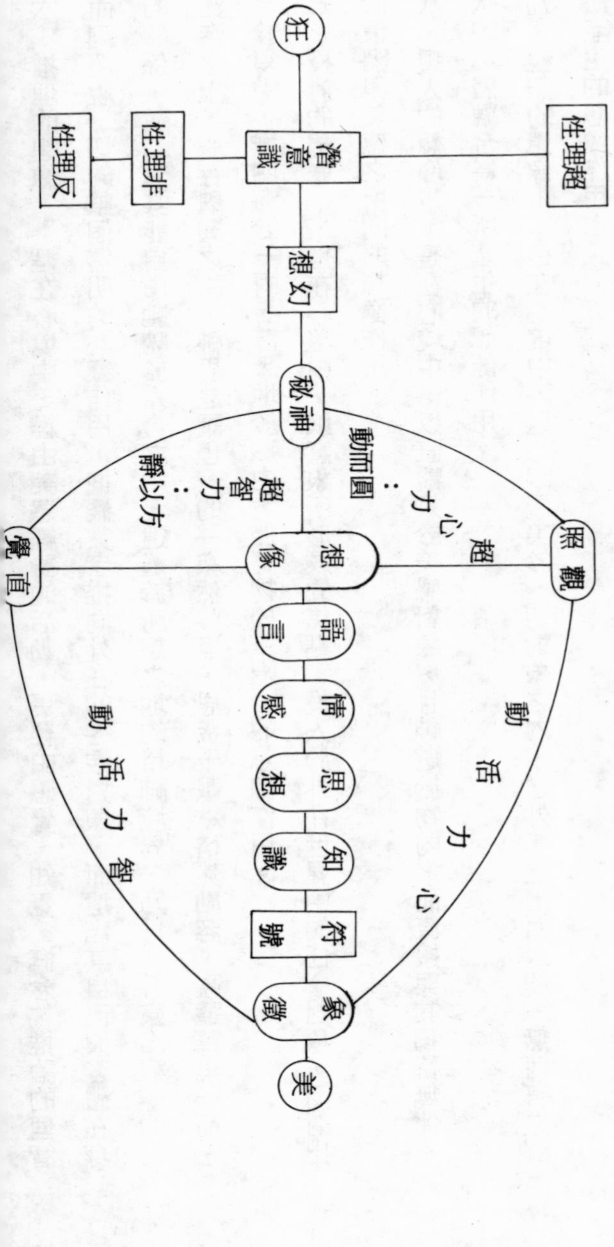

「有諸己之謂信」——我乃謂之知識的想像。

「充實之謂美」——我乃謂之生命的想像。

「充實而有光輝之謂大」——我乃謂之精神的想像。

「大而化之之謂聖」——我乃謂之理想的想像。

「聖而不可知之之謂神」——我乃謂之無限超越的神秘想像。

所以，莎士比亞說：「瘋子、戀人與詩人，整個的都爲想像所聯結而成爲一體。」（The lunatic, the lover, and the poet are of imagination all compact）（註六）

總之，想像——心力創造的動力，它是生命形上世界的Omega（至高點），內動的一切來源。意象——心力創造的動力外現爲智力而透過所面對的世界結構乃成爲一個系統符號的立體建築圖象時的外現宇宙對象。所以，桑泰耶那以爲「表現」的美，是「想像」對實際客體與暗示客體聯合之後所供給（Furnish）其中之一而始出現的。（見The Sense of Beauty, Part 4）

思想，在詩或藝術中則爲面對自然、社會、人文的「賦」——意象的直感，「比」——意象的象徵符號，擬人，托物，變形的假言出象的暗示，「興」——意象的無盡興起的象徵層出不窮的內涵與外延之所涉指。「自然」則爲生命本身的無窮情趣：

「白雲迴望合，青靄入看無。」（註七）

「松風吹解帶，山月照彈琴。」（註八）

「藝術」所指的究竟是什麼？

「泉聲咽危石，日色冷青松。」（註九）

「江流天地外，山色有無中。」（註一〇）

「行到水窮處，坐看雲起時。」（註一一）

「自然」——對於每一個生命，都是一首最美的詩或藝術作品。

「藝術」——要創造的：是生命的想像世界的種種形式與萬殊異致的符號，要表現出「情感——思想——自然」世界的多樣而又統一的永恆性——美的心靈世界，在無限中去追求那最後的眞實，在一切藝術形式中去創造其存在的樣式。想像——情感——思想要在「自然」的「興味」：精神的自主和絕對的自由，乃在作品的「形式」中去尋求完成：表現。

因爲「藝術」——是現代人應具的重大教養之一，生活的要件：它能使生活的深度透入生命的底層，能使生活的廣度擴延到生命的每個方面，能使心境淨化，生之意志上升，帶著無限的生命情趣與意義——興味。所以，藝術是必定要透過情感，思想，想像，自然的典型性在藝術語言與符號上的創造，而爲四大創造：「思想上的創造，想像上的創造，情感上的創造，自然上的創造」，而達到生命在靈魂上的無盡探險——「想像」的不斷而又無窮的追求。

「藝術」——眞是「望斷危樓斜日墜，關心只爲牡丹紅，一片春愁來夢裡。」（註一二）它總是要——：創造藝術生命的語言與符號以作爲宇宙生命的發現：從小我生命的語言與符號而到大我生命的語言與符號，從有限生命的語言與符號到無限生命的語言與符號：——

超越思想的所限——心靈主體的層層上達於觀念的內外外內。
直透想像的表符——理想世界的追求在想像的出入入出。
把捉情感的變幻——心理幻象不可一體性在情感的具體而抽象與抽象而具體。
呈現自然的無限——對象背後的無盡天地乃自然的一點而全體，全體而一點，一即一切，一切即一。

總之，「藝術」——在創造：想像。想像之可愛，乃在於幻想之可愛的那個幻想的美。在幻想的美中，它展開了——：

哲學幽思的——一片片
神話淒厲的——一聲聲
寓言綢繆的——一滴滴
故事嫋迷的——一縷縷

的美，正如李商隱在「錦瑟」所彈出的，盡在一弦一柱的琴聲中：而華年也就在這一絃一柱中如泉水般的流去，眞是：

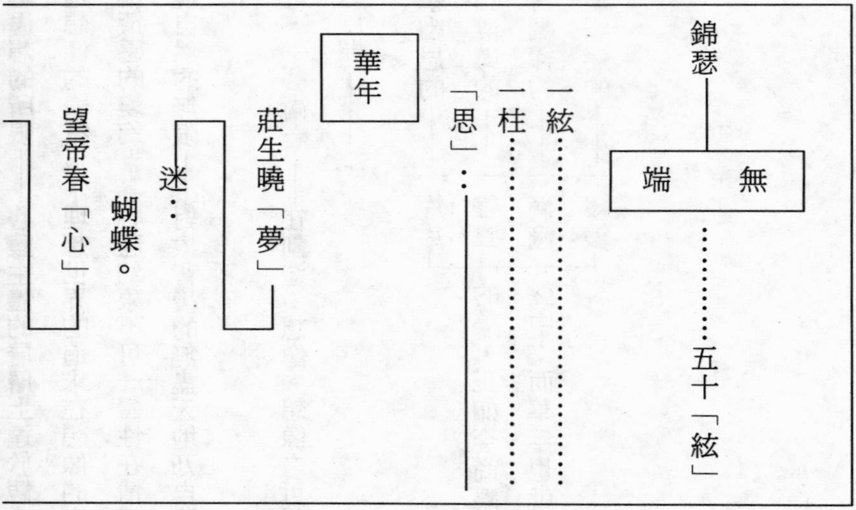
錦瑟
無端
五十「絃」
一絃
一柱
「思」：
華年
莊生曉「夢」
迷：
蝴蝶。
望帝春「心」

託：杜鵑。

滄海月「明」——珠

有：

淚。

藍田日「暖」——玉

生：

煙。

此情——可待

成

追憶，

只是——當時

已

惘然……………。

——李義山、錦瑟——

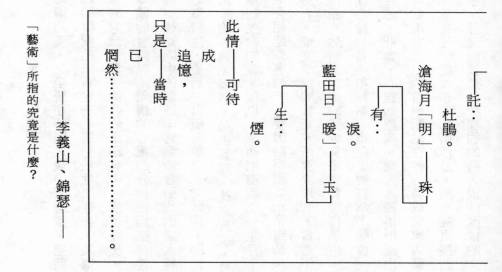

藝術的美，又是要在時間之流中去追索，空間之體中去分解。我們從時間的綿延中，可以發現每一時代的轉捩點所肯定的心靈感受性之存在，及傳統潛在力量之爲主動力的面貌，它漸漸地引我們進入沉思的意識世界，使我們沉溺其中，直透而出，得到觀照的智慧。我們從空間的展延中，可以發現每一知識的會歸點所架構的心靈的分析性與綜合性在客觀世界的存在；和感性、悟性、理性之統貫力量在每一種知識中的創造，它漸漸會引我們進入純粹的思維世界，使我們在反省的知覺中，肯定這一世界的整體性，得到「自統而尋之，物雖衆，則知可以執一御也；由本以觀之，義雖博，則知可以一名舉也」的「物无妄然，必由其理，統之有宗，會之有元，故繁而不亂，衆而不惑」（註一三）的全面會通的生命知識。所以，萊布尼滋說：「生存不過是一片大和諧」，歌德說：「宇宙一切事物都是深深地互相連繫著的」。愛因斯坦說：「宇宙是井然和諧而有序的」。

詩人，或文學家與藝術家所要表現的，當然不是一套哲學理論或哲學體系；而是——詩或文學與藝術作品。然而，在他的詩或文學與藝術作品中，自然而然的會透露出作者對於這個自然，他的社會，自我心靈的看法和觀點。也就是對自然、社會、心靈的寫照或創造；而且又是出之於創作者的生命之對自然，社會，心靈的觀照、透入、體悟所流出的生命無窮天籟。這其中，我們會發現：詩人、文學家與藝術家自己的哲學觀點在他的詩或文學與藝術作品中，實在無法不能不出現：假如我們讀一首詩、或欣賞任何的文學與藝術作品，而不能直接的或間接的體悟出來作者對自然、社會、心靈的寫照與意象，那又能算是什麼樣的的詩，或什麼樣的文學與藝術作品呢？不然，美就不會在這無聲的「纏綿」、「奮發」、「幽咽」、「空明」的精神世界中出現。一個創作者，他對自然、社會、心靈所捕捉的「觀念──理想」愈深，他所寫照的或創造的作品，就愈能為時代的心靈所震蕩，而進入時間之流，展現空間之象，讓全宇宙在它的枝頭顫動，飄搖；永為詩或文學與藝術生命所追求。因此，詩或文學與藝術生命的根埋藏在哲學中愈深，他的詩或文學作品就愈充滿了既深且高的生命力，而且讓每一位面對他作品的人感動、深思、體悟出另一生長的生命。這就是哲學對詩與文學、藝術所形成的內在動力。

所以，詩或文學、藝術的生命，就是宇宙生命的投射；作者在詩或文學與藝術中的創造，就是宇宙生命的把捉，也就是創作者生命的把捉，更是讀者，欣賞者生命的把捉，以從創作生命在大自然中的跳動進入宇宙生命的跳動，來捕捉欣賞者的那一個宇宙生命。是不是，都在不自覺中展露，表現，充滿了作者生命之對自然、社會、心靈的觀照、透入、體悟所埋藏的生命之根呢？

## 四、「藝術作品」的三大特性

因為「藝術」是從人類生命世界中的「人性」──愛：「自體生命──鄉土生命──民族生命──人類生命」所直透而出的「心靈宇宙」在創造藝術符號中呈現出整體生命的宇宙覺識：

「半畝方塘一鑑開，

「藝術」所指的究竟是什麼？

天光雲影共徘徊；
問渠那得清如許，
為有源頭活水來。」（註一四）

「藝術」作品的特性：當然就包含在從人性的愛到全宇宙的心靈之中，而有三個方面：

㈠藝術作品的實體性。

㈡藝術作品的對象性。

㈢藝術作品的景色性。

所謂藝術作品的「第一大特性」：藝術作品的實體性，就是一個民族的民族性：這是藝術作品的靈魂，它從藝術作品中指出一個民族的民族精神之所在。無論任何一位藝術作家，而且能成為一個偉大的藝術家，在他的藝術品中，必定有濃厚的民族色彩。反之，在世界藝術中，則無地位。民族性，實在是支配藝術的最大潛力。泰勒在他的「藝術哲學」中，講到希臘藝術的代表——「雕刻」時，就以「民族」為第一章，從希臘這個「民族」來看雕刻；分成：『希臘的地理環境，歷史的希臘，古代希臘的社會生活，希臘人的性格，希臘的藝術』來看希臘這個「民族」的靈魂之所在。所以泰勒以為民族性是「藝術」的根本要素。民族，不但是超時間的生物存在，而且能夠比個人的存在還能永久存在。不僅如此，民族還是超空間的文化創造者。因為「哲學智慧寄於全民族之文化精神，互相攝受，名共命慧。」（註三五）而藝術則為全民族文化精神的最高表徵。所以，民族性，是一個民族的藝術所特有的象徵，也就是一個民族必定有一個民族之所以成這樣一個民族的特性。一個民族的特性就表現在一個民族的哲學、文學與藝術中。因此，我們就不難了解任何民族的藝術均足以影響其民族生命之發展，先之以轉移民族之氣質，繼之則以影響民族之本質。

中國民族，在全人類中，是一個充滿高度哲學智慧想像力的民族，更是一個充滿藝術生命想像力的民族。實在說，中國民族，是一個充滿了「心靈」——無盡想像力的民族。

在民族的「心靈」——的想像力，它可以使藝術的——「想像」展開爲各個不同的形式與面貌。生命，如喪失了想像力，宇宙的一切存在，人類將無從從宇宙中找到它的：「美——善——眞——聖——神」中的一切至高價值。人在「自然、社會、精神」中的一切存在，只有靠人類的高度充滿所帶來的想像力，才能作無窮盡的探險，從而打開人類最美，最善，最眞，最聖，最神的心靈世界，也從而從宗教「藝術——文學——詩」，哲學、科學、道德的不同文化創造中表現出來。

因爲「藝術——詩——文學」的想像力，是從人類的「藝術——詩——文學」的心智高度充滿所帶來的心靈探險。劉勰所謂：「古人云：『形在江海之上，心存魏闕之下』，神思之謂也。文，之思也，其神遠矣，故寂然凝慮，思接千載，悄然動容，視通萬里；吟咏之間，吐納珠玉之聲；眉睫之前，卷舒風雲之色，其思理之致乎？故思理爲妙，神與物遊。」（註一五）所以，藝術——「詩」的創作，如要由其本身加以探索與思考，則必須要從其起源的根本動力——「想像」，這一「藝術——詩——文學」的心智經歷來了解，也就是了解「想像」在創作過程中居於何種的地位。

詩——對中國這個詩的民族而言，它是「志之所之也」的直尋「志」之所「言」者的「思，無邪」之詩的：「生命語言的創造——形象的表達——存在的追求」，也就是內在心靈生命的呈現。此呈現，又必得由心靈語言的創造，把「情感、意志、理性」三者透過「想像」的創造力，表現於「興——觀——群——怨」中而成爲「賦——比——興」的詩的生命語言。所謂「興」，是指要在意想性中去把捉情感的具體性與抽象性的各種變化，以追求心理幻想的不可言體性。所謂「觀」，是指要在象徵性中去超越思想的小取性與大化性的不同限制，以追求心靈主體的層層上達。所謂「群」，是指要在共鳴性，感應性，通體性中，直透走入的想像與走出的想像的各類表符，以追求理想世界的出現。所謂怨，是指要在悲劇性中呈現剎那自然與永恆自然的無窮無盡，以追求對象無窮無盡（Airy Nothing）的天地之到來。這，都是「誠」於中才形於外的「思，無邪」的詩的心靈生命語言之所出：「志」——的「想像」的追求。因此，鍾嶸才說：「氣之動物，物之感人，故搖蕩性情，形諸舞詠，照燭三才，暉麗萬有，靈祇待之以致饗，幽微藉之以昭告，動天地，感鬼神，莫近於詩。豈不以指事造形，窮情寫物，最爲詳切者邪，文已盡而意有餘，興也。因物喻志，比也。直書其物，寓言寫物，賦也。宏斯三義，酌而用之，幹之以風力，潤之以丹彩，使味之者無極，聞之者動心，是詩之至也。若專用比興，患在意深；意深則詞躓。若但用賦體，患在意浮；意浮則文散，嬉成流移，文無止泊，有蕪漫之累矣。觀古今勝語，多非補假，皆由直尋。」（註一六）此亦「思——詩」無邪的又一解釋也。

「直尋」者，乃想像之所以爲用也；是統貫「分想」與「聯想」而爲一者也。興、觀、群、怨，實非「想像」莫由以致；亦即若非「直尋」——意象與形象，則無能爲力。「直尋」，不僅是直達對象的存在本身，而且是融合爲一，神遊於對象之中，與其獨特無比不可言狀的本質冥合無間。它包涵原點，全面，整體，直覺，直悟，直透，直體的「直尋」。因爲中國人的宇宙，就是一個藝術意境的宇宙。中國人準宇宙的形象以測生命之內蘊，更依生命之表現以括「藝術——詩——文學」的理法；它雖然要踐跡形象，更要貫通乎神功，表徵其妙用，歸依乎玄象，融勢用於神思。凡此種種皆在意象的「直尋」——「一味妙悟」。所謂「大用外腓，眞體內充，返虛入渾，積健爲雄，具備萬物，橫絕太空，荒荒油雲，寥寥長風，超以象外，得其環中，持之匪强，來之無窮」。（註一七）的「不著一字，盡得風流。」（含蓄）以及「辨於味」，「知味外之旨」，「韻外之致」皆乃「辨味之者無極」是也。這個表現了中國民族哲學在方法上乃重體驗，重妙悟；不像西方哲學在方法上重思辨，重分析。所以，中國民族哲學方法上之「體驗」，在對宇宙人生「靜觀默識」——乃是走入的想像與走出的想像同行；意念與大化同流，在山峙川流，鳥啼花笑中，見出宇宙「生生」不已之美，而透出我心與天地精神往來，以及萬物之「情感——意志——理性」。這正是中國民族「藝術——詩——文學」的心靈極致。中國民族的「妙悟哲學」上之至高原理，常由涵養功深，眞積力久，而一旦豁然貫通，不待推證，不容分析，當下即是，轉念即非。此非鍾嶸所謂「多非補假，皆由直尋」乎？此非涵攝西方哲學中之「直覺」，「直觀」而上之乎？此非愛默生所謂：「詩人是說話者，命名者，代表著美。他是完整的，獨立的，佔在中央。」（同註三）乎？

在西方民族的文化中，科學精神滲透到文化的各方面；而在中國民族的文化中，則「藝術——詩——文學」的精神瀰漫到中國文化的各方面。總之，「藝術——詩——文學」的作品，是我們內在精神境界的客觀化，也就是我們內心精神境界在「自然——物質——客觀」世界投下的影子。所以，「藝術——詩——文學」的創作，乃是溝通內在世界與外在世界，精神與物質，超形界與有形界的努力。而且，「藝術——詩——文學」的精神，更是融攝內在與外在世界，精神與物質，超形界與有形界之對待，而使人在外界中看出自己之內界，在物質中透視精神，在形而下中啓露形而上。這正是「直尋」之所指而又爲中國人「生命情調與美感」（註一八）之所在者。故「詩，有恆裁；思，無定位。隨性，隨分，鮮能通圓。若妙識所難，其易也將至；忽之至易，其難也方來。巨細或殊，情理同致。」（註一九）是以「形在江海之上，心存魏闕之下，神思之謂也。」此中國人之想像也。而「神思」者，實「想像」之主也。神，在妙悟；思，在觀照。妙悟其所想，觀照其所像；而想，亦多落天外；像，又多在變中。「夫神思方運，萬塗競萌，規矩虛位，刻鏤無形，登山則情滿於山，觀海則意溢於海，我才之多少，將與風雲而並驅矣。」而中國人，總是從心靈的最高點去把握「想像」，司空圖廿四「詩品」就是中國「想像」——之「美」的廿四個基本模式，廿四個風釆類式，廿四個心靈境式，把想像的「美」的味道、神韻、理想表現出來，但都是從心靈的最高點：「返虛入渾」，「素處以默」、「虛佇神素」、「超心鍊冶」，「飲眞茹强」，「是有眞宰」，「眞力彌滿，萬象在旁」，「欲返不禁」，「是有眞跡，如不可知，意象欲生，造化已奇」，「遇之自天，泠然希音」。「絕佇靈素，少迴清眞」，「超超神明，返返冥無，來往千載，是之謂乎？」」來把握「想像」——之「美」的呈現。司空圖的廿四詩品也許是來自劉彥和所謂：「神居胸臆，而志氣統其關鍵；物沿耳目，而辭令管其樞機；樞機方通，則物無隱貌；關鍵將塞，則神有遯心。——是以：陶鈞文思，貴在——『虛靜』。疏瀹五藏，澡雪精神；積學以儲寶，酌理以富才；研閱以窮照，馴致以懌辭。然後使之元解之宰，尋聲律而定墨；獨照之匠，闚意象而運斤。此蓋馭文之首術，謀篇之大端」——這個整體想像之透現而已！

詩——對西方民族而言，它的確是如荷馬（Homer）之以爲藝術和神話是互通聲息的，詩人是受繆思（Muse）的激發而始生出靈感，才寫下詩篇。而且頗讓人玩味者，是這位繆思女神乃是「記憶」的女兒。這一觀點的寓意，不僅使人以爲想像力乃是孕育於詩人的記憶之中，而且也使人深深地相信詩人就是整個民族記憶的化身。它使過去在當代人的心靈中活現，並使之永遠。所以柏拉圖把詩人的靈感比做磁力，像磁石藉著看不見的威力把鐵環連在一起，繆思才以神秘的吸引力縛住了詩人和讀者。照柏拉圖的意見，詩，並不是只要學習就會的技術或藝術，它是一種神靈的入竅與出竅。因此他在「愛昂」篇（Ion）中說：For a poet is a light and winged thing, and holy, and never able to compose until he has become inspired, and is beside himself, and reason is no longer in him.」（534, b)「詩人是一個清靈無著而又『浩浩乎如憑虛御風而不知其所止，飄飄乎如遺世獨立羽化而登仙』般的神聖性；及至妙悟則始有所作。且超以象外，而理性（定住在對象上的客觀規範性的思考：本文作者按）已不在其中。」（本文作者譯）

這只是想像的飛揚。

莎士比亞在「仲夏夜之夢」（A Midsummer Night's Dream）中，更寫出了——

Tis strange, my Theseus, that these lovers speak of.
More strange than true. I never may believe
These antique fables, nor these fairy toys.
Lovers and madmen have suchseething brains,
Such shaping fantasies, that apprehend
More than cool reasonever comprehend.
The lumatic, the lover, and the poet
Are of imagination all compact,
One sees more devils than vast Hell can hold,
That is the madamn. The lover, all as frantic,

Sees Helen's beauty in a brow of Egypt.
The poet's eye, in a fine frenzy rolling,
Doth glance from heaven to earth, from earth to heaven,
And as imagination bodies forth
The forms of things unknown, the poet's pen
Turns them to shapes, and gives to airy nothing
A local habitation and name.

——Act V Scene I 1—7

這寫「想像」的詩，在西方是經典性的著作，翻譯成中文者，已不少，我且也把它「翻」過來，供讀者以之與各家對照欣賞。

我的提修士，眞奇怪，這些戀人所說出來的。
的確奇怪得比眞的還奇怪。但我永不會相信
這些古怪的傳說，和這些神仙的遊戲。
戀人與瘋子所有的就都是激動的頭腦，

和幻覺化成的不同的形狀，所理解到的
遠比清明的理性所能體會。
瘋子，戀人，與詩人
整個的都爲想像所聯結而成爲一體。
那個遠比在無比大的地獄中所看到更多魔鬼的人，
就是那個瘋子。戀人，完全就是那樣著魔地，
在吉普賽的眉毛上（註二〇）
看到了海倫的美。
詩人的眼，在那一種綺麗發狂的尖銳轉動中，
從地下看到天上
而想像也就在這時
從各種實體對象中賦予
一切事物以未知的形式，詩人的筆
才把他們——「想像」，轉化成形，
也才給「無何有之鄉，廣漠之野」（註二一）
一個定所和一個指名。

「Doth glance」二字之美，譯來不易，且再用陸機「文賦」句，將想像托顯之：

「其始也：
皆收視反聽，
耽思傍訊，
精鶩八極，
心游萬仞。
其致也：
情曈曨而彌鮮，
物昭晰而互進，
傾群言之瀝液，
漱六藝之芳潤，
浮天淵以安流，
濯下泉而潛浸。
於是：
沈辭怫悅，

「藝術」所指的究竟是什麼？

若游魚銜鉤而出重淵之深；

浮藻聯翩，

若翰鳥纓繳而墜曾雲之峻。

收百代之闕文，

採千載之遺韻，

謝朝華於已披，

啓夕秀於未振。

——觀古今於須臾，

撫四海於一瞬。

……………

籠天地於形內，

挫萬物於筆端。……」（註二二）

傅庚生先生在他的「中國文學批評通論」一書的第六章「中國文學批評之想像論」中，對陸機「文賦」的這一段所描繪的已有一個整切的構指：「輸忠款於藝術，度勤心於表現者，亦有此風矣。……自其表現之迹言之：情思、抽象之心靈活動也，及於事物之表，而構成一種意象，將此情景交鍊之意象表而出之，則已翻移爲具體之描寫矣。……情思之所能構成意象，意象之所以能外射於作品，端恃作者之能運用其想像也。文賦云：『收視反聽』憑直覺也；『耽思傍訊』，倚聯想也；『精騖八極，心游萬仞』，縱情思於事物之表也；『情曈曨而彌鮮，物昭晰而互進』，情景交融意象也；『傾群言之瀝液，漱六藝之芳潤，浮天淵以安流，濯下泉而潛浸。』，云摛藻以描寫也；『沈辭怫悅，若游魚銜鉤而出重淵之深』，喻思苦而辭艱者也；『浮藻聯翩若翰鳥繳而墜曾雲之峻』，狀思捷而辭邕者也；『收百世之闕文，採千載之遺韻，謝朝華於已披，啓夕秀於未振』，收採舊材料，而創造新形式也；『觀古今於須臾，撫四海於一瞬』，包羅時空之萬有，皆想像爲其樞機矣。」

我們如再從培根（Francis Bacon）在他的「學問的進步」第二部中所說的：「詩以想像爲主，而想像是不受事物法則的限制。所以，自然中本爲分割的東西，想像可以任意連合起來；自然中本爲連合的東西，想像亦可任意分割開。因此，它便使事物的聯合同離異，都有背於自然的法則。『畫家同詩人』，在這一點上，正是相同。因此，詩的功用，好像是可以擴展『偉大』，助進『道德』，增長『喜樂』，人們所以常想詩裡邊含著『神機』，亦正是因爲詩可以提高心思，鼓舞心思，亦正是因爲詩可以使想像的事物，屈從人心的欲望。」看出幾點來：

一、這個「想像」的思想根源，還是從柏拉圖來。

二、他已經暗示：要從觀念的分想與聯想法則來了解「創造的想像」時也可以分爲「分想」的想像作用與「聯想」的想像作用。「分想」，有孤立的分想與絕緣的分想。「聯想」，有接近的聯想與類似的聯想。這樣從「觀念」的運作法則而來的「想像」運作法則，既要從「意象」中來點出「想像」的「物境」，更要從「形象」中來點出「想像」的「心境」。因為「大詩人所造之境，必合乎自然，所寫之境，必鄰於理想。有境界，則自成高格。」（註二三）

三、他的「詩」觀，可以與孔子的「思，無邪！」「志於道，據於德，依於仁，游於藝。」「興於詩，立於禮，成於樂。」「詩，可以興，可以觀，可以群，可以怨」。「不學詩，無以言。」兩相對照，有異曲同工之妙。但是，孔子在「詩」的透視上，會觀上，體悟上，已達到：「子在川上喟然而嘆之曰：『逝者，如斯夫！不舍晝夜。』」「子曰：『余欲無言！』子貢曰：『子如不言，則小子何述焉！』子曰：『天何言哉！四時行焉！百物生焉！天何言哉！』……」的「天地有大美而不言」（莊子・知北遊）的詩的「無言之美」（可讀朱光潛「無言之美」一文）的「妙悟」境界。總之，此正如柯林烏在他的「藝術哲學大綱」第三章所說：「想像，決不斷言——而是藉情感的形式出現；這個情感潤飾了想像行為的性質。因為審美原理只有一個，就是想像。」不僅如此，懷黑德（Whitehead）在他的「Process and Reality」一書Speculative philosophy一章中說「Philosophy is the welding of imagination and cammon sense into a restraint upon specialists, and also into an enlargement of their imagination.」（p.26）「因此，美——是統一或聯貫的想像客體，是想像的統一。想像行為，由虛無創造出它的客體，並且毫不關心地自由創造出任何事物。」（柯林烏藝術哲學、藝術的總括性質）

是以「生命情府，靈奧幽邃。……每種民族各具天才，妙能創制文化，以宣揚其精神生活之內美。……各民族之美感，常繫於生命情調；而生命情調又規撫其民族所託身之宇宙……準宇宙之形象以測生命之內蘊，更依生命之表現以括藝術之理法。……希臘人與歐洲人據科學之理趣，以思量宇宙，故其宇宙之構造，常呈形體著明之理路，或定律嚴肅之系統。中國人播藝術之神思以經綸宇宙，故其宇宙之景象頓顯其芳菲蓊勃之意境。……希臘人與歐洲人之窺探宇宙，蓋準形跡以求其玄象者也。……中國人之觀察宇宙，蓋材官萬物，以窮其妙用者也。希臘人與近代西洋人之宇宙，科學之理境也，中國人之宇宙，藝術之意境也。科學理趣之完成，不必違礙藝術之意境；藝術意境之具足，亦不必損創科學之理境；特各民族之心性殊異，故其視科學與藝術有畸重畸輕之別耳！」(同註一八)。此皆「民族想像」之所以為用也。

各民族的心靈，投向宇宙：希臘人從想像中看到一有限之體質，歐洲人從想像中見到一無窮之系統，中國人從想像中悟到一藝術之意境；此皆為民族精神之表現於宇宙的體相而成為其特性者。

所以，一個民族的民族性，就是這一個民族的藝術創造靈魂，表現出這個民族的精神。

所謂藝術作品的「第三大特性」：藝術作品的對象性，就是一個民族的時代性；這是藝術的風氣，它從藝術創造中，指出一個民族的人類理想之所在。藝術，受風尙所左右，隨時代而變遷，自古皆然，按之中外藝術史，斑斑可考。從比較藝術及其比較史，尤可見之。我們可以說：藝術作品，就是時代的反映，社會生活的寫照，用藝術語言與符號，用情感，用思想，用想像，用形式表現出來人類生活的那種最剎那而又最永恆，最特殊而又最普遍，最親切而又最深遠的心靈追蹤。所以，凡是偉大的藝術創作，都在他的時代中，都是他時代的代表與象徵。當然，藝術的「時代性」，不是斷絕的，而是從他的歷史與傳統中來。

不過，我們只在這裡指出：形成一個藝術的時代力量有三：

㈠學術思想的新與舊之層層推進。

㈡文藝思潮的動與靜之波波迭運。

㈢社會生活的充足與缺乏之翻翻要求。

這個問題，我們也可從藝術與物理學、生物學、心理學、社會學、歷史學、文化人類學、哲學等方面去了解。

所謂藝術作品的「第三大特性」：藝術作品的景色性，就是一個民族的環境性：這是藝術的條件，它從藝術中指出一個民族的人性氣質之所在。作者的環境，其力量之大，可以在一位偉大的創作者的作品中表露無餘，這從中外藝術的作品中，俯拾即是，件件皆然。一個藝術家的環境，常常支配著藝術家的思想、情感、興味、風格、氣質。

環境：有個人出身之家世，社會背景，民間風尚，政治情勢，思想潮流，一生窮達等。

環境：更有天然之環境，如都市與鄉村，繁華與自然，南北異趣，剛強柔弱：其地理因素的山、水、樹、石、花……以及氣候影響的風、雲、雷、電、雨、日、月……等都是藝術的第三大特性所由以形成者。

藝術作品，是要通過作者的氣質表現民族的風格，也就是民族的環境性，藝術的各種條件構成的。

當然，環境也有直接的環境與間接的環境的不同；也就有親身體驗過的環境，有聞見體悟的環境；但都表現在作者的作品中。因此，藝術作品所表現的「形式的意義，是人與他四周世界關係的充分表現」。(H. Read, A History of Modern Painting.)

## 五、結語：藝術的精神

我還有很多話，要說而未說，就已經是不得不寫結語的時候了。所以，我在藝術作品的第二大特性與第三大特性又「何其太簡也哉！」這也是無可如何的事。讀者也許知道我在本文中想要說的話，就是——：

㈠藝術的一般原理：藝術本身的普遍原理——原始要終的高度原理與深度原理。
㈡藝術的特殊原理：藝術本身的科學原理——外在的原理。
㈢藝術的根本原理：藝術本身的哲學原理——內在的原理。

雖然，我在這三方面還有許多話，要說而未說；但，也總說了一些。不過，我在結語中所要說的乃是——：

一、每一位詩人，或藝術家在他的作品中，都有他的哲學。他們的視野：一方面要內傾，一方面要外向。對內的省視愈深微，對外的認識也愈透徹。藝術，有時候能進入科學、哲學、道德、宗教所不能進入的世界；也只有藝術才能進入，它就是它自己，它就是它本身，它還需要什麼來說明呢？藝術上的一切要說的話，只有在看得見的藝術世界中，它才需要從各方面來說明；在看不見的藝術世界中，這一切也就無能爲力，而無所用其迴旋，那就只有「無言」了。所以，孔子在「余欲無言」中要說：「乾，始能以美——利，利天下；不言所利，大矣哉！坤，雖有美，含之；以從王事。」（註二四）莊子也才要接著說：「天地有大美而不言。」這要在「原天地之美」之中才能「達萬物之理」。孟子就更要說：「充實之謂美，上下與天地同流。」詩人，或藝術家的創作，就是對自然、社會、心靈，一切最後存在的寫照與創造，而出之以創作者生命對自然、社會、心靈，與一切最後存在的觀照，透入，體悟而流出的整個宇宙生命的投向。因此，詩，或藝術的根，埋藏得愈深，他的作品就愈充滿了既深且高的宇宙覺識。詩，或藝術的象徵性，是藉有形寓諸無形，藉有限表達無限，藉最少表現最多，化腐臭爲神奇。所以，威廉·伯萊克（William Blake）才寫出了：

To see the world in a grain of sand,

在一粒沙中看這個世界，

And a heaven in a wild flower,

在一朵野花中看一個天國；

Hold infinity in the palm of your hand,

在你掌中握住無限，

And eternity in an hour.

在一刹那間握到永恆。

這種：「一沙一世界，一花一天國；一掌一無限，一刹一永恆。」的語言，所創造的世界，又是一個什麼樣的世界呢？這種從「知識——學問——智慧——美的人文生命」，而是在不斷的向上追求。

二、代表一個民族靈魂的詩或藝術，完全是從人類生命宇宙中直透而出的一種文化創造。——所以，托爾斯泰要說：「祇有和人類關聯的藝術，才是最美的：因爲人類的愛，是比藝術的愛存在得最早。」這「人類關聯的」是在「個人——民族——人類」的一體性中。所以，在詩，或藝術的創作上：「個人氣質——民族風格——人類心靈」是一個整體。這就是東美先生方公要說：「一切藝術都從體貼生命之偉大處得來的」。所以，中國的詩，或藝術是要「上下與天地同流」。更要——「觀古今於須臾，撫四海於一瞬，籠天地於形內，挫萬物於筆端」。因爲「體有萬殊，物無一量」者是也。因「藝術」所指的究竟是什麼？

此，中國的詩，或藝術是「生命直觀」——「個人氣質，民族風格，人類心靈」將中華人文精神之最高關心帶給這一宇宙生命活動之最高形式的生命創造：民族靈魂的表徵。

中國的詩，或藝術：是要從中國人的「中和之美」——乾坤的大美開始去了解，才懂得中國的詩，或藝術所指的——究竟是什麼。我們可以說：沒有人性，沒有人性中的愛，也就沒有美。有了人性中的愛，才有美。但是，人性中的愛之形式與樣式又是萬殊而異致。所以，中國的詩，或藝術的「美」——中和之大美：人，在天地的大美中：天地，在人的「愛」中，從「藝術」所透視的宇宙生命也是千變萬化，各有不同。人性中的愛，才是一切藝術——「美」的活水源頭。美，只有從人性的愛中，才能生長，而透過藝術的力量，以使之生動，具現爲作品，才能以無比的力量感動我們，捕捉我們。所以，東美先生說：「我們民族生在這完善、純美的宇宙中，處處要啓發道德的人格，努力以求止於至善，同時也要涵養藝術才能，藉以實現美的理想。」總之，詩，或藝術最原始，最原動，最原質的就是：美，在善中；善，在美中；這，就是眞。中國的詩，或藝術就是「人文化成」的藝術——人文生命的樹立。所以，「六藝」之教，是中國的詩或藝術的最高表徵。

三、詩，或藝術要使人類——「生活」：淨化；而且要使人類——「生活」：深度增加；更是使人類——「生活」：意義上升，並帶著無限的生命感與愉悅之情和樂趣，而能自覺到——「活」的這種事。因此：詩，或藝術必須是「生命」的——感受與觀照。這個，必須是人在「情感、思想、想像、自然」上透過詩，或藝術的語言與符號來表現生命的感受以觀照自體生命與全宇宙而呈現出生命的至美。以此，詩，或藝術的知識必須建立在生命之上，而在個別中創造普遍，更在普遍中創造個別；從「想像」——心靈的無窮探險中，去追求一個宇宙的覺識。在那一個宇宙的覺識中，在那一個人類靈魂飛揚的無窮宇宙生命中，是「藝術」，把最內在的親切與最永久的普遍轉向——「生生」不已的「生命」世界。詩，或藝術是在創造「情感——思想——想像——自然」以表現人的普遍，永恆，和諧的觀念——「生生」不已的「生」之「仁」而已的：天地的大美——生命的至美——心靈的純美：清、靈、輕、逸、神的無限超越的至高上達的生命直觀的美。在此，詩或藝術的方法，必須從屬於創作獨立的，自由的，逍遙的生命，才能使作者的生命直觀從作品中表現出來。是以，詩，或藝術乃是建立在「載道」與「言志」，「爲人生而藝術」與「爲藝術而藝術」的多面統一之上，亦即是須爲與所好的調和。

詩，或藝術在讓我們的「情感——思想——想像——自然」灌入創作中，更讓全宇宙的大氣透過我們的心靈，構成那個深切同情的交流，物我之間，同跳著一個脈搏，同擊著一個節奏，那站在我們面前的已經不是一粒沙，一朵野花，一片碎瓦，而是一顆從「自體生命——鄉土生命——民族生命——人類生命」的整個生命宇宙在一剎那間，互相點頭，默契和微笑。所以，詩或藝術乃是宇宙靈魂的迴響，人類生命的最高表徵：——「您看」：

「所有的山巔，

「藝術」所指的究竟是什麼？

都在休息，

所有的樹梢，

感不到半點兒氣息；

鳥兒在林中沈默，

等一會兒你也休息。」（註二五）

在這一首詩中，這個藝術的境界中，你從你的欣賞中，你所觀照到的又是什麼？這才是「無言之美」，這才是「聖默然」的美，朋友，你還要我說什麼？我，還能說些什麼呢！「不說也罷！說來你也是不信的！」（註二六）是的，「Beauty as we feel it is something indescribable: What it is or what it means can never be said.」（The Sense of Beauty, conclusion）

眞是：

我眺望遠方，

我諦視近景，

月亮與星光，

小鹿與幽林，

紛紜萬象中，

皆見永恆美……。

這首歌德的詩，所表現的又是什麼？因爲「西洋詩人對於大自然的感覺，多少帶汎神論色彩，這是不容諱言的。可是或限於宗教的信仰，或由於自我底窄小，或爲人事所範圍，他們底宇宙意識往往只是片段的，狹隘的，或間接的。獨哥德以極準確的觀察扶助極敏銳的直覺，極冷靜的理智控制極熱烈的情感——對於自然界則上至日月星辰，下至一草一葉，無不殫精竭力，體察入微；對於思想則盧騷與康德兼收並蓄，而上溯於斯賓諾撤（Spinoza）和萊布尼滋完美無疵的哲學系統。所以他能夠從破碎中看出完整，從缺憾中看出圓滿，從矛盾中看出和諧。換言之，紛紜萬象對於他只是一體，『一切消逝的』只是永恆底象徵。

可是，在哥德全集中，恐怕也只有浮士德裡的天上序曲：

擢靈循古道，

步武挾雷霆，

列宿奏太和，

淵韻涵虛清……

「藝術」所指的究竟是什麼？

可以比擬李白那首音調雄渾，氣機浩蕩，具體寫出作者底人生觀與宇宙觀的『日出入行』罷：

日出東方隈，
似從地底來。
歷天又復入西海！
六龍所舍安在哉！
其行終古不休息，
人非元氣，
安能與之久徘徊！
草不謝榮於東風，
木不怨落於秋天，
誰揮鞭策驅四運？
萬物廢興皆自然。
義和！義和！
汝奚汩沒於荒淫之波，
魯陽何德，駐景揮戈，

逆道違天，
矯誣實多，
吾將囊括大地，
浩然與溟涬同科！

在大多數眼光和思想都逃不出人生底狹籠的中國詩人當中，他獨能以凌邁卓絕的天才，豪放飄逸的胸懷，乘了莊子底想像的大鵬，『燀赫乎宇宙，憑陵乎崑崙』，揮斥八極，而與鴻濛共翺翔，正如司空徒所說的『吞吐大荒……眞力瀰滿，萬象在旁』。透過了他底『攬之不盈掬』的『逈薄萬古心』，他從『海風吹不斷，山月照還空』的飄忽喧騰的廬山瀑布認出造化的壯功，從『衆鳥皆飛盡，孤雲獨去閑，相看兩不厭』的敬亭山默識宇宙底幽寂親密的面龐。

總之，李白和哥德底宇宙意識同樣是直接的，完整的：宇宙底大靈常常像兩小無猜的游侶般顯現給他們，他們常常和他喁喁私語。所以他們筆底下——無論是一首或一行小詩——常常展示出一個曠邈，深宏，而又單純，親切的華嚴宇宙，像一勺水反映出整個春空底天光雲影一樣。」（註二七）

我，還說些什麼？

「藝術的使命，是發育對美的理解力。在近代社會中，發明與美的泉源，早已乾枯。現代的藝術家和鑑賞家在藝術中找到一個避難所，以逃避生活中之罪惡。藝術，絕對不能是表面的膚淺的天才。

「藝術」所指的究竟是什麼？

藝術，必須從人本身開始。」（註二八）

「中國藝術之歷史，比埃及的藝術一貫，甚至比埃及持久。它在範圍上，不僅爲民族的。它在繪畫與雕刻——一而再，再而三地達到了一種最爲接近完美的形式美：在筆之無限的表現性質，來定其造詣之品次。中國藝術家旨在作品中表現宇宙之和諧，還要追問那隱藏在個體殊相性後面的普遍共相性。中國藝術家都把自然設想成被一種宇宙遍在力量所主宰，賦予生命的現象，而自身處於這一力量的神交中，把其所具有的本質，傳達給觀賞者。」（註二九）

在西方，「則這麼一種藝術，爲但丁的神曲，拉菲爾之繪畫，米開蘭基羅的壁畫，哥特式的教堂，這一派在作品上，不但以宇宙意義，而且以形而上底意義爲前提的藝術，永遠不會重新發揚。」（註三〇）

我們對於：「藝術」所指的——究竟是什麼？還有什麼話可說？我們只有等待，等待！「我眞願悠久地長眠在大地的濕潤中，像一顆植物似的。我整個生命像迫切地需要一種更新。我等待著第二次的懷春。唉！給我的雙目換一種新的視覺，給它們洗去書本的污跡，使它們更像這它們所凝視的青天。」（註三一）

**【附註】**

註一　Beardsley, Aesthetics From Classical Greek to the Present, pp.21—28.

註二　方東美教授：中國人生哲學概要，第六章，中國先哲的藝術理想。
註三　愛默生：論詩人。
註四　莊子：知北遊。
註五　孟子：盡心。
註六　莎士比亞：仲夏夜之夢。
註七　王維：終南山。
註八　王維：酬張少府。
註九　王維：過香積寺。
註一〇　王維：漢江臨汎。
註一一　王維：終南別業。
註一二　歐陽修：玉樓春。
註一三　王弼：周易略例。
註一四　朱熹：觀書有感。
註一五　劉勰：文心雕龍，神思。
註一六　鍾嶸：詩品序。
註一七　司空圖：詩品。

註一八　方東美教授：生命情調與美感。（本文作者曾以此篇編入三民書局三民文庫之「哲學三慧」中。）

註一九　劉勰：文心雕龍，明詩。

註二〇　Egypt一字譯G.B.Harrison所編成的Shakespeare—The Complete Works一書在536頁下面的注：「See…… Egypt: ie, to the lover a gypsy is as beautiful as Helen of Troy. Gypsies were supposed to be Egyptians.」故譯吉普賽。

註二一　Airy nothing二字，朱生豪譯爲：「空虛的無物」；也有譯爲：「飄渺中的虛無」。我則借用莊子：「無何有之鄉，廣漠之野。」以譯之。蓋莎氏的「Doth glance from heaven to earth, from earth to heaven」亦頗有莊生「怒而飛，其翼若垂天之雲……水擊三千里，搏扶搖而上者九萬里……野馬也，塵埃也……天之蒼蒼，其正色耶，其遠而無所至極耶！其視下也，亦若是則已矣……今子有大樹，患其無用，何不樹之於無何有之鄉，廣漠之野，彷彿乎無爲其側，逍遙乎，寢臥其下，不夭斤斧，物無害者，無所可用，安所困苦哉！」的些許神味，此所謂譯事之難，有在信達雅之外者乎？此爲何？「傳神」是也。傳神，難也哉！

註二二　張肇祺：「中國文學的人性觀」。

註二三　王國維：人間詞話。

註二四　周易，乾坤文言。

註二五　歌德著，羅賢譯：「野薔薇」中的「相同」。民國三十七年第三版，上海正風出版社，歌德這首「

相同」一詩，據說是一七八〇年九月歌德在伊門諾附近的吉凱漢山上威馬爾侯山莊壁上的題詩。經過五十年後，一八三一年八月，八十多歲的老詩人重遊山莊，看見自己寫的詩，深爲感動云。

註二六　徐志摩：我所知道的康橋。

註二七　梁宗岱：李白與歌德。

註二八　愛默生：論藝術。

註二九　Herbert Read, The Meaning of Art. 杜若洲譯，巨流出版。

註三〇　尼采：啓示藝術家與文學者的靈魂。

註三一　紀德：「地糧」。盛澄華譯。

（本文曾刊於《哲學與文化》第九卷第十二期—十三期七十一年十二月—七十二年一月、《華岡文科學報》，第十五期，七二年十二月）

# 論藝術

## ——載道與言志

在復興中華文化的運動中，藝術的復興是其重要的一環，復興中華藝術，首在藝術觀的提出。因此我們需要揚棄一般庸俗的二元對立藝術觀，來建立「載道」與「言志」合一的一元藝術觀；它既不從這一藝術觀排斥那一藝術觀，亦不從那一藝術觀排斥這一藝術觀。其基礎是在於「人」把藝術的完整性，建立在「載道」與「言志」的「人」底二元的多而統一的美學上。這也可以說它就是人本的一元藝術觀。亦就是心物合一的本體論在價值哲學中體現爲一元的人本美學觀。

### 創造「自然」以表現「人」的普遍、永恆的觀念與價值

我們若從古今中外大小的藝術產品中，任取其一件觀之，其能爲普遍所接受者，無不是人與神、物與我、現實與理想、道與志，須爲與所好融合的完整藝術品，其必然包含人的：

一、知識——主觀的作用，客觀的對象，理性的範疇和感覺的所與。

二、道德——內在的良知，外在的環境，個人的行爲，社會的制度。

三、美感——形相的直覺，內容的解釋，表達的方法，情意的修養。

然非原始的直觀而爲精神價值的實現，經驗的發展。亦非主觀與客觀的和數，而爲個人的內心活動、道德、政治、社會、經驗、宗教的精神活動。更非內容與形式的堆積，而爲各種樣式、物質、內在組織、功能、內容、分子……文質兼美的有機體。

上乘的藝術產品，不但模仿自然，而且要創造自然以表現「人」的普遍，永恆的觀念與價值。進而言之，藝術之美乃在：予「人」以至高的表現。

這個「人」底一元的藝術觀乃爲人的靈魂之活動與人的生活意識之具體化的特徵；並能將「人」發展到普遍的程度。這個人底一元藝術觀實兼有載道與言志兩個方面。這個「人」底一元藝術觀也就是合「人」之「最內在的親切」與「人」之「最永久的普遍」的一元化。

## 人的美底統一在思想、情感、想像的勻稱、均衡與和諧

因爲思想、情感、想像和整個複雜的生命因素都從藝術創造的形式與內容之「人」的美底統一中得到勻稱，均衡與和諧。

我們知道，文藝的創作，是由於「人」把它建立在兩種關係之上：一個是物與物的關係，一個是物與我的關係。它的美，就是「人」在表達出它本身各部份之間，或推而至與環境繞著它的各事物之

間的勻稱、均衡與和諧。

因爲，一個藝術工作者，不管他爲什麼而藝術，從藝術工作者底個人來說，他在他的藝術品中，必然有他自己的思想、想像。不過，在表現時，有的創爲「有我之境」，有的創爲「無我之境」。不管有我之境也好，無我之境也好，任何一件稱得上爲藝術的作品，總有一個「有我」或「無我」的「我」存在著。若是一個沒有「我」的藝術品，沒有「眞我」的藝術品，則此所謂藝術品既非藝術的，亦非時代的、社會的、國家的、人類的。

## 一個藝術家的雙重身分：個人我與社會我

若再從藝術工作者底個人與社會的關係來說：任何一個個人的「我」，也總不是孤零零的「我」；而定然有其物理的、生物的、心理的、經濟的、政治的、文化的、道德的、宗教的各種因素，以構成他這一個個人的「我」在社會中的社會的「我」。

以是，一個藝術家的人底身分乃爲個人的我與社會的我之完整結合。根本無法把藝術家底個人的我與社會的我完全分離開來。

因此，一件上乘的藝術品，也必然是「須爲」與「所好」的結合；我們也實在無法把它們分離開來。譬如中外的上乘藝術品，其個人的思想、情感、想像跟時代、社會、民族、人類的理想跟要求總是相結合的。我們如要舉例，也實在舉不勝舉。

## 藝術創造者的我乃個人的我與社會的我之「人」的複合體

一個藝術創造者的「我」，乃爲個人的我與社會的我之「人」的複合體，不能互爲排斥與對抗。一件藝術品中，只要有了「眞我」，也就包涵了個人的我與社會的我。它們總是融貫在「人」的普遍、永恆的意義之下。

## 究竟爲什麼而藝術？

「寫實」、「自然」、「浪漫」、「理想」、「象徵」以及所謂「爲藝術而藝術」與「爲人生而藝術」究竟是什麼意義呢？那個「爲藝術而藝術」的「藝術」是什麼藝術呢？我們爲什麼又要爲那個藝術而藝術呢？如爲「美」而藝術嗎？其美之目的又爲何？其美之本身又爲何？其美之方法又如何？那個「爲人生而藝術」的「人生」所指爲何？這都不過爲常識上的說法而已。

## 美的欣賞乃爲人的主觀與客觀底融合，心與物的相諧

假如美的本身乃爲無關心的美的情感底發現，而創造美的藝術家本身也無目的；然則我們應：知美的欣賞，乃爲人的主觀與客觀的融和，心與物的相諧。一個有主觀的主體——「人」，在客觀發展中，是不能沒有主觀的趨向；此一趨向則終會形成「人」在它上面的目的論。

## 不管爲什麼而藝術，總是「人」在把藝術底美，藝術者那個我，藝術對象與其時空條件加以配合

我們都知藝術的本質是「美」。在它上面的「目的」也是多樣的。有的是爲了美的直覺之觀點，有的是爲了理念之表現，有的是爲了一個生命宇宙的呈現，有的是爲了宗教的傳佈，有的是爲了道德力量的擴張，有的是爲了現實政治利益的維護，……但這些沒有一個可以外「人」而存在。因之，誰也難禁止誰將藝術用作於某一目的或幾個目的上去。可是，其爲了某一或某幾個目的而出之以藝術的形式時，如其不近於藝術，或不合於藝術，甚至背叛了藝術，那不是該不該把藝術用到這些目的上去的問題，而爲：喪失了藝術的本質——「美」的問題。即爲藝術底美的背叛的問題。我的意思乃爲：在批判藝術品的藝術價值時不能將本質、目的，和方法混而論之。至於在欣賞一件藝術品時，又爲另一種的心靈活動，我們要記住：西方藝術的自成體系與擴大乃在人性解放與發現了自我以後；而中國的「人」底藝術觀，則應回到莊子人本主義的美底世界的建立之中——「原天地之美，而達萬物之理」。

不管你爲什麼而藝術，其問題：乃是人在把藝術的美，藝術者的那個我，藝術的對象與其時空條件加以配合，其配合，是從那個「人」底藝術哲學出發，透過藝術者個人的慧眼與手法以投現於人底社會之中。

## 藝術與宣傳

有人說凡藝術的都是宣傳的，而宣傳的不一定都是藝術的。我想，它是指：一件上乘的藝術品，都能充分的傳達出它的時代、社會、民族、人類生命的內在要求與生命的情調和美感；而其根本乃在傳達的方式則必須是藝術的，而不是其他，才能感人、動人。凡是不能感人、動人的宣傳品，則非眞的宣傳品。

所以，凡宣傳，必要求其藝術力量之完全發揮，使人在其宣傳中不覺其爲宣傳。這就要靠我們把主觀的要求融貫在客觀藝術的功效中。因此，無眞與技結合的宣傳，是一種浪費。如何得到眞與技呢？這也就要我們宣傳者本身先作爲一個藝術者，懂得它的一切，並把我們的思想、情感、想像投入其中，把宣傳的作用從藝術的生命裡去生長出來，才能在藝術的力量中散發出宣傳所要求的一定作用。總之，我們要感動別人，得先感動自己。

這個問題，也不簡單，要把我、把時代、把民族、把人類的思想、情感、想像用藝術的創造恰如其分地傳達出，就在於用各種藝術的方法以處理我們所取樣的各種材料。

## 藝術根本方法必須從屬於創造者的美的生命

各種藝術方法之根本方法應爲：⑴對藝術方法本身的熟練；⑵使用方法者的內在修養，如哲學知識、科學知識、宗教知識以及個人的情操與深刻的觀察和豐富的常識；⑶藝術材料的選擇；⑷各種藝術符號的力量之反覆考察。而這些方法上的一切技巧與匠心都要從屬於藝術創造者的美的生命，才能使創造者的生命直觀從藝術品中呈現出來。所以，藝術創造之根本問題是人如何使藝術創造者的個體生命與群體生命，同時使用藝術的材料、形式，符號表達出它的藝術生命力量。這個力量的作用，可爲個人的，可爲社會的，或政治的、道德的、宗教的等等。看你從那一角度去看。其實，這個力量的作用，它也是各方面的綜合，不是單一的。假如它只是個人的，其作用則不大，如只是社會的，或只是政治的、道德的、宗教的，則其作用不久。所以，不管你把它放在那個重點之上，而它的力量要同時具有個人的與社會的各方面，即「人」的普遍性、永恆性，才能算是上乘的藝術品，一件照耀千古，萬古常新，不斷擴展的藝術品。

## 藝術與藝術創造者個人的道德

今日世界的道德之在藝術中，尤其在我們今日中華文化復興運動中的中華藝術創作的「突出性」，已比任何國家，任何時代更爲我們所易觸及。也難怪米勒（Michelet）要大聲疾呼：「藝術與道德一致就實現了文藝復興」。

因之，藝術創造者的人格修養——道德，是決定藝術品的最內在、最親切、最普遍的因素。它不是一時的幻覺，而爲代表時代精神生活的生命表現。泰勒（Taire）在文學上也特別强調：「文學作品不是單純理想的遊戲，亦不是熱烈頭腦的幽思，而是當代生活態度的一種基本，一種心靈的型態。」

劉舍人在其「文心雕龍」七卷之末的第五十「序志」篇亦稱：「……本乎道、師乎聖、體乎經、酌乎緯、變乎騷，文之樞紐，亦云極矣……」。

誠然，一件典型的藝術品是眞、善、美的統一與調和，然藝術創作的道德必爲個人的，社會的長期與陶冶爲自我反省及修養的結果。

## 藝術在於「人」之美的價值世界底建立

故藝術是「生命直觀」與「世界認識」，也是人將精神之最高關心帶給意識的美底活動，即在人之美的價値世界底建立。

是以，「道德」之在藝術中早已有其地位，並且永遠會佔著絕對的優勢地位。問題在——道德在藝術中的標準與觀念在於讀者與鑑賞者情操的高下而已。

## 人本藝術是美、善、眞的「人」的一元

人本主義的藝術論，在內容與形式之統一，乃由於人的充實的思想與充實的情感和人的優美的藝術所造成。此爲人本一元藝術觀的根本意義。蓋思想的充實非載道而何！情感的充實，非言志而何？

優美的藝術，非藝術的美而何？是以，美合「載道」——善，「言志」——眞而爲一，一於「人」。由此足以說明一元的人本藝術觀之從純藝術的觀點上去看，乃爲中外藝術上的定論。

（本文曾刊於《中華文藝》第四卷第一期六一年九月，《國魂》第二六三期五六年十月，《百家雜文》彩虹出版社六二年一月）

# 藝術的起源

## 從石頭的故事說起——文化的信號

石頭的故事（不是曹雪芹的石頭記），不但可以告訴人類文化開始的活動，而且，也留下太古時人們用以喚起情感、美慾衝動的情感——羡慕、愉快、好奇、同情、諷刺、憤慨……的印象。從兒童的生活活動推想原始人在需要生存物之外而常自由自在地作遊戲、唱歌、玩石頭、堆沙、畫圖、用小刀去刻木頭、石板、愛漂亮的服飾……和小朋友一起玩，這是怎樣的一回事呢？這當中，有幾點：

一、上古時代的人從發現石頭，到把石頭變成武器禦獸禦寒，再變成大的工具，或覓洞、架巢、捕食……同時在無形中也把石頭變成了玩具——跳舞、刻紋、作圖、造屋……在無記錄的歷史中，石頭還像語言文字一樣，幫我們記下了人類不少的故事——「個體的」。

二、它的素質有時是附屬的，有時是獨立的，但它的發生則是必然的——「需要是創造之母」。

三、不能沒有人，而且還不止一個，它含有自己以外的群衆——「社會的」。

四、人在太古，不知日、月、星、火、風、雲、雷、電、怪獸、生死的現象，由畏懼而冥想它們是什麼力量呢？——最後「神」才從人心中的外在宇宙產生。拜神、跳舞、雕像……石頭，是藝術的物料。火，也跟原始人的神，同爲藝術的質素了——「宗教的」。

十九世紀產生一種史前古物學的科學，因它而顯示給我們一種遠在埃及金字塔及巴比侖王宮建造前的那些太遙遠的人類生產的果子。地質學家叫這個時期爲「第四紀」，這時期，地面與現在不大相同。他們說：多佛海峽（Strait of Dover）還不曾把法蘭西、英格蘭分開，西西里也沒有和海峽殖民跟意大利分離，而瑞典、丹麥同蘇格蘭卻還埋藏在一片冰層之下。阿爾卑斯的冰河，浩瀚無垠，有一條，竟直流向里昂而去。

從河水沖積而成的沙堆下，已找到——第四紀的前期那些狩獵捕魚的人們所製造的石斧。著名的發現區，是在索姆（Somme）聖阿赫爾（Saint Acheul）同在馬恩（Marme）的舍爾河（Chelles）許多三角形或橢圓的斧子，一定是用大石頭上崩下的小石所刻成的，極其巧妙的線刻物，從那種很正規的外形看，則足以證明——人類在石頭上的故事。

在第四紀的後期，鹿繁殖很多，鹿的鮮肉就成了人類的食物，人類更用牠們的骨、角、筋腱做原始的生產用具，和藝術的嘗試。那些用鹿角做的短劍、棍棒、匕首和許多類的用具，以及施以浮雕同樣線刻的鹿角、鹿骨冥刻物都已發現出來。

這是第四紀——馴鹿狩者的藝術。

我們再回到石頭上來。

穴居者史前的繪畫——培利加德與庇里尼山的洞穴給我們一些極高古趣味的史前繪畫。在這些時候，人類最喜歡强烈顯著的色彩，常用赭石抹身，而且，就在他們禦寒的洞穴之壁或頂上，用非常巧妙的手腕，刻描和圖繪獸類以自娛。

在法蘭西的洞穴內，也曾發現刻於石上，或巨象與馴鹿骨上的圓形雕像——埋得很深，一定比那些浮雕或線雕還早。這種藝術的特色，是完美的象徵。不管所描寫的是單一的，或是群體的，都以極正確的手法描摹出來。端莊而刪繁入簡，沒有無用的筆觸，那種酷愛生活同動象的石記，才是最早的寫實主義。

當大冷季完了的時候，馴鹿幾乎是突然地不見了。這是第四紀垂終之徵兆；線畫也不不見了，馴鹿者的文明亦隨之消滅。

這種從對獸類的崇拜（如埃及）而走入對人類形態偶像的崇拜（如希臘），再走入一種純抽象的神性崇拜，都是來自石頭上的故事。

這是歷史中最長的一個時代，在這個不知有幾千萬年的漫長歲月中，只有從石頭和洞中的壁繪和雕刻，曉得一點人類控制自然和一點藝術上的成就，舊石器時代的人，能用這些來表示其內心的語言，已不是一件簡單的事了，其中啓示人類要用文字來作文化活動的徵兆。

## 梭羅金的文化觀

語言，本來也是開在藝術樹上的果子。（今天它已是哲學同科學的問題了）當它們落下，當陽光、水、土地……把它們變成了許多王國時，而藝術自己也漸漸形成一個大的體系。藝術的過去時代，已不會再來了。從人發現自己以後，已有要將藝術隨宗教、倫理……而來的質素揚棄以走向「直覺」——非「物理事實」是和非「道德」的「機械」表現以及「傳達」表現之勢；還有所謂觀念的藝術，實證的藝術，社會的藝術，科學的藝術……及各種不同的表現。

一九三七——一九四一年，美國哈佛大學教授梭羅金（Prof. Pitirim A. Sorokin）出版了他的鉅著「社會文化動力學」（Social And Cultural Dynamics）四大卷，給予當代思想影響極大。他論到辨認人類文化的性質及其演變狀況，乃是對於歷史和社會學理的新研究。換句話說，歷史的奧義在於文化型的變化。從經濟的、地理的、進化的、唯物的種種來看歷史，都不能提供充足有效的說明。各家的學說，爲各目的價值觀念所困囿，把偶然存在於同一空間，而實際並無關係意義的所有文化稱爲一體，認爲文化的堆積就是整個的體系，强加之以生命的個性，皆非其是。他以斯賓格勒（Iswald Spengler）所舉的十一大文明，陶恩培（Toynbee）所舉的二十六個文明社會爲例，都是嚮壁虛構。

梭羅金對於文化的定義有三點：

一、必須屬於純粹的人文現象，因爲和它有關的主旨，乃是一種心智的活動。

二、必須屬於社會的現象，因爲文化價值只在人類群居的時候才發生。

三、必須具有意義、價值和規範。因爲文化所指乃對人類有用的、美的。

所以，梭羅金認爲一群文化人對於藝術、文字、經濟、利益、社會狀況、哲學、法律和宗教還有其共同的觀念。此所以爲眞正的文化體系者，即在此文化現象必須表現其內在和諧與團結，以及所特有的一致性與風格而已。

論到文化體系的遞遭變化時，他認爲全體必須一齊變。故有兩個法則可循：

1.內發的變化法則。

2.有限度的變化法則。

從此梭羅金把人類歷史的最高社會文化體系，分爲三個類型：

1.感覺型的社會體系。

2.觀念型的社會體系。

3.理想型的社會體系。

根據這三個類型來看美術以外的其他藝術，用藝術的變化來顯示文化的演變。

## 回到原始宗教

原始文化的產生，完全是適應人類生存的需要。我們在前面已經提到過。比如取火、漁獵、飲食、衣服、住所、畜牧、種植、石器、金屬物、陶器、武器、交通工具以及紡織家具等都是人爲了適應環境而造出。至於婚姻、家族、氏族、部落、階級、政治、財貨交易、法律、倫理觀念，……等原始社會組織接著也就產生了。

原始藝術的產生，也是原始文化和原始社會組織中的產物。因爲原始藝術和原始宗教好像是弟兄。一直到中古世紀，藝術、宗教、政治三位一體的形式竟達到了頂點。所以，我們對於原始宗教和原始藝術，應有較深的研究。

研究原始宗教，也就是對於原始文化的研究。因爲人類文化的根源在於人類的心靈，而心靈的表現在文明社會也有很多方面，除宗教外，尚有哲學、科學……等。但在原始社會，就只有宗教最爲顯著，而哲學、科學等尚在萌芽。從原始的宗教，我們可以發現：人類初期的宇宙觀，對自然的解釋，甚至對神權政治、宗法制度、生產、死亡、婚姻、戰鬥儀式、耕、獵、畜牧、衣、食、住所的習慣，都可參考原始宗教而得到相當的解釋。

泰勒氏（E. B. Tylor）說：「宗教的最少限度的定義是：精靈的存在，物之信仰（the belief in spiritual beings）。」佛雷爾（Frazer）說：「宗教是對於統御自然及人類生活的超人的權威（Powers）之和解的手續。」這兩種說法，各有所偏，我們再舉馬利特氏（Marett R. R.）以宗教爲「神聖的（The Sacred）」一語尚能道出其精義，因爲它能將超人的、非超人的、精靈的，非精靈的、宗教或魔術等現象都包括在內。所謂神聖的指：

1. 禁忌性的（Forbidden）。

2. 神異性的（Mysterious）。

3. 秘密性的（Secret）。

4. 有能力的（Potent）。

5. 靈活的（Aninate）。

6. 古老的（Ancient）。

宗教發生於對外在世界的恐懼與希望，和許多社會的交互影響。而內在信仰的發生，也是來自某種特殊的心理狀態。所謂特殊的心理狀態，各家解釋不同：

一、對自然勢力的恐懼（Fear）——羅馬的柳克理細阿（Lucretius）說：「恐懼造成最初的神」。近代休謨（Hume）也同意此說。

二、神秘力說（Mysterious power）——欽格氏（King）以爲原始人彷彿覺得有「某種物」（Something）（神秘力）的存在，不能了解而害怕，而將此神秘力逐漸與自然化合而爲崇拜的對象。

三、此外還有波特文（Baldwin）的依「人格的生長」（Personal growth）程序而發生。麥斯穆勒（Maz Muller）的起源於「無限」的觀念（perception of the infinite）。杜爾耿（Durkeim）以爲是由於「社群的態度」（group attitude）而發生。佛雷爾（Frazer）以爲宗教是由魔術轉變而來。斯賓塞（Spencer）主張「鬼神說」（ghost theory）。泰勒（Tylor）提出「生氣主義」（Animism）。馬銳特（Marett）又改進爲「生氣遍在主義」或馬那主義（Monaism）等等。

由於這些原因，才造成了人對：

1. 自然的崇拜——地、水、石與山、火、日、月、星辰與四時……。
2. 對動物與植物的崇拜。
3. 對圖騰（Totem）崇拜。
4. 對靈物崇拜。
5. 對偶像與活人的崇拜。
6. 對鬼神與祖先崇拜。

才有所謂多神教、二神教、一神教。而魔術、禁忌、占卜、犧牲、祈禱、巫覡、神話……也成了宗教不可少的了。

我們自然而然的就從宗教中找到藝術的活動，而哲學的起源，社會組織的變化……也可從這個原始文化——宗教的研究中，找到藝術的發生、本質、形式……等的部分解答。

## 神話是藝術的火種

人類總想探究宇宙底秘密，常常由那些離奇的思想的對於自然的感應，日久就孕育成了所謂神話（Myth）。神話也就是人在「實在」（Being）中所生起的種種幻想。神話不一定全具宗教性，但和宗教是分不開的。它也是原始人心理的表現，爲各種信仰找出理由來，並構成系統，以滿足人的求知慾與生的刺激和生的反抗以及生的昂揚。

神話爲了這，所以它必然是：

一、傳統的（Traditional）——從神話時代相傳而下。

二、敍述的（Narrative）——像豐富的故事流行著。

三、實質的（Substantially true）——民衆相信，不像寓言小故事。

四、說明的（Actiological）——要解釋宇宙事物的因果。

五、人格化的（Personification）——神話的主人翁，不論是神靈或動植物和天上地下的自然現象，都是有人性的，故其心理與行爲都像人。

所以神話對「自然變遷及季候」、「自然物」、「反常的現象」、「宇宙的起源」、「神的起源」（荷馬史詩、印度古經、耶教的聖經、中國山海經），「人與動植物互相變化」、「死後存在與冥界」、「怪力亂神」、「英雄家族」、「社會制度與器物發明」、「歷史事件」……等在各地方，都有拾之不盡的、生動的、美麗的、深沉的神話。有的載之書冊，但大多是傳之民間，一代一代的相傳下去。像我的故鄉——四川那個地方，就有許多已經記不起的神話了。

我們這一代，也許就是神話的遺失年代，但願有人能把無盡的神話寫下來，在人類的枯燥心靈上加上一點火種與水源，使現代各種藝術的意義更爲豐滿。

自然界的變幻和人生的變化是神話的兩大主力。神話在宗教時代，就從各方面生了根。霍金氏（W. E. Hocking）說：「宗教是一切藝術之母。」而神話又是宗教的靈魂。我們研究藝術的人，就不得不相信：神話是藝術的火種。

人類文化是自宗教而始，所以每種文化皆與宗教——「神話」有關。實證主義者孔德（Comte）把人類思想進展分爲：

1. 神學期。

2. 玄學期。

3. 科學期。

至少表明了神話，在人類思想是一個怎樣的「自然位置」。我們可將其分爲：

1. 宗教期。

2. 哲學期。

3. 科學期。

但宗教是集體的生活樣式，心靈的活動，詩的幻想產物，有意識的創造；哲學則是個別的研究產品，獨自的創意，追求心靈與環境的「融和」。

我們很懷疑：科學在今天是否已能解答宇宙、人生……的一切秘奧。如末，宗教亦勢將難自宇宙中退出。一切一切藝術中，我們也依然會發現藝術品背後的精神性態裡總帶著幻想的最高直覺——神話的影響力。也難怪康德（Kant）在論到倫理學的問題時說：「宗教以信仰爲依據，而不需邏輯的證明，信仰自身即有理由提出其內容作爲必需的假設。」我們再看當代科學家而又爲哲學家的懷德海（A. N. Whitehead）教授的意見，他說：「宗教是信仰的力量，用以清潔我們內部的生活。」我們也可以說：「藝術也是信仰文化的文化力量之表徵，用以清潔我們內部的生活。」

生理的生活和情感的生活以及理性的生活是不能沒有他的信仰，沒有他的藝術，沒有他的哲學。如沒有，則人非人，一切文化失去了光彩，而信仰、藝術、哲學在未來的進程上，會因科學的力量而日益把人變換成爲更像一個人，那我們就不必問：人像什麼？人，就像一個人，像你自己那樣。也許，我們應試問自己所表現的，都是「像自己」那樣嗎？

在這裡，我們最後還要寫下一句：人，是從原始人而來的。在我們今天的人中，從生下來到埋進泥土裡去，整個歷程就是人從原始人到今人的縮影。

所以，在我們研究了宗教與神話之後，我們深深地體會到：當我們欣賞一件藝術品時，不論它是馴鹿時代洞中壁畫……到趙無極的怪畫或超現代派的詩，好萊塢的電影、近日風行的馬舞、雞舞、乃至機械……等，如不帶著一點神性的和魔性的情態去感覺，實在就不能不使很多人要說：「這是什麼畫？什麼詩？法國的有那麼多不准看的電影！雞舞、馬舞這類的『運動』簡直是胡鬧，這是什麼世道？……」了。

這些藝術的價值，和它所顯示的藝術精神之爲何種類型，健康歟？頹廢歟？那又是另一個問題了，我們打算在以後討論。

## 原始藝術

斯賓格勒在論藝術時，反對從其活動史的敘述，以爲這樣不能找出其文化的基本象徵。葛達爾（F. H. Coddand）吉朋斯（P. A. Giddons）說他：「……是故吾人不必取各種藝術而敘述其歷史，惟將『名合之藝術』說明足矣。」比斯賓格之主張武斷。藝術爲一文化之基本象徵，欲明此象徵爲何，捨探究藝術品活動的眞象而僅作直陳的論述，則必難明其所以。尤其容易流入武斷。幻想的自由，將藝術與道德、政治……等關係不易分清。這我們不敢苟同的地方。所以，我們既採取史的研究，又採取人的、社會的、哲學的……等各種的研究途徑。

爲此，我們在「石頭的故事」，「回到原始宗教」，「神話是藝術的火種」之後，就不能不看看原始藝術這一問題了。

在人類原始生活中，實用的技術同科學都還幼稚時，審美的藝術卻大爲發達。我們從許多原始民族的生活中發現，藝術對他們的重要與普遍性並不下於所謂的文明民族。從阿里山山胞的生活就可證明：沒有一個原始民族無審美的感情，沒有一個不曉得裝飾、跳舞和欣賞音樂。所以原始民族的藝術活動（Artistic actvities）比文明人更爲盛大。在原始社會中，較多的個人受了他的影響，而較大部分的文化內容也爲藝術所構成，審美觀念乃爲一種固有的天性，而與智力水準無關。實在說，在野蠻生活中，一個人就是一個藝術家。

藝術是與人類同其存在的。從當今尚存的原始民族和文明民族的史前時代遺物就可得到「藝術是與人類同其存在」的證據。

我們近年來的研究工作，已爲人類學者所得知的若干最原始人類藝術更獲得確切證實。早期舊石器時代的石器除實用外，還有美的形式之性質。它以奧利那西亞期爲代表的藝術，在線條與平面的表象都很不錯，後期舊石器時代的麥達稜尼安斯（Magdalerian Period）有更進步的藝術，那個時期畫家所繪的野牛、馬、鹿、猛猲等壁畫，在塑像立體表象上，實令今人嘆爲觀止。西班牙發現的亞耳他米拉（Altamira）洞穴中的野獸壁畫——紅、黃、黑、白四種彩色繪成，其狀逼眞，其神活躍。另外骨與象牙的雕刻也極精緻。

此時期中，動物形象的作品最多，其中尤以狩獵動物爲多，如馬多於豺狼，冰鹿多於獅，這都可以證明狩獵生活的影響。動物又常是牝的，這或有禁魘的意義。

人類的像，常是女性，但不如動物藝術的造詣高。在新石器時代，繪畫反不如從前，那種塑像的感受性已經消失了。

可是，石器的琢磨修飾卻大爲進步，這自然一面是由於實用，一面也由於愛美的衝動。而陶器上的裝飾，其紋富有幾何形。在銅器時代，幾何形的條紋更爲發達，一直沿用到鐵器時代。

在舊石器時代的「史前」藝術所留下的殘跡，以地理位置分，有法蘭西——劍橋、東西班牙、北非。其中當然以前面提到的亞耳他米拉石窟聞名。與此並駕齊驅的還有南羅特西亞（Southern Rhodesia），西南非洲的蒲席曼（Bushmen）藝術。它們都有若干相同的特徵。那種獸足的側面與正面相併合，在表現物體各部份最顯著的外觀，這是不注重事物認識的畫法。有人以爲原始藝術非寫實藝術的自然派，實有我們所謂的象徵派之意味（當然也從自然而來）。在Altamira洞穴中的一頭水牛，身體特別加長，以表示牛跳躍的動作，四蹄作快要跳的樣子，著色平淡，而明暗分明，以顯示出動物軀體運動的紋跡。

這種原始藝術之在人類史上出現，不外自人的內在衝動和外在需要兩端。關於內在衝動之說，赫恩（Yrjo Hirn）在他的The Origins of Arts, a Psychological Inquiry（藝術的起源——心理學的與社會學的探究）一書中就提到了藝術的衝動（Art-impulse）。

赫恩說：「藝術的行動是由於每種感情狀態的向外擴張，結果能增加快樂和減少痛苦。」由於這種個人衝動的向外表現，進而引起別人的共鳴——同樣感情之再見，再回來時又反射到原來的那衝動者的感情，而變爲社會性的了。

關於外在需要之說：哈頓（A. C. Haddon）在其Evolution in Art（藝術的演進）一書中，指出人類趨向藝術，有四種需要：

一、美感——專爲欣賞形狀、色彩、聲音……等的快感的審美性。

二、表達——用聲音、擬勢、繪畫來傳達意見。

三、財富——除審美性外，人爲喜愛財物，以製造裝飾品表示之。

四、宗教——人類爲要同神作同情上的交往關係，藉藝術表現於宗教之中。

我們對於原始藝術的解釋是這樣的：

一、各民族地區對於藝術都有「適切的觀念」（Appropriateness）。某種事物以爲美者，別種事物又未必爲美。譬如：適於男者，女者不一定適合。合於小孩者，未必合於大人（衣器、飾紋等）。

二、原始藝術又常帶象徵主義。一個簡單的幾何形致被當爲閃電或鳥。一個萬字紋樣卍或者代表幸運，一個逃亡者，十字路等。象徵主義每依民族的觀念而不同。

三、藝術的解釋又因文化的型式各異。同是一種藝術，有的民族爲宗教的意義，有的爲歷史的意義，有的純爲審美的。

四、在一個民族中，各人對於一種藝術的解釋也不完全相同。

大致說來：一般人將原始藝術分爲兩種型式：

一、寫實體（Realistic type）——以表現實在形象爲目的，如麥達稜尼安期的動物畫即是。現在的美拉尼西亞和波里尼西亞各島土人的作品也多如此。

二、幾何體（geometrical）或簡略體（coneventional）——其形象不求逼眞，只稍類似，或只可會意，像幾何形的圖案，寫實體的簡略，常見於編織物或陶器上。

現在我們再研究一下剛才曾談到的「有人以爲原始藝術非寫實藝術的自然派，實有我們所謂的象徵派文章意味」這句話的本義。

從前研究原始藝術的人，在推求藝術的進化時，以爲「寫實」與「幾何」二體必有先後。哈頓主張原始藝術最初的型式是寫實，後來由於技術和別種原因的影響遂逐漸傾向爲幾何形，最後遂完全失去寫實性質，而變成爲幾何體。「幾何體」也是寫實體原意的遺留。他還舉出許多實物爲證據，如鱷魚的雕刻品，有的是寫實體，有的是純粹的幾何形。巴孚耳（H. Balfour）也倡此說。他以爲藝術起源於美的認識，而以爲表現實力求近似的才爲美。後來摹倣的作品已是新型，他也舉出史前的雕刻是最早發生的藝術爲例。但這派主張已被駁斥！如美洲平原印地安人的編珠術，其幾何形的圖樣是先發生的。而高登衛塞（A. A. Goldenweiser）認爲此二者乃由於不同的原因和技術獨立發生的。兩者都能給人快感，兩者都相互影響。最後，視何者的意味較重而定其藝術的情趣。

在原始藝術的種類上，通常分爲：

一、靜的藝術（Arts of rest）——由靜止的狀態表現美。裝飾、繪畫、雕刻都屬於靜的藝術。

在這三種之中，有人說裝飾先於繪畫與雕刻。裝飾先用於人體，次及於器物，最後，獨立的繪畫與雕刻才發生。

二、動的藝術（Arts of motion）——由運動或變遷表現美感。跳舞可以視爲活動的雕刻，由靜的轉爲動的藝術。原始社會中，跳舞和唱歌相聯，故歌謠可說是動的第二種藝術。最後，音樂以第三種的藝術加入。

我們把藝術分爲「動」、「靜」是從藝術之與「空——時」的關係而論定的。我們對於原始藝術再進一步時，除了要談到原始「人體裝飾」、「器物裝飾」、「繪雕畫刻」、「跳舞」、「詩」、「音樂」外，還應談到原始「語言文字」。我們以爲：它們都可以視爲「原始藝術體」。

三、人體裝飾——我們已經談到「沒有一個原始民族無審美的感情，沒有一個不曉得裝飾，跳舞和音樂」。曾經有這樣的故事發生：達爾文把一塊紅布送給一個佛伊哥島人（Fuegians），但這位南美大國土人卻不把它拿來做衣服，反把紅布撕成一片一片分給同伴束在手臂上和腿與腰上，做成裝飾物，這使達爾文當時頗感驚訝。但事後他就發現了原始民族的藝術活動比文明人更爲盛大的事實。我們還得知道，這一事實不僅存在於此族。除了北極而外，其他原始民族大都是裝飾多於衣服。柯克（Cook）也說：佛伊哥人「他們寧願裸體，而渴望美觀」這種愛美的情感。但這種「愛美的情感」是來自何處呢？我們知道：文明人的裝飾不如蠻族的豐盛遠甚。只要將他們的全部所有物和飾物作一比較，就明白蠻族生活雖是那樣的鄙陋，而裝飾物卻特別繁多和發達的不相稱，事實是由於：除了審美慾望的滿足外，而實際生活上的價值亦爲重要。那是什麼價值呢？

第一、在引起人的美感。

第二、在使人畏懼。

這兩點都是生活競爭上不可少的利器。

從此，我們可以由其目的中把人體裝飾分爲兩類。

一、引人的。

二、拒人的。

但也有常兼兩種效用的。引起同性畏懼的，同時也使異性欣慕，男人是戰士，又是女人所愛的；紅色是喜事的象徵，也是戰爭的顏色，加上羽毛、瘢紋，不但引人而且使敵人害怕，在原始社會的男人多事裝飾者，是因爲女人不怕無夫，或爲母系社會所致。而男人卻須互爭裝飾以取悅於女人，故從原始社會起，雄的就是求愛者。在文明社會中，表面是男的求愛，其實是女人求悅於男人，而只是表示出求愛的行爲者在男人，女人因要引起男人去追求，遂爭飾以取悅男人，故有「女爲悅己者容」。而父系社會也是形成此種現象的一個主要因素，自然，今天已有很多的男人懼無妻，那是因爲男人在父系社會中的生存力與發展不能自由開展所引起的「不景氣現象」。如一個男人，有了基礎，有了地位，則女人必將爭相取悅，自不用去東追西逐，像隻蜜蜂似的飛來飛去了。

我們再回來談原始人民選擇飾物的美學標準，可從光澤、色彩、形狀三方面去看。金屬物、寶石、貝殼、齒牙、毛羽所以被珍視，皆因其有光澤之故。蠻人選擇飾物的顏色多以紅、黃、白爲主，藍色和綠色的極少，至於鳥羽的採用，不單因其光澤，也是因其形狀美觀，它們不但取「自然物」以爲飾，並且還施之以人工，其整理配置的技術，都很合乎美學原則。如對稱律（Symmetry）與節奏律（Rhythm）是。

對稱律與節奏律是怎樣來的呢？

「對稱律」是受人身體形狀與自然形狀的影響；「節奏律」則由於身體內部生理動作與自然的變化和飾物的性質，這些不能察覺的「心理」、「生理」、「自然物」三個力量交互作用的形成。人的身體是對稱的，加於其上的飾物也跟著講求對稱了──心理習慣使然。

有時，也偶而有不對稱的，那是故意的反常，用以引起滑稽和嚇人的作用。故將紋樣或飾物排列整齊，黑白相間、大小、長短也相間配置，從對稱中，節奏的功用自然就呈顯出來了。這也是一種「間息」的作用。

原始人體的裝飾有二：

㈠固定的──各種永久性的戕賊身體的裝飾，如：瘢紋（Scarfication），鯨涅（Tabtooing）及永久安置耳、鼻、脣等穿塞物飾。

㈡不固定的──以物暫時繫於身上各部的裝飾，如髮飾、頭飾、頸飾、四肢飾等。

至於「繪身」（Paintimg body）似乎介於二者之間的一種最早裝飾。

關於原始人體裝飾的詳情細節，我們不想再詳加述說。當我們看到當今文明人的人體裝飾時，我們該會發現許多有趣的而又爲人所忽略了的藝術現象和它們內在所蘊藏的又是什麼了。

㈢器物裝飾——什麼是器物裝飾？從狹義上說：凡加裝飾於器物上者皆屬之；從廣義上說：不但加飾於器物上者，即器物本身的刮磨平滑和修治整齊者也是。平滑整齊不僅有美學上的價值，而且又有實際上的效用，裝飾的紋樣（designs），完全是自由構成的很少，它的來源多由於受自然物自然現象或人工物的暗示，摹倣其形狀而成。文明人多摹倣植物，原始人多摹倣動物，想係生活距離的關係。這種模倣自然物紋樣者有：

㈠具備全體的——寫實體，很像眞物。

㈡取特殊部分以代表全體的——象徵體、寫意物。

㈢用器物拘束而曲變其紋以適合物形——變體。

㈣自然界暗示或技術影響而成——簡單的幾何體。

至於與裝飾相似的各種記號，以作其他用途的則有：銘誌、財產記號、團體標誌、宗教的象徵等。

（本文曾刊於《國魂》第三三四期六二年九月，《幼獅文藝》第二三〇期六二年二月）

# 哲學・科學與藝術

我們如把人類文化當作一個整體來看，它就可以被描述爲人的向前自我解放的歷程。語言、藝術、宗教、科學是這個歷程中的各種不同的方面。在它們所有的這一切中，人發現並證明了一個新的力量——建造一個他自己的世界的力量，一個理想的世界。歷史是人類生命的永恆象徵。哲學不能放棄它在這個理想世界中去尋找一個基本的統一。但是哲學又並不把統一化的要求與單純化的要求加以混淆。——E. Cassirer, An Essay on Man, p.286——

假如我們要把哲學的知識作爲今天一切學問的知識基礎來看，從這一基礎，我們把人類的一切知識，從自然到生命，從生命到思想作一個通識通觀；也就是要把自然生命到生命精神，從生命精神到思想生命的每一層次都要展開來看。也就是要從物理的層次到生理的層次，再到心理的層次，再到社會的層次，再到眞、善、美的價值層次，再到純粹的精神世界。最後，再從純粹的精神迴向人間世。所以古人有言：「神者，生之本也；形者，生之具也。」（註一）

「斯褧格（O. Spengler）與凱薩林（H. Keyserling）均說一切眞實的歷史都是哲學」（註二

）。我們知道太史公曾說過他的學問就是「究天人之際，通古今之變，成一家之言」的學問。這是什麼學問呢？就是以哲學作基礎建立起來的學問；在他的歷史知識中不但有哲學知識，還有神的知識。因此這就難怪章學誠要大聲急呼：「六經皆史」了。

哲學知識從歷史中所呈現出來的，是人類生命世界的「空——時」系統與「質——相」的擴充；這個生命的世界，是一個不斷創造向前奮進的生命世界。是哲學，使人的生命世界在歷史中前進，也只有在歷史中才能看到整個人類生命的不斷生長，一個生命接著一個生命的生長，「生生」不已的生長。哲學，假如失去了歷史，怎能不失去生命本身，又怎能不失去哲學的安身立命之所呢？

哲學，從歷史中透出了人類生命的生長歷程，它抱住了「歷史」；左手握住的是「科學」，右手握住的是「藝術」，哲學的足下站在「自然」之上，哲學的頭上是人心中的超自然力量的「神」。

科學，告訴了我們生命的「自然」知識。

藝術，告訴了我們生命的「情感」知識。

人在生命的世界中，一開始創造文化時，就在問：「自然是什麼？」「生命是什麼？」「思想是什麼？」「人從那裡來？要往那裡去？」「人，究竟是什麼？」「人在宇宙中的地位是什麼？」「人之了解世界的知識是什麼？知識是怎樣來的？可靠嗎？人所獲得的知識對象的性質又如何？」「萬物的本質是什麼？」「宇宙是動還是靜？它的規律是什麼？它的根本本質是一個還是幾個？」「萬物的分別是由於型還是由於質？萬物的變動是由於自身的力量還是它以外的力量？」有與無，因與果，一與多，動與靜，機械與目的……構成了一切生命知識的原理問題。我們在追問這些問題時，不可忘記：「生命以情勝，宇宙以理彰。生命是有情之天下，其實質爲不斷的、創進的欲望與衝動。宇宙是有法之天下，其結構爲整秩的、條貫的事理與色相。我們建設哲學時，每提到生命之創進，便須連類及於世界，每一論及世界之色法，亦須歸根於生命」（註三）。

生命世界中的這些問題：一邊是境的認識，這個境的認識起於感覺的親驗，終於理智的推論，形成了生命知識的時空系統；一邊是情的蘊發，它表徵了人性的活躍、衝動、創造，構成了生命的眞、善、美價值系統。總之，「哲學思想自理論看，起於境的認識；自實踐看，起於情的蘊發。我們如把境的認識與情的蘊發點化了，成爲一種高潔的意境，自能產生一種體大思精的哲學系統。」（註四）因此，哲學的一邊，是科學：是科學幫助我們「本極緻密的求知方法，窮詰有法天下之底蘊，使其質相、結構、關鍵，凡可理解者，一一了然於吾心。」哲學另一邊，是藝術：是藝術幫助我們「依健全的精神領悟有情天下之情趣，使生命活動中所呈露的價值的美善愛等循序實現，底於完成。」（註五）所以，我們要說哲學的左手握住了科學，哲學的右手握住了藝術。

哲學，靠科學來窮「物」之「理」，「對於客觀世界上一切事象演變之跡，莫不因其已（可）知之理而益窮之，以求致乎其極。」（註六）這是境的認識。

哲學，靠藝術來盡「人」之「性」，「使世間有情衆生各本其敬生、達生、樂生的懿德，推而廣之，創而進之，增而益之，體萬物而與天下共親以兼其愛，裁萬類而與天下共覩以彰其善，感萬有而與天下共賞以審其美」。這是情的蘊發。

因爲「有情之天下亦不時有法，有法之天下亦隨在有情。但有法與有情就其差別相看，畢竟不是同性質的一體。我們如以關係的全體（Relational Whole）說明之，有法是一端，有情又是一端。執其兩端，性質自異，合其兩端，使成一連續體，則有法之天下與有情之天下是互相貫串的」（註七），這說出了哲學之包涵性，要同時掌握住科學和藝術的這兩個方面，是不能分離開來的；換句話說，科學與藝術在人類生命世界中，看起來是文化的兩個方面；究其實，科學與藝術，它們的性質雖不同，但在人的生命世界中時，卻是一貫，貫於整個生命世界之中；乃哲學把科學與藝術貫串在生命的活動中。

因爲「情理的一貫」，所以科學與藝術也一貫。「何自有情因色有，何緣造色爲情生，如環情色成千古，豔豔熒熒畫不成」。（註八）

哲學，在「歷史」中，立於「自然」之上，憑藉「科學」與「藝術」建造的人類思想系統都是生命世界中的情趣與意義的象徵。這個世界是一個生命世界：是人的生命要求科學，才創造了科學；是人的生命要求藝術，才創造了藝術。生命是什麼？「生命是創進的歷程，當其進也，不僅承受客觀環境裡的勢力，絕對聽其支配，同時卻本自身的要求，把世界上形形色色的因素取來建設一種合理的邏輯結構。這種結構便是符合生命要求的世界觀。」（註九）

在生命的世界中，哲學的兩大工作：一是探討——人類精神工作的意義；一是評判文化創造工作的價值。在生命世界中，哲學家對於每一精神工作，都要追問它的意義何在；對於每一文化創造工作，都要追問它的價值何在。

生命，充滿了意義與價值；發現它的意義與價值就是哲學的使命。哲學如何去發現生命世界中的一切意義與價值呢？科學知識，是哲學用來發現生命世界中的一切純知的意義。藝術知識，是哲學用來發現生命世界中的一切價值之所在。歷史，才把生命世界中的一切意義與價值建構於一個永恆的生命體之上。是歷史才把宇宙在人的世界中立了起來。

【附註】

註　一　司馬遷：史記「太史公自序」。

註　二　方東美教授：科學哲學與人生，一五頁。

註　三　仝前三七頁。

註　四　仝前一六頁。

註　五　仝前三四頁。

註　六　仝前三四頁。

註　七　仝前三七頁。

註　八　西青散記卷四。

註　九　方東美教授：科學哲學與人生，三九頁。

（本文曾刊於《中華文藝》第三卷第三期六一年五月）

# 藝術的美與道德

藝術之與道德，僅從人之與道德就可判定——藝術的美是道德最高表徵。人，是道德的動物，在絕對精神中，藝術是理念之感覺的化象。黑格爾（Hegel）說：「人就本質上講，是精神—自由與意識；離開自然之手的個人精神，已非盲目的本能，利己的情慾所支配；但當他爲本能，利己的情慾所支配時，他已不能支配他自己了。」故藝術家的思想和對象是人類的靈魂和無限的融合。因爲藝術是從情感與想像發生，故藝術是精神對於物質豫想的勝利，是觀念透入物質而依他的想像把它改造，由於觀念使用體現的有易馴與難治之分，故藝術的美之形式各個不同。但都必須與內容統一。所以，藝術是絕對精神之感覺的直觀形式。

藝術的完整性，是建立在「載道」與「言志」的多面之統一上，亦即須爲與所好的調和。因「志」與「道」是人的兩面，也是藝術的兩面，故在「志」與「道」之統一時則爲藝術美的極致。中國之主「氣」——「風骨」與「神韻」的藝術造詣在此。

而「志」——自然，爲眞（正）；「道」——理念，爲善（反）；「藝」——形式，爲美（合）

；的相遞，相變，相循。因「志」與「道」在藝術上的統一之諸種問題正如杜威所說：藝術是浸潤在經驗中的一種性質，而非經驗本身。美感經驗不僅是美感的，它包含有許多「外物」和「意義」，這些外物和意義的本身並不美感，但當它們組織成一種極有規律的條理時，它們就變成美感了。美感經驗的材料是人爲的，一方面也與自然界相連續的，「人是自然的一部分，也是社會的。」故藝術是——

1.爲了文化的表現，記錄，頌揚……。

2.推動文化發展的工具。

3.是文化性質優劣的最後判斷。

所以「美學」在藝術的創作中是最基本的問題；亦爲歷來創作藝術過程上所爭辯不休的問題；更爲藝術家所追求的最高境界。歌德（Goeth）曾說：「藝術家對於自然有兩種關係，他爲自然的主人，也爲自然的奴隸，他是奴隸因他必須使用人世的工具才能叫人懂；他是它的主人，因他奴使它們效忠於他的卓越心裁。藝術家又要使觀念得到一種總印象……。」而——

一、寫實主義的：

1.藝術描寫自然，而且描寫我們實際生活。「……凡存在的東西都是實在的，生命就是眞理，而眞理就是藝術……」和「每樣東西都是藝術的產品……。」

2.藝術的優劣當以表達自然和生活方式與技巧的優劣爲標準，也因爲藝術的內容已受自然和生活本身所決定。

3.藝術家的特質是在表達的方式而不在選擇其內容，不問道德、政治、法律、哲學……。

4.藝術在描寫實際，只重個性的和具體的事物……。

**二、理想主義的：**

1.藝術是用具體材料表現自己的情緒和理想。

2.只在如何選擇其內容，而技巧爲次要。

3.藝術家要有道德，哲學的根據。

4.重典型而不重個性。

這兩派的藝術觀，有一共同之點——都不承認美在自然本身，而在藝術美。

自然主義者，主張模仿全部自然美。

理想主義者，主張選擇一部分自然美。

但，自然與理想是不能分開的，孤立的。其他各派自不用談。人，是自然的，更是理想的；藝術，是寫實的，也是理想的；亦是「志」與「道」的統一。所以，人是自然與理想的象徵；藝術也就是人類靈魂之總的活動。

寫實中不能沒有理想，理想中不能沒有寫實。

志必有道，道必有志。

不然，脫離了理想的寫實主義的藝術，則非人的藝術產品；而是「走樣」，「變樣」的藝術品，是「悖人」的藝術產物。如黃色，半黃色與灰色的各式各種的藝術品，以及惟色，惟情……一切的「惟」什麼派之藝術品，比比皆是。故一切黃色、半黃色、灰色，惟什麼派的鼓吹者皆在打倒之列。而脫離了寫實的理想主義的藝術，也非人的藝術產品；亦是「走樣」，「變樣」的藝術產品，更是「悖人」的藝術產物，如紅色、半紅色與黑色的各式各種的藝術品，以及欽定，和所有的形形色色的八股藝術，莫不皆然。故一切紅色、半紅色、黑色、欽定和形形色色的八股鼓吹者也在被打倒之列。

但我們並不反對完整的個性藝術創作；也不反對完整的具體藝術創作。因他們雖以一幟見樹，卻並未偏廢其一，不過乃一重點之形成而已。

再從古今中外大小的藝術產品中，任取其一件觀之，其能爲普遍所接受者，無不是人與神，物與我，現實與理想，道與志，須爲與所好融合的完整經驗的藝術品，其必然包含：

一、知識——主觀的作用；客觀的對象，理性的範疇和感覺的所與。

二、道德——內在的良知，外在的環境，個人的行爲，社會的制度……。

三、美感——形相的直覺，內容的解釋，表達的方法，情意的修養……。

然非原始的直觀而爲精神價值的實現，經驗的發展。亦非主觀與客觀的和數，而爲個人的內心活動、道德、政治、社會、經驗、宗教的精神活動。更非內容與形式的堆積，而爲各種樣式、特質、內在組織、功能、內容、分子……文質兼美的有機體，確無疑義。

上乘的藝術產品，不但模仿自然，而且要表現普遍永恆的觀念與價值——道德。進而言之，其模仿自然的藝術美在予人的道德以至高的表現。所以，道德在藝術中，尤其在我們今日的中國藝術創作中的「突出性」，已比任何國家，任何時代更爲我們所易觸及。也難怪米勒（Michelet）要大聲疾呼：「藝術與道德一致就實現了文藝復興」。

因此，藝術創造者的人格修養——道德，是決定藝術品的最內在，最親切，最普遍的因素，它不是一時的幻覺，而爲代表時代精神生活的生命表現。泰勒（Taire）在文學上也特別强調：「文學作品不是單純理想的遊戲，不是熱烈頭腦的幽思，而是當代生活態度的一種基本，一種心靈的型態。」劉舍人在其文心雕龍七卷之末的第五十序志篇亦稱：「……本乎道、師乎聖、體乎經、酌乎緯、變乎騷，文之樞紐，亦云極矣……」。其「本乎道……」之精闢見解，已與以後西歐諸家的主張，不謀而合。

自然，一件典型的藝術品是眞、善、美的統一與調和，然藝術創作的道德必爲個人的，社會的……長期的，陶冶與自我反省及修養的結果。

故藝術是「生命直觀」，「世界認識」，也是將精神之最高關心帶給意願的活動。

總之，「道德」之在藝術中早已有其地位，並且永遠會佔着絕對的優勢地位。

問題在——道德在藝術中的標準與觀念在於讀者與鑑賞者情操的高下而已。

（本文曾刊於《革命文藝》第九期，四十五年十二月，
并曾刊於《國魂》第二四二期文藝講評五四年八月）

# 外篇

王維　長江積雪圖卷（部份）

## 詩　是什麼

藝術的「阿基米德」：
——：

•詩，言志；歌，永言；聲，依永；律，和聲，
八言克諧，無相奪倫；
神人以和。

尚書・舜典——：

•詩者，志之所之也；
在心爲志，發言爲詩，
情動於中，而形於言。

詩經・序——：

•詩三百，一言以蔽之，曰：思無邪。

論語爲政、季氏、陽貨、泰伯

•不學詩，無以言。

•詩，可以興，可以觀，可以群，可以怨。

•興於詩，立於禮，成於樂。

•詩者，天地之心，君德之祖，百福之宗，
萬物之戶也；刻之玉板，
藏之金府。

御覽・詩緯含神霧——：

•溫柔敦厚，詩教也。（禮記・經解）

•文理密察，足以有別也。（禮記・中庸）

•情，欲信；辭，欲巧。（禮記，表記）

鍾嶸・詩品——：

豈不以，指事造形，窮情寫物，最為詳切者邪！
文，已盡，而意有餘；興也。
因物，喻志；比也。
直書其事，寓言寫物，賦也。
宏斯三義，酌而用之，
幹之以風力，潤之以丹彩，
使味之者無極，聞之者動心，
是詩之至也。
夫屬詞比事，乃為通談。
觀：——
「古今勝語」——多非「補假」，皆由「直尋」。
詠懷之作：可以陶性靈，發幽思；言在耳目之內，情寄八荒之表，洋洋乎會於風雅，使人忘其鄙近，自致遠大。

司空圖・二十四詩品——：

第一品　雄渾

大用外腓，真體內充，返虛入渾，積健為雄。具備萬物，橫絕太空；荒荒油雲，寥寥長風。超以象外，得其環中；持之匪強，來之無窮。

第二品　沖淡

素處以默，妙機其微；飲之太和，獨鶴與飛。猶之惠風，荏苒在衣；閱音修篁，美曰載歸。遇之匪深，即之愈希；脫有形似，握手已違。

……

論詩——：

辨於味，而後可以言詩也。
知其鹹酸之外，醇美者有所乏耳！
近而不浮，遠而不盡，然後可以言，韻外之致耳！
千變萬狀，不知所以神而自神也。
以全美為工，即知味外之旨。

嚴羽・詩辨——：

學者，須從：最上乘；具：正法眼；悟：第一義。
一味妙悟而已！惟悟，乃為當行，乃為本色。
夫詩者，以識為主，入門須正，立志須高。
工夫——須從上做下，不可從下做上：
從頂額上做來，謂之：向上一路，直截根源，頓門，單刀直入。
詩之法有五：曰體製、曰格力、曰氣象、曰興趣、曰音節。
詩之品有九：曰高，曰古，曰深，曰遠，曰長，曰雄渾，曰飄逸，曰悲壯，曰淒婉。
詩之極致有一：曰入神。
詩，而入神，至矣！蔑以加矣！
唯李杜得之。

# 談詩

## 給詩人歐陽紅葉——兼評「生命的瀑布」

野靜的山鄉
你躍動的瀑布啊
以生之意志的吼叫
突破重重頑石的狙擊
揚唱起自由的歌聲……
當靈魂沉睡了
山石，泥土，荒草，梟鳥……
嗚著死之交響的重奏曲
啊啊！

你自由使者的瀑布
邁著姿狂的腳步
邁著英雄交響樂的旋律來了
死之哀歌瘖啞了
生之譜曲在雲天上奏響
你嘩笑地跳躍地
向沉睡的世紀
啓示自由生命永恆的凱旋……

我喜歡這首詩，可是，我向來對任何人的詩，又不肯輕易的讚許。因爲我常常想起梁宗岱在「詩，詩人，批評家」裡有過這樣幾句話：

「批評的文章不難於發揮得淋漓盡致，而難於說得中肯，不難於說得中肯，而難於應用得確當……還有些談到名家的傑作時，頭頭是道，試把一首無名的詩放在他面前，他便茫然若失了……」。

對於這一首詩，我願從兩點來談：

一、詩的完整底宇宙；

二、詩的語言。

先說詩的完整底宇宙。

什麼是詩的完整底宇宙？這可以用清、靈、輕三字來概括。

清——「天之氣清，人之品格高者，出筆必清；五彩陸離，不知命意所在，氣未清也，清則眉目顯，如水之鑑物無遁形，故貴清』。

靈——「惟靈能變，惟靈能通，反是則笨則木，故貴靈」。

輕——「重則板，輕則圓，重則滯，輕則活，萬鈞之鼎隨手移去，豈不大妙」？

這三字是顧佛影在論詞十六字要訣中提出的，但要如何才能有一個清，靈，輕，的意境呢。

首先當要求意境的構成，要能和諧，統一。

「生命的瀑布」一詩的意境，是歐陽紅葉在生命裡的象徵——瀑布。它的歌聲，旋律，和永恆的凱旋，也就是她在這一首詩裡的一個意境底三部曲。

在這一意境的第一個節拍是躍動的瀑布。在野靜的山鄉，揚唱起自由的歌聲。到第二個節拍時，是當靈魂沉睡了的時候，自由使者的瀑布邁著英雄交響的旋律來了。最後，宇宙的死之哀歌瘖啞了，生之譜曲在雲天上奏響，瀑布向沉睡的世紀啓示自由永恆的凱旋。它給我們的印象是雄壯，是生命自由永恆的凱旋。

她是如何構成這一意境的呢？這要有強烈的情感：也要有象徵的宇宙。

她愛生命，因爲她有愛，所以她才有强烈的感情。因爲她有愛，所以她才能抓著剎那的印象——生命的瀑布。强烈的感情包含在詩中，是深涵的，這强烈的感情底頂點是啓示自由生命的凱旋。所以，它的意境是統一的，因爲他只有一個主題：「瀑布」；其他的都只是主題的陪襯而已。因爲他是和諧的，所以，它完全是音樂性底美。她和瀑布完全統一在詩的音樂性底和諧中，有了這一生命的象徵，才完成了他完整的宇宙。

在詩的氣氛之中，瀑布的躍動，它以生之意志的吼叫，它從突破重重頑石的阻擊中，揚起歌聲……一直到永恆的凱旋，這些已孕育了一個永久的普遍性和內在的親切性，在大我中有小我的親切，在小我中又有大我的普遍。瀑布是她自我和人格的創造。是她生命樹上最深沉的思想，最强烈的感情開出的花朵。

再說詩的語言。

什麼是詩的語言？各人的解釋儘可不同，但它必須是飽含情緒與思想的語言。

這一首詩的情緒，思想是怎樣的呢？

㈠「語言的整鍊」。有兩個因素，一是活的語言；一是正確性的語言。活的語言不是死的方塊字，活的語言是口語，是在生活中的語言，是心理的動作與語言一致的活動。它的正確性是指內在藝術的要求。因此，死了的語言，生硬的語言，雜亂的語言，都不是詩的語言。因此，我們要去找那惟一的一個字，一句話。

這一首詩中的『瀑布，山鄉，你，吼叫，狙擊，歌聲，靈魂，山石，泥土，荒草，梟鳥，重奏曲，腳步，旋律，哀歌，譜曲，雲天，世紀，凱旋……』都是構成它的主要材料，也是活躍在作者心上而經過選擇，溶化以後的語言資料，並且是適合於詩的形象中現實的東西。在這些語言中，都有生命的意蘊。

『野靜的，躍動的，生之意志的，頑石的，自由的……自由生命永恆的。』這不同類的形容詞性的語彙，在這些中，那些是你慣用的，那些是特別構成的。它們形容的東西，所給你的印象，你的感覺，是平常，親切，還是美麗的呢？

『突破，唱，邁，奏響，啓示』這些動詞性的字，詞，是不是我們生活中常有的，常用的，常常看到的各種在內心上，狀態上的動作呢？

『之、著、以、常……』這些前置詞的用法，亦頗值得注意。

『靜的山鄉』一句，用「靜」字來形容山鄉，是靜的「山鄉」。又在靜的前面用上一個「野」字來加深形容。它不但形容「靜」，而且形容「山」與「鄉」。並且「鄉」是山樣的「鄉」，而且山又形容了「鄉」，野的形容在心上是實在的，靜是觸不到的，這兩個字本身是不同型的形容詞而又互相有形容的作用。然後又併用起來形容兩位——「山」與「鄉」：而且又形容詞一體的——「山鄉」。自然就是一個名詞。又用「的」字連起它們。所以，這一句子，實際變成了名詞子句而且獨立在一行，只是次於「瀑布」一格的名詞吧了。

以生之意志的吼叫，突破重重頑石的狙擊中，「吼叫，狙擊」，在這兒，她把動詞作名詞用，變成了動名詞，是最好不過了。兩個都在那兩行的最後。「吼叫」是「以」的及物格，「狙擊」是「突破」的受事格。「以」在此乃作動詞性的前詞，因此，第一節的三四五行都是用動詞起頭，加强詩的動作。但是，「以」字跟著「突破」，「突破」又跟著「揚唱起」作為它們的主動作。突破為次一動作，而「以」字則更次之了。

『英雄交響樂，靈魂沉睡了，死之交響的，重奏曲，沉睡的世紀，自由生命求恆的凱旋』；都是名詞性的子句。但響，睡，奏，又是動詞性的字。而「自由」，「生命」，全是名詞，並且在下面又卻接著「永恆」一形容詞來描繪「凱旋」，但卻都是形容「凱旋」的，這一個句子的結構，是她詩中的特點。她語言的整練，在此有了最充分的表現。也是她語言的代表。

以上這些，在詩中，是不是把握了語言的正確性，這就是看他們是不是已完全抓著作者的情感，印象，動作，而連成一幅生命的瀑布。每一字，每一句，每一節，有沒有可以變動的，更改，甚至抹去的地方。你不妨試一試。形象的完整，音節，韻律……這些都要考慮的。

㈡詩的語言：

甲、主題的——瀑布在她心靈上的活動。

1.在野靜的山鄉中，「瀑布」是躍動的，以生之意志吼叫，突破頑石重重阻擊，揚唱起自由的歌聲。

2.當靈魂沉睡了，地上的一切都唱著死亡交響重奏曲時……「瀑布」是自由使者地邁著英雄交響的旋樂來了。

3.當死之哀歌瘖啞了，當生之譜曲在雲天上奏響時「瀑布」是嘩笑地跳躍地向沉睡的世紀啓示自由生命永恆的凱旋……。

乙、主動作的——瀑布是在自我的活動中，她「揚唱起」是一個動作，她「來了」是一個動作，她更向沉睡的世紀作著「啓示」又是一個更主要更主動的一個動作。

丙、重心的——在上面主題中的語言，我只把她重行排列了一下，加上幾個「在」，「當」，而去掉了「你」，「啊」，「啊啊」，幾個字。你看出來「排列」在詩中的重要性，但是只是詩的形式美之一個具體化的一個要點。有些字，在詩中，我們又不能像散文那樣的把它托出來。它需要更多的剪裁。而情感的表現，又要以用得很確當的語助詞來加重，延伸，起伏，頓住……。尤其是她把「你」字第二人稱代名詞來加深她對瀑布的感情，這又起了一個深深的轉折。所以，「你躍動的瀑布啊」。「你自由使者的瀑布」在這詩中的三個「你」字，只有在最後一節詩中，作者才省去了一個「你」字，而接著不再用名詞竟換用了「嘩笑地跳躍地」的語言。

丁、象徵的語言，在文學的語言中，它永遠居於首要的地位。在詩中，這是更主要的表現工具。賦、比、興都脫離不了它。尤其在語言「人格化中，它全是一個象徵的作用。」

這詩中，象徵性的語言有：

野靜的山鄉——象徵整個的宇宙。

躍跳的瀑布——象徵生命的躍動。

生之意志——象徵瀑布的人格化。

頑石的阻擊——象徵社會的阻力。

自由的歌聲——象徵瀑布的心聲。

靈魂——象徵宇宙，人，大地……的靈魂。

山石，泥土，荒草，梟鳥，像徵宇宙中的複雜性。

死之哀歌瘖啞了——象徵魔鬼的滅亡。

生之譜曲在雲天上奏響——象徵上帝的永在。

沉睡的世紀——象徵社會，人心的墮力。

啓示自由生命永恆的凱旋——象徵人，眞理，上帝的勝利。

這些詳細的分析與闡釋，實在有待於語言學家們的引導。不過，修辭立其誠。這一原則是不可忽視的。

詩的格，是它的排列，詩的調，是它的韻律：

詩的排列美，韻律音，都由感情，印象，材料（文學上的材料，現實的材料），等經過作者的內在藝術要求所組成的。

從印象到想像，從想像變成形象，形象又在讀者心上造成意境。

格調的平直，曲徐，或奇或偶，其間的變化，是在自己的運用。

此詩的格調，是一個主要的旋律底三種變化。

在排列上，有對比，有重疊，有反覆……

在韻律上，從他的音節中，可看出來，多半表現在「當」，「你」，與「啊」，「啊啊」，「了」的用法上。尤其當你讀到每節最後一行時，會使你的心裡也有一個動起來和著它的節拍，從「揚唱起」，「邁著」，一直到「啓示」爲止，都是先低後揚的音節爲詩的主調。

1. 對比的排列——

「野靜的山鄉
你躍動的瀑布啊」

是山鄉與瀑布的對比排列，都是名詞性格的句子，重點都在第二句上。

「……以……吼叫
……突破……狙擊」

是動名詞對比的排列，至於：

「當……

你…………………」

或是：

「在…………………

（她的詩上已省去這個在字）

你…………………」，也屬口語上的一種排列。

2.重疊與反覆的句子——

「當………

你………」

「在………

你………」

她在每一節都用了這一形式而且這一格調也是這一首詩的主調：它在每一節中是重疊，在全首中是反覆。

「揚唱起………

邁著……了……來

啓示…………」

這是動作上的反覆：而又起著動作上的變化。

3. **格調的變化——**

第一節中，在「野靜的山鄉」一句後接著就是「你……」但在第二節時，第一行「當……」後接著的不是「你……」而是「山，石，泥土，荒草，梟鳥……」一行羅列的名詞，並且是緊接著第三行的詩是第二行的詩動作，到第四行時是兩個「啊」字，到了第五行時，「你……」的主格才出來，待到第三節時，用了「死之……」與「生之……」是種次格而同位的對比句子排列法，以後才是「你……」的主格接上來，這又是它的第三種變化。我再用線條來顯示它的格律上的變化：

第一節的格律

「野靜的山鄉」……次位格

「你……」…………主位格

第二節的格律

「當……」………次位格

「山石……」……虛位格

「唱………」……主位格

第三節的格律

「死之……」………次位格

「生之……」………次位格

「你……」……主位格

雖未學過音韻學。但是，只要我們把它們用習慣了，就會覺察出這一個字用在這裡合不合適，它的韻腳：抑，揚，輕，重，中，平……。

4. 音節與韻律：

這一首詩，是剛强而帶柔性的美；因爲每一節的最後一行的起頭都是動作動詞，只有在第二節時才用在最後一行的末尾上。

「歌聲」，「來了」，「凱旋」三個詞兒，「聲」、「了」、「旋」三字的音都是齒唇音，「來」與「了」是上聲，「旋」字是入聲，而且用了一個重疊韻「突破重重頑石的狙擊」一句中的「重重」兩字，使你在不知不覺中體會出突破的樣子和許多的阻擊以加强這一句的意境。

所以，一首好詩，它的意境要高，不管是有我或無我之境，但卻必須是人與物的各部份間的匀稱，均衡與和諧詩人的感情，想像，物與我，語言的美。

在詩裡的一種强烈的音韻的節奏與强烈的思想與情感的配合，不是一天的功夫，可辦得到的。

詩人，必須是思想家，更必須是戰士，中外偉大的詩人，如荷馬，但丁，歌德，雪萊……屈原，杜甫，李白，陸游，文天祥，那一個缺少了戰鬥？

（本文曾刊於《中學生文藝》，第三期四十一年五月一日）

# 詩的語言

詩是天才，也是情感的直透，更是學養在詩中有我的最高境界：

「採菊東籬下
悠然見南山
山氣日夕佳
飛鳥相與還
此中有眞意
欲辨已忘言」

一幅田園詩人在東籬採菊的「悠然」畫境，山氣是自然的，也是淵明的，飛鳥象徵一個人靈魂，宇宙間飛鳥有許多個，詩人的靈魂也不孤獨，此中確有眞意在，我們欲辨已忘言。「忘言」是什麼呢？不論是新詩，舊詩，或外國詩，我們都是從它們裡面取得更大的和諧，更深的「最內在的親切」，更高的「最永久的普遍」：

「我眺望遠方
我注視近景
月亮與星光
小鹿與幽林
紛紜萬象中
皆見永恆美」
——歌德·浮士德

這境界，這味道，是不能言說的。總之，在詩裡面有我們最迫切的呼應。喜、怒、哀、樂、愛、憎都在那兒起共鳴。最感情的，最直透的，是詩。我們讀著一首心愛的詩時，我們的情感就在被牽動，主導作各種不同的反應，譜繪著心的音符。也許是我的偏見，詩的感情之絕對性，是必得被强調，而感情之突出、埋藏、放散是要透過詩的藝術。

當我們翻一本詩集時，就感觸著這一首詩的濃度不夠，是情感的深與廣；或是那首詩的侵澈力不足，是外延，也是內包。至若一些情感不眞實的詩，就更難講了。

我讀詩，就是爲了詩的情感的絕對性。因爲詩的語言、形象、音節、格調、口語……這些所構成的意境，都是從情感產生的。

我們總覺得，也許是錯覺——很難讀到一首令人滿足的詩。這可能由於我們讀一首詩時，無形中，就要求它在內容與有形式上有一個更高的强烈與稠密。在這種意識中，去讀一首詩，當然會感覺它的語言的美不夠，口語用的不活，不熟，它的樂節，韻律不能引起和諧與親切，它的格調不動人，詩的調子不合自然的節奏……它的意境不貫串，不完整。它的意象，不集中。

這是我們在詩的語言上的追求。

因爲一首詩所給我們的境界，不管是內容的或形式的，都要從語言上表現出來。語言又從什麼地方來呢？什麼是語言？什麼是詩的語言？什麼是文學的語言？它們有什麼親族的關係？

這是有些作家對語言的意見：

「在語言創造的藝術上，創造種種性格與典型，想像、直觀，空想是必要的。」

「每一種思想，只適合惟一的句子的形式，任務就是找它。」

「語言是由手勢產生的，語言是活的。」

「語言正確性的把握。在詩，這首先被內在的藝術要求所決定。首先把什麼表現出來，然後是用什麼表現出來，不是辭藻決定詩，而是心裡的動作，意識氣氛決定了命辭，遣字……」

「每一件事物和每個動作，都只有一個名字。」

「用最少的語言，表現最多的事物。」

「不是語言完成了文學，而是文學完成了語言。」

「語言，不等於詩，決定詩，甚至超過詩，人是血與肉，還有靈魂，詩底語言必須是飽含情緒及思想的語言。」

「語言的音樂性，尤其在詩，是必須抓住的。」

我們有一個共同的感覺，一些「成名」的作家，他們的作品，不一定在語言上，至少在詞彙上，句子與字上不夠美，跟他所表現的思想，情感……有著距離，這距離對他們來說，是不應該有的——印象不生動，不凝鍊，蹩扭，甚或有些雜亂……不但不能讓人一口氣把它讀下去，而且更不能讓我們去「推敲」。我們因此產生了一個感覺，我們要在語言上下功夫，基本的造句、用字、遣辭……這些都必須以生活裡的語言，生動的語調，動作的語彙，作爲我們自己語言的基點，從人與物的統一、和諧中，從各方面去創造自己豐富、瑰麗的語言，完成一個我的表現，這個我也就輻射了大我的宇宙。

有些人在寫作上，是以支配語言的人——作家，從自然，從人、從各種事件中，托出一個完整的境界，但卻有些並不能完成藝術上的要求。

這問題是在形象嗎？一個作家，他在技巧上已成熟了，他的感情是夠豐富的，爲什麼他的作品中仍不能給讀者一個完整的境界呢？這不但在形象，而且也在靈感。靈感是「肉體健康、心力與神經活潑和堅定自信的一種幸福的結合。這結合將全部能力投送到文學。」假如靈感是這麼一回事，其問題又要回到「形象」上了。所以，形象是「文藝創作的要徵，視作描寫人生現象裡文學所具備的具體性，鮮明性和畫境。其巧妙的比喻，鮮明的隱比，語言的形象化，即描寫事物與自然現象具體化的最高境界……。」

所以作家的形象，是從思想的路線，將各種觀念，藉一種生活上的事實，聚集一定的生活材料，用創作的想像力，支配著語言，抓住它的特徵，表現出一個豐富性，具體的現象。因此，捕捉刹那鮮明的印象，觀察又是創造形象的基本方法。

意境，是作者對各種事物和人，甚至極細微的現象、觀念、情感，透過了他的語言，和他的藝術路線，在作品上給讀者的印象。境界，是作者、作品、讀者三個的融合。

所以我讀詩在語言上，尤其在主要的語言上，總愛從它辭藻、語氣、情調……形象，意境上去揣摩。亦即事件與語言的統一，動作與語言的統一，總之是人格的最高表現。所謂「語不驚人死不休」的絕句，那是在指——形象上的完整，語言的絕對不可異性，一首詩除了這些條件外，再要詩的音節、韻律、格調、排列——這些是形式上的美麗。我們在詩裡，最好不用直說的寫法，和用些不帶情感的句子。在寫景時，決不要完全像小說、散文上的描繪。我們對詩的抒情，要生動、自然，必須避免粗糙。

（本文曾刊於《國魂月刊》第二四一期五四年七月
《青年日報副刊》六四年三月二十日
《創新》第二四五期六七年三月）

# 詩是摘下來的月亮

## ——詩・是達到存在的一條線索

「詩」不僅是寫的問題。

假如，「詩」，是如其他要寫的東西那樣去寫的話，詩，也就不成其爲「詩」了。詩，是達到存在的一條線索；詩，是幻想的太陽。藝術，是哲學的完成；眞正的詩，不是個別藝術的作品，它是宇宙的本身；而詩人，要在賡續不斷中使自己的藝術作品達到完美與無限。因此，宇宙的秘密，都是屬於——「詩」的。

「詩」，是絕對眞正眞實存在的，是哲學的核心——越「詩」意的，也就越眞實，越眞實，也就越美。歌德的創作，是詩的精神在地上的實現，他能把月亮從天上摘下來，詩，也可以說是摘下來的月亮，這是不是也是最善的呢？

「詩」，開始於語言的創造，完成於形象的表達，入於大美的無言之境。那種無所不言的「自在飛花輕似夢，無邊絲雨細如愁，寶簾閒掛小銀鉤」（秦觀：浣溪沙），「自在飛花輕似夢，無邊絲雨細如愁」，將詩的語言的創造和形象的完成，一起掛在「寶簾」之上，而且要「閒」──「掛」，這一「掛」，是掛在那「小」的銀「鈎」的「鈎」上，一切都鈎起來，掛在我們的默想中，讓我們去觀照它，讓我們的生命進入詩的裡面去，我們會找到什麼呢？

詩的語言，是要在語言的創造中，表現出美來──或美的變形。

每一種思想，每一個情緒，每一個動作，每一種想像，每一個事件，每一個對象，每一個人，只適合惟一的句子的形式，任務就是找它。不是辭藻決定「詩」，而是心理的動作、意象，氣氛決定了「詩」的命辭、遣字。不是語言完成了詩，而是詩完成了語言，「語言不等於詩，決定詩，甚至超過詩，人除血與肉，還有靈魂，詩的語言必須是包含情緒及思想的語言。」因此，我們要在語言上下功夫；基本的造句、用字、遣詞……都必須用生命的語言、生活的語言、生動的語言、動作的語彙，作爲詩的語言的起點，從人與物的統一和諧中，從各方面創造自己豐富瑰麗的詩之語言中完成一個我的生命的表現。這個「我」，也就輻射了大我的「宇宙」──創造了詩的語言的生命。

我們這一宇宙，充滿了生命，每個生命都是一首最美的詩。問題還是在：「找」。如何才能把它找出來？是從詩的語言中去找？還是從詩的生命中去找？是語言完成了詩？還是詩的生命完成了詩？

一件藝術作品，你一定要去找到它，要創造出一個面對實象，指出實象而又是抽離了一切實像的最美的創作。每個人讀它，觀賞它，會有不同的個別感受，是：實在的，也要是空靈的，而且，又可以把它用來象徵不同的美的內容，成爲不同的比興體的語言，換句話說，一件藝術作品或文學作品，只要作者眞正找到了，眞正創造出的一件美的創作，它不僅是一件藝術品或一件文學作品，而是許多個的縮影，許多個的代表。我們在生命的觀照與欣賞中，可以把它拿來作爲不同的形式，不同的語言來觀照，以欣賞我們生命的不同對象。所以，梵藥希在他的「詩」中說：「詩含有兩層意義：第一，它表示一種情緒，一種特殊的情緒狀態，這種情緒，是因各種不同的事物或境遇所激起的。我們可以說，一片風景，是含有詩意的；一種生活的情況是含有詩意的，甚至有些時候某一個人也是含有詩意的。第二，詩是表示一種藝術，一種非常的技巧，其目的在喚起那種特殊的情緒、詩感……。」

這就正是：

哲學所要追求的，形上學所要追求的問題，是什麼問題？是存在的問題。存在的意義是什麼？自然的存在，社會的存在，精神的存在，又是什麼？而自然的存在又存在在那裡？社會存在的意義，精神存在的意義又在那裡？自然的存在，社會的存在，精神的存在，「存在本身」的存在，是不是僅靠知識就可以完全了解。科學的知識，哲學的知識，對於這個問題，追索到某一境地之後，是不是會陷入無能爲力的狀態。假如是這樣，我們又靠什麼去追求？我想藝術在這時也許可以告訴我們存在的底蘊了。藝術中最藝術的是什麼，就是詩。所以，詩是達到存在的一條線索。

莎士比亞在哈姆雷特（HAMLET）中不自覺地說出了"to be or not to be—that is the question"「『存在或非存在』就是問題」「是或不是都是問題」這一句話就說明了知識達到存在的線索之困境；而柏拉圖的哲學著作——哲學的詩，詩的哲學，更是：「詩，是達到存在的一條線索」的最好證明。

（本文曾刊於《讀書人》第一卷第十期，六七年十月《聯合報副刊》六八年三月六日）

（幷曾刊於《華岡詩刊》六十七年，商工日報副刊春秋小集十六期，七十三年十月二十一日）

# 中國詩的原始觀

## ——與劉若愚先生的見解

要了解中國文學的源頭——「詩」的原始觀，可以從兩方面去探察：一個是中國的源頭文學——「詩」經，一個是中國的源頭文學理論——「詩：言——志。」

劉若愚先生在他的「中國詩學」一書中，把中國的傳統詩觀分爲：㈠道學主義者的觀點：做爲道德教訓與社會批判的詩。㈡個人主義的觀點：做爲自我表現的詩。㈢技巧主義者的觀點：做爲文學鍛鍊的詩。㈣妙悟主義者的觀點：做爲默察的詩。這樣的來分開中國傳統的詩，不是不可以，不是不好；而是，我可以說的是：劉若愚先生運用其西方文學的訓練來看中國傳統的詩，已比五四以來的有些人進步，從而可以了解中國傳統詩的富麗面目，而不會再存鄙視之心。好的是：劉若愚先生是眞正的做了一些中國傳統詩的研究工作，已使中國傳統詩的研究進了一大步。

他雖然在他的書的下篇指出要「朝向一個綜合的理論」，其綜合如何，在本文不多談；而我所要說的是：中國的「詩」——從三百篇，從「詩言志」以來，中國人所創造的詩，實在是從「中和之美」的人性中，已達到一個而且也完成了：它的多樣的統一的中和之「美」。在多樣中，它們表現了中國詩的不同的「人性」面目。在統一中，它們正是中和之美的「萬物並育而不相害，道並行而不相悖」的詩的生命的不同創造。它們不但不互爲水火，而且是互爲映照，儀態萬千，成爲一種交響的和諧美。

因爲中國人的人性觀，是中和的人性觀。因之，中國文學中的人性觀，也就是從中和的人性觀而來。它表現在中國文學中，乃是中國文學中和之性的生命之美。所以，在中國文學生命中的「中和之美」的人性，它決定了中國文學幾千年來一線相承而又各各不同的發展路線。假如說：中國文學有一個發展決定論，那乃是從中國文學生命中的「中和之美」的人性而來，而成爲中國文學的一切基點；不懂得這點，很難了解中國文學的特性。尤其不可從文學的「中和之美」中的那一端來排斥與輕視這一端。我們爲了要了解這一點，我們可以追溯到中國文學的源頭——「詩」的原始觀。

所以，中國人的詩的生命，不僅僅只是道德的，也不能僅僅只從道德去看。因爲中國人的生命中，沒有孤立的道德主義，也沒有分離的個人主義。道德主義與個人主義在西方「也許」是對立的，但道德與個人在中國的人文生命中是不是對立的呢？

因爲中國人的道德，就在個人藝術生命中：個人藝術生命，也就在道德中。孔子在「郁郁乎！文哉，吾從周。」（八佾）中，很懂得這個道理；所以他說：「志於道，據於德，依於仁，游於藝。」（述而）

所謂「志於道」——乃是形上世界與形下世界的本然一體存在。故易言：「大哉乾元，萬物資始，乃統天；至哉坤元，萬物資生，乃順承天。」中庸言：「思知人，不可不知天。」就是「物自體」、「如如」、「道」：此乃人類生命之所志，之所向。

所謂「據於德」——乃是從自然世界到理想世界，從自然意志的存在到理想意志的存在，正如易言：「元者，善之長也；亨者，嘉之會也；利者，義之和也；貞者，事之幹也。君子體仁，足以長人；嘉會，足以合禮；利物，足以和義；貞固，足以幹事。君子行此四德者，故曰：乾元、亨、利、貞。」這是斷言命令：德——價值：此乃生命之所據。

所謂「依於仁」——乃是生命世界的創造與完成，故中庸言：「誠者，天之道；誠之者，人之道。自誠明，謂之性，自明誠，謂之教。誠，則明矣；明，則誠矣。性之德也，合外內之道也。故君子尊德性而道問學。」仁內而智外，正心而誠意，格物而致知，以爲生命存在的創造與孕育，亦即乾元大生之德。坤元廣生之合德而爲「生生」之謂易，以使共有存在與個體存在的同涵互攝，成爲生命理想的歷程，從封閉的自然走向開放的自然，從孤立的道德走向涵攝的道德：此乃生命之所依。

所謂「游於藝」，正如易所言——中國人生命中那種乾坤和諧的中和大美：「乾，始能以美利，利天下，不言所利，大矣哉；陰（坤），雖有美——含之，以從王事。」的生命中和之大美的詩的藝術世界：從「予欲無言」的「天何言哉！」（陽貨）而體悟出「天地，有大美，而不言；四時，有明法，而不議；萬物，有成理，而不說。聖人者，原天地之美，而達萬物之理。是故：至人無爲，大聖不作，觀於天地之謂也。」（莊子，知北遊）的美的「逍遙遊」世界：超越存在，觀照自然於自由概念中的審美判斷，觀照一切存在於生命超越的審美判斷中——生命的自我超越：此乃生命之所遊。

「在這一些上面，我們可以借西方Plato伯拉圖哲學中顯現出來。譬如在Phaedrus篇中曾舉出四種天才：⑴藝術家⑵詩人⑶Man of Mantic art⑷Philosophical geniuso Prof. Cornford of cambirage Univ.在Principle of Knowledge這一部書講希臘哲學，不僅是從attic age講起，他把希臘的智慧種子，依據文化、神話、詩歌，再向回追溯，他發覺到另外一種人，這種人叫做The Combination of Prophet-poet-sage三種人合成的一個複合的人——先知先覺。大致說起來，是宗教家、詩人、聖哲，三個合起來形成一種三人合一的理想人格。」（方東美教授，「中國哲學之通性與特點」——「國魂」六十四年三五〇至三五四期，已收入方東美先生演講集，黎明出版）

這說出中國人的生命中：「道—德—仁—藝」乃是一個廣大悉備、縱橫貫通的和諧體系。這在周易乾坤兩卦的卦象、卦辭、爻辭、彖傳、象傳、文言傳，以及繫辭傳中，就已指出：「道的世界—德的世界—仁的世界—藝的世界」是一個人類生命的偉大和諧之美的世界——中和之美的世界，從其中，才能體會出，妙悟出，直證出人性中的中和大美之所在：「予欲無言—天地有大美而不言」的世界——中國人性中的中和之美。

因此，我們不能只從一點點去了解中國文學的源頭—「詩的原始觀」，我們要從中國人的「中和」性格去探察，才能眞有所發現。從三百篇去探察中國文學的人性觀——中國文學生命中的中和之美是什麼？這是要透過作品生命本身，不爲漢以後之俗儒經生之陋見所蔽，才不難發現「詩：言—志」與孔子的詩觀的眞實意義之所在——中和的生命之美的呈現，而非一隅所可拘限。

（本文曾刊於青年日報，七十七年十二月十五日）

# 孔子曰：「詩三百，一言以蔽之——曰：思：無邪。」

## ——與施友忠先生的看法

### 一、詩的立體語言

孔子論詩，孔子的美學，孔子中和的人性觀，多爲他淵博的學問所掩蓋，更爲後代注疏家所曲解，尤其爲今日一般所謂漢學家者流，以及留學與學留專家當中的「某些人物」——未加深入潛心研考，而出之以預設的文論所誤導。當然，眞能從古代中國「詩」的生命，了解詩的第一人，還是孔子。他讀詩，也刪詩，他表示了他對詩的意見。這就是司馬遷在其「孔子世家」中要引詩經小雅的「車舝」：「高山仰止，景行行止」而云：「雖不能至，心嚮往之」——以表達：「孔子布衣，傳十餘世，學者宗之，自天子王侯，中國言六藝者，折中於夫子，可謂至聖矣！」這是因爲「孔子修舊起廢，論詩書，作春秋，則學者至今則之。」史記（太史公自序）故章學誠有言：「知文體備於戰國，而始可論後世之文；知諸家本於六藝，而後可與論戰國之文；知戰國多出於詩教，而後可與論六藝之文；可與論六藝之文，而後可與離文而見道；可與離文而見道，而後可與奉道而折諸家之文也。三代以前，詩教未嘗不廣也。夫子曰：『不學詩，無以言。』故善論文者，貴求作者之意指，而不可拘於形貌。」（文史通義，詩教）——然而孔子的六藝之教，詩教其一也，小戴禮記「經解」言之詳也：——其曰：「孔子曰：入其國，其教可知也——其爲人也：溫柔敦厚，詩教也；疏通知遠，書教也；廣博良易，樂教也；潔靜精微，易教也；恭儉莊敬，禮教也；屬辭比事，春秋教也。故詩之失：愚。溫柔敦厚而不愚，則深於詩者也。」故「說詩者，不以文害辭，不以辭害志；以意逆志，是爲得之。」（孟子，萬章）以此而觀：詩的語言——詩的立體語言，從詩之所以爲「詩」的本質來看，照中國古典論詩的話來說——就是一種「以意逆志」的「比興」體的語言：「言」在於此，而「意——義」及於彼的意指語言，也就是「多非補假，皆由直尋」（鍾嶸．詩品）的語言；不是定住在所用的語言原始意義之上的那種語言；用西方論詩的話來說，而是各種不同的象徵語言。這種立體的象徵語言之「持人情性，感物吟志，莫非自然。是以在心爲志，發言爲詩；舒文載實，直而不野，婉轉附物；情必極貌以寫物，辭必窮力而追新。」（劉勰，文心雕龍，明詩）乃在「聖人之性，見乎辭；其旨——遠，其辭——文，其言——曲而中。」（周易，繫辭傳）的語言：——

這個「旨」——趣之「遠」；乃「詩言志，歌永言，聲依永，律和聲，八音克諧，無相奪倫，神人以和。」（尙書，虞書，舜典）的「心」之所志的「想——指——向」之成爲一個藝術創作的形象世界；而且由於想像的無盡，不易把握，因此才要求在表現上，要其「辭」——「文」。

這個「辭」——之「文」乃「詩者，志之所之也。在心，爲志；發言，爲詩。情動於中，而形於

孔子曰：「詩三百，一言以蔽之——曰：思：無邪。」

言；言之不足故嗟嘆之，嗟嘆之不足故永歌之，永歌之不足，不知手之，舞之，足之，蹈之也。」（詩序）的在各種符號指向上，要表達不同語言的生命美，也就是辭之情思的「美致」，始曰之「文」。故司馬遷曰：「詩三百篇，大抵賢聖發憤之所爲作也。」（報任少卿書）

因此「其言」——語言之所指的「志」在「興於詩，立於禮，成於樂」（論語，泰伯）的情感、理性、意志之一體中，而表現出「詩可以興，可以觀，可以群，可以怨。」（陽貨）之詩的語「言」之美在藝術上的完成；其完成必須是「誠於中，而形於外」的「詩——思：無邪」的詩之本質——「志」的「誠．正．雅」之展現。故「不學詩，無以言」（季氏）的「言」：一是言志，二是以詩言志。故其言既要是象徵的：「曲」而有致；又要是理想的：「中」和、位育之美；此二者，又在「志於道，據於德，依於仁，遊於藝」（述而）中達到圓融之境。這就是「辭也者，各指其所之。」（周易．繫辭傳）的「之」要把象徵語言與理想語言透過意內而言外，同言外而意內雙向生命語言之「指事」而「造形」，「窮情」而「寫物」的「具備萬物，橫絕太空；荒荒油雲，寥寥長風；超以象外，得其環中。」（司空圖．詩品）的之爲詩的立體語言，乃是：——

「大用外腓，
眞體內充；
返虛入渾，

積健爲雄。
具備萬物，
橫絕太空；
荒荒油雲，
寥寥長風。
超以象外，
得其環中；
持之匪強，
來之無窮。」

我把這個司空圖詩品的第一品：「雄渾」——用我的話來表達「雄渾」的詩之立體語言的創造，乃是：——

宇宙生命，無窮的創造力投向外在世界中，伸張其震撼力；乃是因爲那個最實在，最根本，最純粹的宇宙創造主體內在的生命世界中充滿著。

然而，它又要回到宇宙生命空靈本體的「心齋」——本體的眞宰：道本。它從「整體」中，從「大全」中，從「一即一切，一切即一」中不斷的「蓄」、「養」、「節」、「宣」與「化」、「裁」

孔子曰：「詩三百，一言以蔽之——曰：思：無邪。」

、「變」、「通」以使向上心靈的生命力，行健自強，漸漸與天地渾然爲一體，而達到「剛」、「健」、「中」、「正」、「純」、「粹」、「精」、「美」的至雄境界。所以，宇宙中的萬有，萬物，萬事，萬理無不在宇宙生命的創造之中，構成了蒼茫的宇宙空間生命，渾淪一氣，橫絕太空，有如「開張天岸之馬」，急馳而去。同時，也像漠漠流動的雲層展開了遼遠的宇宙時間生命，鼓盪無邊，有如寥寥長風裡的「奇逸人中之龍」。

然而，美的主體，空運於跡象之外，至大無外，至極無限，如理之圓足，如太極之無所不在；這才能得其「道樞」：「樞，始得其環中，以應無窮」。

而美的主體性之把握，也并不僅在「有」之中；因爲在「有」之中所能把握的既不是主體的美，也不是主體性的美，而是用盡了一切力量去追求的——有限世界的美。

因此，美的主體要從觀照中呈現「眞宰」，以觀於天地，照之萬物；直尋美的主體性；更要從妙悟中去體會主體性的美；美的風格——「品」，在乾之美——的雄渾，與坤之美——的沖淡，兩個基本美的類型所表徵出的：美的理想，境域、神韻，品味中，把握住「神以發思」、「性以成體」，而到「骨」以生風；才知道「風」——「風格」，也就是知「品」——「品味」的不同，而「通變」，「定勢」，出其「情采」；而進乎藝術「技巧」的「以神遇，而不以目視，遊刃有餘」（莊子‧養生主）。這樣，也才知道「美」的主體——道與美的主體性——人之靈，要從宇宙生命的無窮本身——「道」中去「直尋」，去「觀照」，去「妙悟」，去「一味」妙悟。故莊子曰：「臣所好者，道也；

進乎技矣」（養生主）然而「能有所藝者，技也。技兼於事，事兼於義，義兼於德，德兼於道，道兼於天。」（莊子・天地）

## 二、孔子論「詩三百」之詩的本質——「一言以蔽之——曰：思——無邪」的旨歸

孔子論「詩三百」的詩之所以爲「詩」的語言本質，曰：「思——無邪」；其「思無邪」三字中的「思」雖同於魯頌駉篇詩中——的：「思，無邪」的「思」，然而孔子卻是以自己論詩的方式出之：完全以詩的「以意逆志」的「比興」方式，說出了：「詩三百：一言以蔽之——曰：思，無邪。」（論語・爲政）——論詩的語言，以表達出中國文學生命的中和之美這種特性：乃是「詩三百」的——「詩」——「思，無邪」的「思」——之無邪者，蓋「溫柔敦厚」在誠、正、雅的「志之所之」的以「詩言志」之教，乃是「在心爲志，發言爲詩」的詩之「情動於中而形於言」的生命所展現。故：就已與「駉」篇中的「思！無邪」的意義，全然不同的了。

這個「思」：在魯頌「駉」的原詩中，是「語助詞」。——而「思！無邪」三字，也在魯頌：「駉」篇中。這是讀過詩經者的普通常識。在這首詩中，四節的每一節的最後兩句，頭一個字都是「思——！」一共八個「思」字。

孔子曰：「詩三百，一言以蔽之——曰：思：無邪。」

這個「思」字，從字面上的音義看，語法上的意義看，都是句首語氣詞，「似」無實意。至於，認爲「思」作「語辭」的，見項氏家說，俞樾曲園雜纂也以是說爲是，而俞云惜其未及「思無邪」句。

陳奐碩甫毛詩傳疏二十九謂：「思．詞也。無疆，無期，頌禱之詞。無斁，無邪，有勸戒之義也。思，皆爲語助。」

阮元經籍纂詁：「思：念也，慮也，悲也，辭也，聲之助也，司也，之至也。」

王引之經傳釋詞亦謂：「思，語已詞也。詩廣漢曰：南有喬木，不可休思！毛傳曰：思，辭也。他皆放此。思，發語詞也。思，句中語助也。」

俞樾茶香室經說：「而此篇八『思』字，則以『思無邪』一句，論語引之，故不敢以爲語詞。今按論語集注引包氏，但曰：歸於正，並不及思字。正義曰：詩之爲體，論頌德，止僻防邪，大抵皆歸於正，亦不及思字。疑論語舊說，不用思字爲說也。竊謂此篇八『思』字皆語詞，並承上句而言『思無邪』，謂車行正路，即孟子所謂範我馳驅也。」

但是孔子在說：「詩三百，一言以蔽之——曰：思，無邪」的時候，就已經是他自己的論討的語言了，已非原詩的意義，而不可混爲一譚。因爲這乃是「以意逆志」的「比興」體語言。

## 三、我對施友忠先生的「孔子對於詩的見解」的看法

施友忠先生在他的「論語的文藝」一文，一載「中外文學」已編入中國古典文學論叢二冊「文學批評與戲劇」之部首篇，又再編入其自選集「二度和諧及其他」。（聯經出版）施先生在談到「孔子對於詩的見解」時說：「思無邪，出自魯頌駉篇，讚良馬直不偏的雄勢。孔子斷章取義，把語助詞『思』當動詞用：如是全句的意思是，詩三百篇中，並無偏邪的思想。換一句話說，他和我上面所引Arnold的詩，意頗相近，因爲無邪，便是誠，便是嚴肅。」

我在這裏要說的是：對於詩三百篇「斷章取義」在春秋時代，已成了一種風氣——春秋式的：「斷章取義」——所謂「賦詩言志」，「歌古詩，各從其恩好之義類」，當然又與「獻詩陳志」不同了。這不但不是壞風氣，而且是春秋時代國際間的風雅之氣，表示其文化之教與禮義之養的心靈氣質。一讀雷海宗的「中國古代的外交」就更明白。

至於施友忠先生說孔子把語助詞「思」當「動詞」用，這一指說，能不能成立，只有孔子自己知道，也只有孔子復生才能證明施先生指說的對與錯。

因爲「思」，既可作「語助詞」，也可作「以意逆志」的詩之比興體語言來用：而且也可說論語因在漢初尙有三家，家有家說，各有不同：而魯論亦是否仍舊？也大有問題。所謂鄭康成合之爲一，此「一」又如何？更何況孔子論詩三百的「思，無邪」一辭亦不能用原詩的語言意義來作解。凡一個辭，你把它當成什麼用，是你的事：我把它當成什麼用，是我的事。至於說「孔子把語助詞思，當動詞用」，這就恐怕是施先生自己的看法了。

孔子曰：「詩三百，一言以蔽之——曰：思：無邪。」

施先生當年（民國廿二年）在河南大學任教時曾譯W. P. Montaque的The Ways of Knowing on the Methods of Philosophy一書，張東蓀曾序謂：「施君此譯，純用淺顯文言，力矯世間所謂直譯之惡風，讀者不僅於認識論可窺門經（徑），且亦於譯事一道，或可得多少暗示。」

我最欣賞施先生的，還是他的「心與宇宙之秩序」這一篇大作，以施先生在哲學上具有如此之學力與功力，而在論「孔子對於詩的見解」時所下的判斷則是：「孔子『斷章取義』，把語助詞『思』當『動詞』用」。這一命題的成立，是否妥當？尤其在白話文運動以來，認得中國字的國內年輕一輩朋友們，讀到施先生此句時，其語意的意味之所在處，將對孔子產生一個什麼樣的看法？而且讀到施先生大文的人，會不會以爲施先生的學問眞大，連孔子的缺點與孔子所犯的錯誤都能指出來，確是得未曾有呢？

「把語助詞思，當動詞用」這個看法，不知道孔夫子會不會點頭。但從馬建忠的「文通」以來的中國讀書人，對於語言的語法，語意，語用而到語言分析的各種專技訓練，已有普遍而深度的修養。然而這個「思」，孔子是當語助詞用呢？還是當名詞用呢？還是當動詞用呢？還是當動名詞用呢？這就恐怕非三言兩語可以交代清楚的了。

## 四、各家之說

毛詩李黃集解（通志堂經解一六）卷四十謂：「孔子蔽以三百篇者，蓋以通詩者，不可訓詁求也。孔子以是詩思無邪之一言而盡三百篇之義，此又聖人造化之妙，而非後世章句訓詁之學所可及也。」

王船山詩繹亦謂：「人情之遊也，無涯；而各以其情遇，斯其貴於有詩，其妙正在。此訓詁家不能領悟。不以詩解詩，而以學究之陋解詩，令古人雅度微言，不相比附，陋於學詩，其弊必至於此。」

至於，所謂「斷章取義」，王魯齋「詩疑」有謂：「讀書不能無疑，疑而無所考，缺之可也。可疑，而不知疑，此疎之過也。當缺，而不能缺，此贅之病也。」

逸齋「詩補傳」卷二十七特謂：「孔子嘗以思無邪一語斷三百篇之義，蓋取斷章而言，非特此詩之謂也。」所謂「斷章」，乃美之者，非醜之者。

呂氏「讀詩記」卷三十一：「蘇氏曰：孔子曰詩三百一言以蔽之，曰思無邪。昔之爲詩者，則未必知此也。孔子讀詩至此，而有會於其心，是以取之，蓋斷章云耳。」所謂「斷章」，乃美之者，亦非醜之者。

王質「詩總聞」卷二十：「思，背辭也。一言以蔽之，曰思無邪。孔子『自發此辭，非引此語也；』或有此語亦可，蓋辭韻雖不同，而音故在也。」又一獨特之說也，乃美之者，更非醜之者。

鄭康成也吧！皇侃也吧——「詩，雖三百篇之多，六義之廣，而唯用思無邪之一言以當三百篇之理」！邢昺也吧——「詩之爲體，此一句可以當之」！朱熹也吧——「然其言微婉，且或因事而發，求其直指全體，則未有若此之明且盡者。故夫子言詩三百篇，而惟此一言足以盡蓋其義。其示人之意，亦深切矣。程子曰：思無邪者，誠也。」

吳闓生在「詩義會通」說：「每章上思字，所包甚廣，善思是主，思焉是賓，極一篇鋪張文字，都是極空靈文字」也吧！

都是善讀詩者，善說詩者也。

姚際恒在「詩經通論」中所說，也實在說得使人拍案叫絕，心服口服：「思無邪，本與上無疆無期，無斁同爲一例。語自聖人，心眼迥別，斷章取義，以該全詩，千古遂不可磨滅，『然與此詩之旨，則無涉也。』學者，於此篇輒張皇言之，試思聖人言：『詩三百，一言以蔽之』，不言駉篇也，蓋可知也。」這不僅是善說，而是是絕說。此絕說與施先生之說又如何耶？

故劉融齋謂：「思！無邪——思字中境界無盡。惟所歸則一耳。嚴滄浪詩話，謂信手拈來，頭頭是道，似有得於此意。」（詩概）

王船山說：「有求盡於意，而辭不溢；有求盡於辭，而意不溢；立言，必有其量，而各從其類。故孔子曰：周公其衰矣！先公之教未亡，風雅之遺，猶有存焉者，其唯駉乎？數馬以彰國君之富，猶其類也。長言而不厭，猶其韻也。終篇而不及他，猶其章也。建安之所不能羈，正始之所不能剽，長慶之所不能讓，朱紘疏越之風憖留此焉，雖列之頌可矣。」（詩廣傳）此中國人文心靈之藝術生命的美所在：中和之美——「溫柔敦厚」之「誠—正—雅」的詩教。它是中國文學生命所托出的中國人的「性，無不通；情，無不順，文，無不章。道，生於餘心；心，生於餘力；力，生於餘情。故於道而求有餘，不如其餘情也。古之知道者，涵天下而餘於己，乃以樂天下而不匱於道；奚事一束其心力，盡於所事之中，斂之以昕夕哉！詩者，所以盪滌沾滯而安天下於有餘者也。」（詩廣傳）此所謂：「清、眞、雅、正」是已。

## 五、中和之美的類型展現

中國文學生命中的中和性，中國文學生命中的人性追求：乃是在安天下於有餘者也。餘，則天下無不餘；天下無不餘，則中和之美呈焉！故「思，無邪」——人性的「誠—正」之雅，乃是中國文學中和之美的眞的人性點出，它決定了中國文學幾千年來的一線相承而又各各不同的發展路線。

故劉勰有八體之論：「各師成心，其異如面。總其歸塗，則數窮八體：一曰典雅，二曰遠奧，三曰精約，四曰顯附，五曰繁縟，六曰壯麗，七曰新奇，八曰輕靡。」（文心雕龍，體性第二十七）司空圖「詩品」更有廿四品之詩以詩詩曰：「雄渾、沖澹、纖濃、沈著、高古、典雅、洗鍊、勁健、綺麗、自然、含蓄、豪放、精神、縝密、疏野、清奇、委曲、實現、悲慨、形容、超詣、飄逸、曠達、流動」。所謂「辨於味而後可以言詩」。

孔子曰：「詩三百，一言以蔽之——曰：思：無邪。」

釋皎然尤有:「高、逸、貞、忠、節、志、氣、清、思、德、誠、閒、達、悲、怨、意、力、靜、遠」(詩式)十九體辨之說,以其取境之不同,風律外彰,體德內蘊,本乎情思,亦蘊乎十九字中。

滄浪更言:「學者須從最上乘,具正法眼,悟第一義,一味——『妙悟』而已!夫學詩者,以識爲主,入門須正,立志須高,工夫須從上做下,不可從下做上。詩之法有五:曰體製、曰格力、曰氣象、曰興趣、曰音節。詩之品有九:曰高、曰古、曰深、曰遠、曰長、曰雄渾、曰飄逸、曰悲壯、曰淒婉。詩之極致有一,曰入神。詩而入神,至矣,盡矣,蔑以加矣。」(滄浪詩話)

至於漁洋之「神韻」,隨園之「性靈」,葉燮之「格調」,翁方綱之「肌理」,王觀堂之「境界」,也不過是「各師成心,其異如面」而已。

這些都是從孔子的:「思!無邪」的詩的「企嚮」與「主張」(羅根澤,中國文學批評史)發展出來的。

因爲「孔子論詩的話,論語所記的很多。大致可分爲三類:一是說詩的根本思想,例如『詩三百,一言以蔽之,曰:思!無邪』。二是詩的品類,如『關睢之亂,洋洋乎盈耳哉!』『放鄭聲,遠佞人:鄭聲淫,佞人殆』,『吾自衛及魯,然後樂正:雅頌各得其所。』三是詩的功用,如『詩可以興,可以觀,可以群,可以怨』,『不學詩,無以言』,『興於詩』以及經解的『溫柔敦厚』。」(方孝岳,中國文學批評)

## 六、「詩言志」與「志之所之」的「志」

「詩言志」的「志」在魏源序「詩比興箋」中說：「知比興之所起，即知志之所之也」。此乃劉舍人所謂：「心者，附也；興者，起也。附理者，切類以指事；起情者，依微以擬文。起情故興體以立，附理故比例以生。」（文心雕龍，比興第三十六）故比以理附，興以情起，即志之所之也。此志之所之，即理與情之所之，則誠，則正，則眞，而雅也。

當然，風、雅、頌是中國詩之「體」：它在「風、雅、頌」的詩的形式與體裁中，指出中國人的生命情調——：興之所起。賦、比、興是中國詩之「辭」：它在「賦、比、興」的詩的性質與作用中，指出中國人的美感——：雅之所在。如此，乃「文理自然，姿態橫生。」（蘇軾・答謝民師書）但這些也都是中國文學中——「志之所之」的人性宇宙的萬般殊相，而爲中和之美所展現。因爲「子所雅言：詩、書、執禮：皆雅言也。」（述而）「雅」言，夏言，「正」言，美言也。誠，則眞，則正。不誠，則不眞，不正。此眞者，正者，乃正其「志之所之」之眞與正，非以其外之眞與正而正之者也。所謂「志之所之」的志：乃情感、理性、意志而爲一以言之也；所謂「一」：乃「若一志，無聽之以耳而聽之以心，無聽之以心而聽之以氣；氣也者，虛而待物者也；唯道集虛，虛者，心齋也。」（莊子・人間世）之「一」。不然，何爲而「雅」？不然，「中和」云乎哉！而「程子曰，思無邪者，誠也。」然誠者，眞也，正也，雅也；爲誠之內涵。無邪，乃爲誠之外延。故爾雅釋詁曰：「展、

孔子曰：「詩三百，一言以蔽之——曰：思：無邪。」

諶、允、愼、亶、誠也。」「誠於中，則形於外」，因爲這個「誠」，乃是在從天地到人的中和之性中，故中庸言之曰：「誠者，天之道；誠之者，人之道」。更曰：「誠者，不勉而中，不思而得，從容中道」，「至誠如神」、「不誠無物」。老子說：「正言若反。」——故此正言：「誠」之正，則爲邪之反的：「無邪」，以歸之於「雅——正」。老子更說：「反者，道之動。」——故此邪之反的：「無邪」，則爲「道之動」。此「道之動」的道爲何？曰「誠」而已。故中庸言之曰：「誠者，天之道；誠之者，人之道」。是以此「誠」：有誠者，誠之者；皆道之所在。誠之者，非「正——雅」，而誰與歸？故李白古風五十九章之始，即興「大雅久不作，吾衰竟誰陳」之嘆。

所以，這個「詩三百，一言以蔽之，曰：思！無邪！」就是從三百篇的詩到詩的本質：——「無邪」乃誠於中的「誠者」，而形之於外的「溫柔敦厚」詩的正雅之教的「誠之者」的功夫。是以「誠——誠者——誠之者——無邪：眞、正、雅」的概念層次與意指是不同的。這是從反說正，而如曰「無——邪」。「無邪」之反，則爲「邪」；邪，則不正，不眞，不誠；「正、眞、誠」，而「雅」則是經由「無邪」的功夫而上達「誠」的「誠之者」所致之的。

什麼是「正」、「眞」、「誠」呢？「志」之所之也。此乃情感、理性、意志三者中和之致：虛而待物者也。蓋「情動而辭發，識照成篇，心敏理達。」（文心雕龍．明詩）故詩的「無邪」，要從「詩言志」的「志」來了解。此「作者用一致之思，讀者各以其情而自得。」（王夫之詩繹）之也。「詩言志」的「志」，朱自清在他的「詩言志辨」中，言之甚詳；而蘇輿的義證謂：詩言志，志不可僞：故曰質。」這個「質」，朱自清曰「自然」。

我想，這個「自然」，就是生命的自然。生命的自然，就是生命的本質。生命的本質是什麼？生命的本質——「自然」，就是：純粹的情感充滿，純然的理性清明，純正的意志存在。

「詩言志」，是說——「詩，是內在心靈生命的呈現」。它呈現的，是「心靈的語言」，要表達出生命的純粹的情感充滿，生命的純然的理性清明，生命的純正的意志存在；這三個合起來就是「志」——透過心靈的語言以呈現心靈生命。這個心靈的語言，也要透過情感的錘鍊，理性的錘鍊，意志的錘鍊，而成爲心靈語言的錘鍊，以創造生命的語言，而完成「詩言志」的「心靈生命」的創造。摯虞有言：「古詩之賦，以情義爲主，以事類爲佐。今之賦，以事形爲本，以義正爲助。」（文章流別論）所以說：詩，是內在心靈生命的呈現。故「詩以道志」（莊子天下篇），蓋「詩言，是其志也」（荀子儒效）。不然，則其爲志也，荒矣。」（劉融齋，藝概）

「歌永言」——乃是：人類的歌唱，在語言上，是對內在心靈生命的呈現要其具有音樂美、韻律美、無限美，而入於永恒。

「聲依永」——乃是：人類歌唱的聲音，是跟著音樂的美，韻律的美，無限的美而入於永恒的世界。

「律和聲」——乃是：一切的旋律——音樂，都是宇宙聲音的大和諧。

「八音克諧」——乃是：人類所造的八音，要能調諧。「無相奪倫」——乃是：各音之聲，各表

孔子曰：「詩三百，一言以蔽之——曰：思：無邪。」

其各自的秩序美，而不亂。

「神人以和」——乃是：這樣，才能使人在精神世界的無窮宇宙中，得到和諧的大美，安寧的大美，靜穆的大美，天地的大美，而入於神人和諧之境——乃是從「可欲之謂善，有諸己之謂信，充實之謂美，充實而有光輝之謂大，大而化之之謂聖，聖而不可知之之謂神」（孟子）的「聖而不可知」的神境。

因此，「詩者，志之所之也：在心，爲志；發言，爲詩。情動於中，而形於言：言之不足，故嗟嘆之，嗟嘆之不足，故詠歌之；詠歌之不足，不知手之，舞之，腳之，蹈之也。」（毛詩序）——乃是：詩，是人類精神生命所追求的境界：在精神生命中，它的心靈向上之一切追求，就是「志」之所之。

## 七、詩的生命宇宙之創造與建立

精神生命心靈向上的一切追求，發而爲言，發而爲生命語言的創造，也就創造了生命的心靈世界。換言之，生命語言的創造，就是在詩的生命之創造。但是，生命語言的創造之能完成，乃是來自於精神生命中情感的自然流出——賦體的語言：「賦者，鋪也。鋪采摛文，體物寫志也。」（文心雕龍）

當語言創造不能完全而又不能充足表達時，就用超語言的，言有盡而意無窮的，意在言外的，無窮的抽象符號之興起來象徵，使人得到語言所不能表達的情境——比體的語言：「附理者，切類以指事。」（文心雕龍）

這種用無窮的抽象符號之興起，還不夠時，就用心中的頓詠來表達當下透出而「以時出之」（劉融齋：藝概、詩概）——興體的語言：「起情者，依微以振文。」（文心雕龍）

頓詠也不能完全將心中之「志」完全表達時，就出之以生命的手，讓整個生命的躍動，用生命全體在宇宙中的節拍，動作、律動、四肢的探求，面上的語言，頭的指向，口腔的聲音，和音樂在一起的大動作來構成身、心、自然的大躍動，生命在自然中的全宇宙的大旋律。

所以，詩三百——「詩」——「思」：「無邪」——是詩在「誠」中，是詩在「修辭，立其誠」（周易）中所創造與建立的詩的生命宇宙。這就是要忠實於自己的思想，則眞；忠實於自己的情感，則美；忠實於自己的意志，則善；要怎樣說，就怎樣說，則誠，則雅，則正，而「無邪」，以創造生命的語言，創造生命的心靈世界——一個宇宙的識覺的詩的生命之創造與建立。

因此，所謂：「誠」，不會便是施友忠先生所謂：「無邪，『便是』誠，『便是』嚴肅」的「嚴肅」。因爲「無邪」乃入「誠」的功夫，此中尙有分寸在。故易乾九二文言曰：「閑邪存其誠」。閑邪乃所以存——「其」誠也，「誠者，天之道；誠之者，人之道」。故無邪乃「誠之者」功夫之始，以使邪而無邪而入于「誠者」。如以「嚴肅」二字用之在此，以指「無邪」，則易生誤會。因爲這裏

孔子曰：「詩三百，一言以蔽之——曰：思：無邪。」

的「誠」之以「無邪」始，不是什麼嚴肅與不嚴肅，就能指出內在所涵之整個與不同層次的意義。當然，詩確是一種嚴肅的生命事業，生命本身，也是在「游於藝」中，而「依於仁」、以「據於德」，才能入於「志於道」之中而自得。因爲，只有「詩」，才能創造生命的語言以創造與建立一個生命的宇宙；也才能創造語言的生命世界，而完成心靈生命的創造。

自然，施先生亦非「各執一隅之解，欲解萬殊之變」（文心雕龍）者。的確，「不學詩，無以言」（季氏）——在今天要把握的是：不懂得詩，不會詩，就不能創造生命的語言——一個充滿了「詩者，天地之心」（詩緯），「詩者，民之性情」（文中子）的詩的心靈生命宇宙，導引著中國文學語言的發展與演變。因爲「圓照之象，務先博觀，無私於輕重，不偏於憎愛。然後能平理若衡，照辭如鏡。」（文心雕龍・知音）。

（本文曾刊於青年日報副刊，民國七十七年十二月二十五日至七十八年一月二十四日）

# 「興、觀、群、怨」——的意指

「小子何莫學夫詩，詩：可以興，可以觀，可以群，可以怨。」（陽貨）因此，「興於詩，立於禮，成於樂」（泰伯）——在今天要把握的更是：創造生命的語言，來表達生命，建立一個無窮的宇宙。但是，一定要把它放在整個六藝文化所託的「禮」的和諧人文世界之上；而這一切的完成，又在音樂從生命的內在世界中去追求。

然而，興、觀、群、怨都離不開：「詩」——是特殊的譬喻，它象徵一個普遍的觀念，而用到其他同類的特殊對象上。因爲是假象，故使思想從固定的對象——走向抽象的世界，而達到思想的無限性；也就是要表達的那一個思想的特質之所在。所以，「詩，要發揚普遍」（亞里士多德）；而且，一切藝術都是象徵。

因此，所謂：「興」——「觀」——「群」——「怨」者：

興——是興於意想性。意想性又興於什麼？意想性興於情感的具體性與抽象性的變幻的把捉。情感變幻的把捉，又在追求心理幻象的不可二體性。

觀——是觀於象徵性。象徵性又觀於什麼？象徵性，觀於思想的小取性與大化性的所限的超越。思想所限的超越，又在追求心靈主體的層層上達。

群——是群於共鳴性，感應性，通體性。此三者又群於什麼？此三者，群於走入的想像與走出的想像之表符的直透，又在追求理想世界的出現。

怨——是怨於悲劇性。悲劇性又在怨什麼？悲劇性，怨於剎那自然與永恒自然的無盡呈現。自然無盡的呈現，又在追求對象背後的無窮天地之來到。

因此，「詩，無邪」，「詩言志」、「詩者，志之所之也」、「不學詩，無以言」、「興於詩，立於禮，成於樂」、「詩，可以興，可以觀，可以群，可以怨。」都是在從創造生命語言的六藝人文世界中，以發現生命宇宙的有限與無限，剎那與永恒，多與一，而且通向：一即一切，一切即一的中和大美的生命世界。

總之，中國文學生命中的中和之美，它決定了中國文學幾千年來的一線相承而又各個不同的發展：「思，無邪」——告訴了我們什麼是詩，詩的本質，乃在心靈語言的生命世界中。

「詩言志」——又告訴了我們詩爲生命的表達。

「不學詩，無以言」——乃告訴我們爲什麼要學詩，詩，乃是生命的語言的創造以表達生命理想的完成。

因此——賦者，直陳所志；比者，以物託志；興者，因會起志。風者，以「賦、比、興」志「志」之所之，投射人文生命於藝術世界中，雅者，風之向上以正所志，乃人文生命在藝術世界中的上達。頌者，風的迴應以證所志；而非僅對一個權威的讚頌，乃是見出一個權威本身之所以爲人讚頌非以其權威之故，乃以其權威本身是爲了人文生命的理想，所投入於全體現實中不斷創造與上升，所建立的人文價值的迴應：生命的讚頌。

故「詩者，志之所之」的「詩，言志」的「志」——是——：

「興於詩」——情感，

「立於禮」——理性，

「成於樂」——意志；

都在——純粹情感的充滿，純然理性的清明，純正意志的存在，而創造生命的語言，以成爲心靈生命的創造。

這就是——中國文學生命中的人性：中和之美所投向者。這就無怪乎章學誠要說：「三代以後，六藝惟詩爲至廣也。故善論文者，貴求作者之意指，而不可拘於形貌也。」（文史通義，詩教）

（本文曾刊於《中國文學討論集》，七十年九月，中央文物出版社）

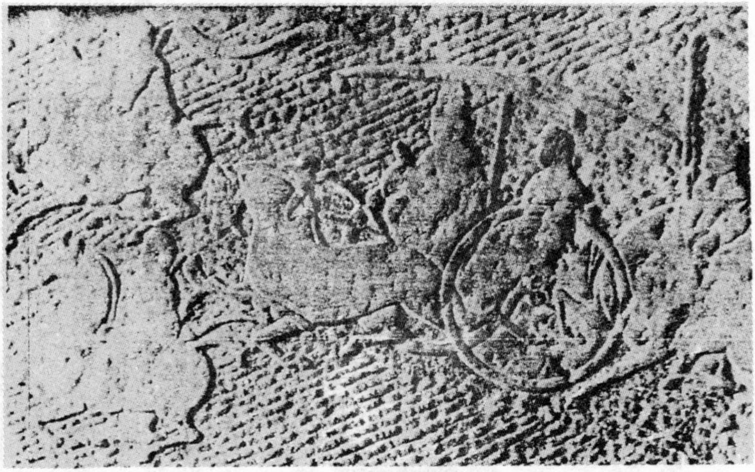

漢 成都車馬畫像石

# 文學與藝術

・志，以道寧；言，以道接。

尚書・旅獒——……

・言以足志，文以足言。言之無文，行而不遠。

左傳・襄公二十五年——……

・周監於二代，郁郁乎！文哉！吾從周。

・質勝文則野，文勝質則史，文質彬彬，然後君子。

論語・八佾・雍也——……

・辭，達而已。

・修辭，立其誠。

・夫玄黃者，天地之雜也。

周易・文言傳——……

・德，成而上；藝，成而下。行，成而先；事，成而後。

樂記——……

・文以氣爲主，氣之清濁有體，不可力强而致。

典論・論文——……

・觀古今於須臾，撫四海於一瞬；籠天地於形內，挫萬物於筆端。

陸機・文賦——……

•文——之爲德也，大矣！與天地並生者，何哉！此蓋道之文也。
•人——參之，性靈所鍾，實天地之心。心——生，而言——立；
言——立，而文——明；自然之道也。
•「人文」——之元，肇自太極，幽贊神明，易象惟先：
庖犧畫其始，仲尼翼其終；而乾坤兩位，
獨制文言；言之文也，天地之心哉！
•神理而已。
•文——之思也，其神遠矣！故寂然凝慮，思接千載；
悄然動容，視通萬里；吟詠之間，吐納珠玉之聲；
眉睫之前，卷舒風雲之色；其思——理，之致乎！
•故：思——理，爲妙；神——與物遊。陶鈞文思，貴在虛靜。
積學，以儲寶；酌理，以富才；研閱，以窮照；馴致，以懌辭。
•元解之宰，尋聲律而定墨。
•燭照之匠，闚意象而運斤。
•意——授於思，言——授於意；密，則無際；
疏，則千里；或理——在方寸，而求之域表；
或義——在咫尺，而思隔山河。
•是以：秉心養術，無務苦思，
含章司契，不必勞情。



情動，而言形；
理發，而
文：見。
才，有庸儁；
氣，有剛柔；
學，有淺深；
習，有雅鄭。
故：辭理庸儁，莫能翻其才。
風趣剛柔，寧或改其氣。
事義淺深，未聞乖其學。
體式雅鄭，鮮有反其習。
各師成心，其異如面——。
總：其歸塗，則數窮八體：
一曰典雅，二曰遠奧，
三曰精約，四曰顯附，
五曰繁縟，六曰壯麗，
七曰新奇，八曰輕靡。
夫：八體屢遷，功以學成；
才力居中，肇自血氣；
氣，以實志；志，以定言。
吐納英華，莫非情性。
夫：才有天資，學貴始習。
功在初化，必先雅製。
沿根討葉，思轉自圓。
八體雖殊，會通合數。
得其環中，則幅輳相成。

# 創作的內在生命

讓我們的心，漫然而去……您要跟著它，探尋您所寫作的原因。觀察——它的根，是否已在你生命的深處生長．當你寫不出時，走向你的心吧！不必爲了「寫不出」而豎起白旗。這樣，你將永遠成爲寫作界的敗北者而黯然地回到泥土中去。夜深人靜時，捫心自問：「我一定要寫作嗎？」這要在我們心靈的內層找到答覆．然後，你就在那兒去建造自己的生命。在你生命中的那些極平常而又極瑣細的時間裏，都必充滿了這個「創作衝動」，要把它表徵出、證實出。然後，你就要去親近自然。而必得像一個原始人地去練習，去說出你所聽到的，見到的，體驗到的，以及你所愛的，你所遺失的，心上的與外界的一切「自然」。

切勿寫低調的、粗俗的、沒有昇華的……。要避免那些太流行太普遍的格調，要在日常生活中事物的裏面去描畫你內心的那些悲哀與願望之刹那的靈光，以及閃動的思想跟情緒的放射，還有你對於宇宙中各種的信念之反照。要用深幽、沉靜、謙虛所流出的語言來寫你周圍的事物，夢中的幻影，心上的回憶……表現出一個「眞正」的自己。如果，你在日常生活中，感覺到寫作的貧乏時，不要怨責一切，生活裏正有無盡的寶藏在等待你去開掘，不要被生活囚在一所監獄裏。那深深的獄牆把你的身體和世界隔離，但在你的感觀上——不是還保有你的思想、形象、情感……和世上的一切圖畫跟童年嗎？

用力拾起過去日子裏那些消沉了的情緒，你的個性就漸漸固定，你的寂寞也漸漸擴充而變成的一所朦朧的小屋。旁人的一切喧囂在你心上一點也不能留住些微的痕跡。那些令人心動目眩的五光十色對你來說，都是遠遠的從你心外走去，沒有一絲介蒂。

從心裏面去看、去聽、去想、去讀、去說、去寫……總之，從這個，從自己的深處去孕育創作的內在生命。

「古之學者爲己，今之學者爲人」。不獨學者有爲己爲人之分，就是一件藝術品的創作，也有爲人爲己之分的創作，只要是從自己的眞實中產生出來的，這樣，它便生長了生命。

朝著你的心走去，探尋向你生命開源處。從這兒，你就會得到創作的生命——它怎樣說，你就怎樣說；不必去說的就不說。創作的生命告訴你：創作者必須創造一個完整的生命世界；它在自身，以及與它自身所聯繫的自然界裏的一切生命。

靜靜地、嚴肅地、艱苦地、寂寞地從創作的內在生命中成長起來。

（本文曾刊於《國魂》月刊，二百五十期，五十五年九月）

# 文藝創作的靈魂

## ——人文世界之美的投向

文學、藝術是從人類生命世界中直透而出的一種文化創造。人類「生命世界」的根，是長在那裏呢？不在別的地方，而在那一個直透出文學、藝術生命的那一個民族生命的整個文化生命所由來的民族心靈。這裏，我們覺察到：從個人的文學與藝術到民族的文學與藝術，再到整個人類的文學藝術，雖然不能分割開來，但是，沒有個人在文學藝術上的創造，就不能表達出那一個民族的文學與藝術。如沒有一個民族的文學與藝術在整個人類的文學與藝術上的地位，個人的文學藝術也就毫無位置了。托爾斯泰當年曾經把他對藝術的看法告訴羅曼羅蘭：「祇有和人類關連的藝術才是最美的，因爲人類的愛，是比藝術的愛存在得更早」。這「人類關連的」人類，是在：個人——民族——人類的一體性中。這一體性中，一個人對民族的愛才是最大的樞鍵。對民族的愛，不僅建立在對自己的愛，也要展現爲對人類的愛；愛人類的生命，愛一切的生命，是文藝工作者的一個起點。可是我們不可忘記：「最美的理論，只有在作品中表現出來時才有價值」（羅曼羅蘭，托爾斯泰傳）。你要感動別人，得先感動自己。用一句最易懂的話來說：一件成功的文學藝術作品，不但是他的個人生命的一種創造，更是他的民族生命所創造，也是人類生命的靈魂象徵。在文學與藝術的創造上，個人的氣質，民族的風格，人類的心靈三者不可缺一，三者是三而一，一而三所結構而成的，這三者中，民族風格的文學與藝術的創造，既是個人氣質的擴大，也是人類心靈的縮影，只有有了民族的文學與藝術，個人的文學與藝術才有所託，人類的文學與藝術才有所附麗。

在西方，從但丁的「神曲」，歌德的「浮士德」，到羅曼羅蘭的「約翰・克利斯朵夫」，紀德的「僞幣製造者」，就是最好的證明。

在中國，先秦時期代表北方文學的「詩經」，代表南方文學的「楚辭」，以及以後司馬遷的史記、漢代的賦、魏晉的書法、唐代的詩、宋代的詞與畫、元代的曲、以及各代的小說等也是最好的說明。

在音樂世界中，柴可夫斯基的B短調第六號交響曲——「悲愴」，貝多芬C小調第五號交響曲——「命運」，它們都是從個人氣質，民族風格，人類心靈所流出。在它們的音符中，我們聽得出來他們各自的個人氣質、民族風格、人類心靈的不同音樂世界所描繪的生命宇宙。柴可夫斯基自己就說過：「只有從藝術家的靈魂深處傾瀉出來的音樂，而又被靈魂所感動的音樂，才能感動聽眾，佔有聽眾。」（書簡集）

在繪畫世界中，達文西的「蒙娜麗莎」，李迪的「風雨歸牧」，他們的每一筆觸所指及的都顯現出各自的個人氣質、民族風格、人類心靈的繪畫世界。

在詩的世界中，不僅只定於一個「幻想的」世界，「我不能找到比莎士心亞更好和更古典的見證，他所憑藉來看自然和人生光輝，并不是僅僅在幻想中捕捉的幻想光輝」（E. Cassirer. AN ESSAY ON MAN. 9. Part），而是個人的氣質、民族的風格、人類的心靈。

在華滋華斯（Wordsworth）的詩的世界中：

I saw them feel
Or Linked them to some feeling:
the great mass
Lay imbeded, in a quickening soul, and all
That I beheld respired with inward meaning.

我見到他們所觸及的
或者把它們連接到某種情感
渾然溟泫
埋注於勃勃的元氣之中，而且
我所注視的，呼吸著內在的意義。

在李白的詩的世界中：

日出東方隈，
似從地底來。
歷天又復入西海，
六龍所舍安在哉！
其行終古不休息，
人非元氣，
安能與之久徘徊！
草不謝榮於春風，
木不怨落於秋天，
誰揮鞭策驅四運，
萬物興廢皆自然。
羲和！羲和！
汝奚汩沒於荒淫之波。
魯陽何德，

駐景揮戈；
逆道違天，
矯誣實多。
予將囊括大塊，
浩然與溟涬同科！

這兩個人的氣質，這兩個民族的風格，這兩個地方的人類心靈，在詩的音調上的雄渾，氣概上的浩蕩，具體表現了創造者的不同的個人氣質、不同的民族風格、不同的人類心靈的大和諧。

我的觀感是：個人在文學與藝術上的創作，不僅僅是個人氣質的顯現，更是民族生命的表現所形成的風格，而這種風格也就是整個人類心靈中的一種交響曲——民族靈魂的各種不同的震盪，民族生命是一個大生命，這個大生命，才是一切文學與藝術的根源。

方東美教授在民國廿六年抗戰前夕在南京中央廣播電臺對全國青年作了八篇演講——「中國先哲人生哲學概要」，其中有一句話，說：「一切藝術都是從體貼生命之偉大處得來的」。因此，我們再回過頭來看一看，我們中國先哲的藝術理想，也是從個人的生命偉大之處，直透民族生命的偉大，如孟子所說的「上下與天地同流」的文學與藝術的生命衝動，乃是個人的文學與藝術的創造必然是那一個民族的文學與藝術所生長而出的；一個沒有民族性的文學與藝術的產品，是找不到的；因為那是無根之物，它不但在生命的時間之流中不會出現，就在生命的空間之架中也無法尋求。

凡是成功的文學與藝術的創作，它不但代表一個個人生命的創作，更代表一個民族生命的創作；同時，不要忘記：這也是人類生命的創作。所以可以看出來華滋華斯爲什麼說：Poetry as the spontaneous overflow of powerful feelings的道理。

這正如陸機所謂：「觀古今於須臾，撫四海於一瞬」，「籠天地於形內，挫萬物於筆端」，「體有萬殊，物無一量」者是也（文賦）。這就是中國文學與藝術的民族性之特異所在者。所以太史公「文兼括六藝百家之旨，第論其惻怛之情，抑揚之致，則得於詩三百篇及離騷居多」（劉熙載，藝概），無不是接承了這一傳統——民族的；也就難怪劉勰說：「文之爲德也，大矣！與天地幷生者」（文心雕龍，原道），乃與天地生命同其廣大也。因爲「氣之動物，物之感人，故搖蕩性情，形諸舞詠，照燭三才，輝麗萬有，靈祇待之以致饗，幽微藉之以昭告，動天地，感鬼神，莫近于詩」（鍾嶸，詩品）。詩，乃是文學與藝術的表徵。所謂「詩者，志之所之也」（詩序）的意義，也正在此。一個人文學藝術的創造必是離不開民族的文學藝術所生長的生命；在生命的空間上，不「具備萬物」，何能「橫絕太空」？在生命的時間上，不「荒荒油雲」，何能「寥寥長風」（司空圖，詩品）？不如此，又何能「本色」？何能「當行」（嚴羽，滄浪詩話）？本者，民族之本色也；當行者，民族之當行也。這就是「文文山詞，風骨甚高，亦有境界遠在聖俞叔夏所謹諸公之上」（王國維，人間詞話）的原因；而文文山的「正氣歌」之偉大，也正在此；它有個人生命的氣質，它有民族生命的風格，它有人類生命的心靈。所謂「顧此耿耿在，仰視浮雲白，悠悠我心悲，蒼天曷有極，哲人日已遠，典型在夙昔，風簷展書讀，古道照顏色。」就完全把中國人文文學與人文藝術的民族性——民族靈魂，直透了出來。所以，「千載寂寥，披圖可鑒」（謝赫，古畫品錄），因爲「丹青妙極」，它能「立萬象於胸懷，傳千記於毫翰」（姚最，續畫品）。爲什麼？因爲它是中華民族生命所寄託的文學與藝術的生命中體現而出。我們可以看出，人文文學與人文藝術的精神在此。

太史公曾說過：「非好學深思，心知其意者，固難爲淺見寡聞者道也」（史記，五帝本紀）這樣的話；我想我的所見，不但淺，而且聞也寡；要把我所說的當成是好學深思的結果的話，那恐怕也就很難的了。至於，我能否「心知其意」，那我就更不敢作「自用」而又「自專」之人了。「比事屬辭」之事，本非易易。章學誠有：「言後世之文，其體皆備於戰國，人不知；其語多出於詩教，人愈不知也」（文史通義，詩教）。「民族與文藝」的問題，又豈能例外！此中國「文人情深於詩騷，古今一也」（詩教），故夫子曰：「不學詩，無以言，其此之謂也」。「詩教」，才是中華民族文藝生命主要源泉。「易教」、「書教」、「禮教」，更是中華民族文藝生命的不同源流；西方民族的文藝，也是我們不可少的滋養，要吸收它，更要消化它來成長我們這一民族的文藝生命，使中華民族的文藝更壯大，更華麗，更充實；這才是我們大家的使命。「志乎中」而不「遺乎今」，子美所謂「不薄今人愛古人」及「民族與文藝」爲之之道矣！「志乎中」，而不「遺乎外」，乃中華民族文藝今日之所以充量至盡之道矣！因端竟委，由粗至精，全在審之，擇之焉耳！

總之，中國文學與藝術是「生命直觀」，個人氣質、民族風格、人類心靈將最高之中華人文精神帶給這一個民族最高形式的生命創造——民族靈魂的表徵；我們一展中華文學與藝術的創作和詩、書、畫、文，莫不是這一民族靈魂的各種不同的震盪，而也就是從每一個中國文學與藝術家靈魂深處所自然流出來的各種大小不同的大生命之流的產品（The productions of the spontaneons overflow of powerful feelings.）。民族性，才是文藝創作靈魂的動力點。

（本文曾刊於《青溪》第九十三期。六四年三月、《幼獅文藝》第二五七期。六四年五月、《中華文藝》第五十一期。六四年五月、《文藝月刊》第七十一期。六四年五月、《國魂》第三五六期。六四年七月、《中央月刊》第七卷第十期。六四年八月、《明道文藝》第三十期。六七年九月、《青年日報》七七年七月九日）

# 文學中的人性宇宙

人性有不同的層次，與不同的意義；什麼是人，人是什麼，也有不同的層次，與不同的意義。一個眞正的哲學工作者，他的研究是多重取向的，也就是要會通一切知識來研究人性與人是什麼的問題，而不是只停留在一個封閉的孤立機械物質系統，乃是要打開一個開放的生命動力機體系統。故中庸說：「自誠明謂之性，自明誠謂之教；誠，則明矣；明，則誠矣。性之德也，合外內之道也。」一人，對自己的思考，尤其是對於民族性，與整個人類的人性的思考，在世界上任何一系的哲學中，都已構成爲一個根本，而且普遍涵攝於全部哲學的精神與哲學家的心態取向中。哲學，又是「人類整個文化創造工作的價値評判與人類精神工作的意義探討」一（方東美教授：科學哲學與人生）。這樣，我們就會發現：人性與文學的問題，乃就是文學與哲學的問題。換言之，有一個什麼樣的人類哲學——人性觀（Philosophical Anthropology），就會產生一個什麼樣的文學觀與什麼樣的文學。反之，一個什麼樣的文學與什麼樣的藝術，就反映出一個什麼樣的哲學。所以 T.S. Eliot（艾略特）說：「詩所表現的人生觀，必須做到批評家所能接受的那樣一致、圓熟，而且爲經驗事實所能看得到的

。」（詩的功用）

在中國文學中，所表現出來的，正如方東美先生所言是「傳『心靈』之香，寫『神明』之媚，『音』韻必協，『聲』調務諧，勁『氣』內轉，秀『勢』外舒，旋律輕重『孚萬籟』，脈絡往復『走元龍』，『文心』開朗如滿月，『意趣』飄楊若天風，一一深迴宛轉，潛通密貫，妙合『中庸和諧』之道本。」（哲學三慧），這就是一個充滿中國人類哲學──人性文學的「中和」生命之美的文學展現。

文學，就是一面人性的「靈」鏡。劉彥和說：「惟人參之，性靈所鍾，實天地之心。心生──而言立；言立──而『文：明』；『自然』之道也。」（文心雕龍，原道第一）

在中國文學「中和」的生命之美的展現中，對於人性的捕捉，也就是從描繪自然、社會而到不同人性的內在面與外在面之加以呈現，都是透過了創作者在自己的心靈世界中的創造。中國文學的人性觀，除了要在中國人性哲學──哲學人類學的理論中去找尋外，還要在中國文學中，自詩經、楚辭以來的作品中去發現；當然要有方法才能眞有所發現。而且「文學」，就是人性之從創作者心靈中，用心靈的語言，自然的語言、社會的語言等，透過了寫實、理想、浪漫、象徵等等的藝術形式所創造出來的；並且在文學中的「人性」呈現，也就不是自然科學中的任何一門學問所建立起來的人性學說終能達到的。

「生命，是一個終極的與自我依存的實在。它不能用物理或化學的語言來描述或闡明。它有一個自己的世界，因爲它有一種它自己的經驗。生命在任何地方都是完滿的，在最小圈子之中，和在最大的圈子之中都一樣。人不再僅僅生活在一個物質的宇宙中，人生活在一個符號的宇宙之內。語言、神話、藝術（文學）和宗教，就是這一個世界的各部分。人確實生活在想像的情感中，希望和恐懼中，錯覺和覺醒中，與他自己的幻想和夢境之中。」（Ernst Cassirer, An Essay on Man pp.41-44，本文作者譯）都在使他的生命追求一個「中和」的生命之美。

文學，是從人類生命世界中的「人性」，直透而出的一種「心靈」語言，所創造的藝術符號宇宙。因爲人性中的「愛」，乃是文學生命世界中的根，一切文學創作的活水源頭；文學中的美，就是從這裏生長出來的。美，只有從人性的愛中生長出來時，而又透過藝術的力量，「以使之生動，具現爲作品時，才能以無比的力量感動我們，捕捉我們。」（索忍尼辛：爲人類而藝術）因爲人性——「愛」的形式與樣式之不同；所以，文學的美——「中和」的大美：人在天地之美中，天地之美在人中，而從文學所直透出來的，也就是千變萬化，一體萬殊了。

所以，中國文學：是生命直觀——個人氣質（這一個人的人性），民族風格（民族性），人類心靈（人性宇宙）將中華人文精神——「中和」；乾坤大美之最高關心，帶給中華民族生命活動——最高形式的中和之美的生命創造，而成爲民族靈魂——人性宇宙的表徵。

我們在「人性」的不同層次與不同意義中：我們從人性時間的綿延中，可以發現每一時代的轉捩點所肯定的心靈感受性之存在，及人性本然潛在力量之爲主動力的面貌；它漸漸地引我們進入沉思的意識世界，使我們沉溺其中，直透而出，得到觀照的智慧，悟出人性萬殊之爲一本，一本之爲萬殊的實在眞相。我們從人性空間的擴延中，可以發現每一知識存在的會歸點，所架構的心靈分析性與綜合性在客觀世界的展開，以及感性、悟性、理性之統貫力在每一知識中的創造；它漸漸會引我們進入純粹的精神世界，使我們在人性的反省中，肯定這一世界的整體生命，人性宇宙的中和之美。所以，萊布尼茲說：「生存不過是一片大和諧。」歌德說：「宇宙間一切事物，都是深深地互相連繫著的。」

因爲一切偉大的文學作品，都是從「人性」中所流出的。這也正如梁宗岱所說：「都是要直接訴諸於我們底整體：靈與肉，心靈與官能，內在世界與外在世界，理想與現實；它不獨要使我們得到美感的愉快，並且指引我們去參悟宇宙和人生的奧義；而所謂參悟，又不獨間接解釋給我們的理智而已，並且要直接訴諸我們底感覺和想像，使我們全人格都受它的感化與陶鎔。」（詩與眞）所以，在文學的創作中，要從人性的整體出發，而又同時把握住人性的「一體萬殊，萬殊一體」，從之去參悟人性的不同層次與不同意義的「美」。

任何偉大的文學作品，它會引導我們進入一個什麼樣的天地呢？我們在其中，又發現了什麼呢？總之，文學創作就是人性宇宙的投射，作者在創作中，就是宇宙人性的把捉，也就是創作者——自我人性的把捉；更是讀者、欣賞者人性的把捉，以從創作人性之美在大自然中的躍動，進入宇宙人性的無窮世界，以捕捉欣賞者的那一個人性宇宙的萬般殊相，而知——人性的；「一本萬殊與萬殊一本」。

文學創作的象徵性：是要藉有形的人性而寓諸無形的人性，也就是在有限的人性中表達無限的人性，用最少的人性表現最多的人性，化腐臭的人性爲神奇的人性；更就是在剎那的人性中抓住永恒的人性。

這就是一個人性的宇宙識覺，在文學中的發現與創造：所呈現的人類「中和」之美——「乾、始能以美——利，利天下，不言所利，大矣哉！陰、雖有美，含之，以從王事（通天、地、人曰王）。」（易經、乾坤文言傳）——「天地有大美，而不言。」（莊子、知北遊）——「維天之命，於穆不已！」（詩經、周頌）——「天何言哉！四時行焉！百物生焉！天何言哉！」（論語）一直到「無言相對最銷魂」的人性：神秘宇宙——等待我們在文學創作活動中去把捉而透出：「文學中的人性宇宙」——是什麼呢？就是在你的人性中，就是在你這個人中，就是在你的文學創作中，就是在你那個：「文學中的人性宇宙」之創造、建立與完成之中。

（本文曾刊於《青年日報》副刊，七十七年十一月九日）

# 人在天地之美中的：「觀—撫—籠—挫」

陸機在他的「文賦」中，就已經把蕭子顯所謂的「屬文之道，事出神思，感召無象，變化不窮。」（文學傳論）以及蕭統所謂的「事出於沉思，義歸乎翰藻。」（文選序）這種文學中的永恒與刹那，無限與有限，巨視與細察之美的追求，用四句話表現出：

「觀古今於須臾，
撫四海於一瞬，
籠天地於形內，
挫萬物於筆端。」

這四句話，是要從「觀」開始，才能去加以了解和體會的。那什麼又是——「觀」？

陸機的文賦，乃是從莊子那種逍遙遊的生命精神，以體現與觀照文學之美而表現其文學生命的美。

因爲——

莊子說：「天地有大美，而不言；

四時有明法，而不議；

萬物有成理，而不說。

聖人者：

原——

天地之美，

而達——

萬物之理。

是故：

至人——無爲，

大聖——不作，

『觀』於——……

天地之謂也。」

——（知北遊）

人在天地之美中的：「觀—撫—籠—挫」

而且，莊子在「天地」、「天道」、「天運」、「秋水」各篇中，體照出更多，更深，更精的人文生命在宇宙中的逍遙之美的體現與觀照：觀於——天地、天道、天運、秋水之美。

所以，陸機在「文賦」中，才能——

「觀——撫——籠——挫」生命在天地之美中的形上原理而說出：

(1)「觀古今於須臾」的「天地」之美——乃天地的時間生命之美的遷流的一體呈現。

(2)「撫四海於一瞬」的「天地」之美——乃天地的空間生命之美的擴延的一刹呈現。

(3)「籠天地於形內」的「天地」之美——乃「天地與我並存，萬物與我爲一；聖人不由，而照之於天。」（莊子）的「萬物皆備於我，返身而誠，樂莫大焉。」（孟子）的生命美在「人間世」的一相呈現。

(4)「挫萬物於筆端」的天地之美——乃天地的「體有萬殊，物無一量。」（文賦）的「時無止，分無常，始終無故，故大知觀於遠近，小而不寡，大而不多，知量無窮。」（秋水）的生命美已在「齊物論」中一指呈現。

所謂「天地」，莊子曰：「天地者，形之大者也。」（則陽）其大爲何？大美者也。故天地之美，雖不言，而陸機則以「觀——撫——籠——挫」之生命創造而言之，實乃「佇中區以玄覽」（文賦）所深造而自得以觀之者也，是則莊子之「道樞」也。故：「樞始得其環中，以應無窮」（齊物論）

，「緣督以爲經」（人間世）——「懸（玄）解」；此即「乘物以遊心，託不得已以養中，至矣」的「心齋」（人間世）在陸機文學生命中的「形在江海之上，心存魏闕之下，神思之謂也。文之思也，其神遠矣！故寂然凝慮，思接千載；悄然動容，視通萬里，吟詠之間，吐納珠玉之聲；眉睫之前，卷舒風雲之色；其思理之致乎？故思理爲妙，神與物遊……」（劉勰，文心雕龍，神思）

是則：文學生命的「神思」之美之所在者也。

（本文曾刊於《哲學與文化》月刊第六十五期，七十年六月）

# 中國人的：「觀」

陸機的「文賦」，乃是從老子的「玄之又玄」與「玄覽」「心居玄冥之處，覽知萬物」。（河上公）而到莊子「消遙」的生命之美，所在文學創造中的「體現」與「觀照」——故乃曰：「佇中區以玄覽」，以——「觀古今於須臾，撫四海於一瞬」，而——「籠天地於形內，挫萬物於筆端」以至——「體有萬殊，物無一量」，而——「恢萬里使無閡，通億載而為津，俯貽則於來葉，仰觀象乎古人」皆鍾嶸所謂「觀古今勝語，多非補假，皆由直尋」的直覺，直觀，直照，直透的「佇中區以玄覽」的「觀——撫——籠——挫」的文學之美的生命創造者，是也。

這究竟是什麼「觀」呢？——這個「觀」就是「看到」。

這個「看到」的「觀」：——

在常識中，只是肉眼的一種「感覺」的「看到」之「觀」。

在科學中，乃是一半肉眼，一半天眼合成的「觀察與思辨」的「看到」。

在哲學中，乃天眼的「心智」、「會通」、「上達」的「看到」之「觀」。

在藝術中，乃是慧眼的「直覺」的「看到」之「觀」。

在宗教中，乃是法眼的「冥悟」的「看到」之「觀」。

在無限超越中，乃是佛眼的「不可思議」、道家「玄之又玄」的「玄覽」的「看到」之「觀」。

中國人對於「觀」的生命形態，有無窮的難以形容的神祕發現；眞「神」——「神也者，妙萬物而爲言」（易，繫辭）的「神」。這種「妙萬物而爲言」的「觀」，以神「觀」之的觀，正如方東美教授說：「中國人以妙悟知化……爲一種充量和諧，交響和諧。……中國人之宇宙形成一種穹合賅備之格局，苞裹萬物，扶持衆妙，布運化貸，均調互攝，涬溟而大同……推於天地，通於萬物，施於人群，盡屬精神之理序，頓顯空靈之妙用。」（哲學三慧）方先生在其「生命情調與美感」中，尤言之：「中國人之宇宙觀念，蓋胎息於宇宙之妙悟，而略露其朕兆者也。莊子曰：『聖人者，原天地之美，而達萬物之理』可謂篤論矣。中國人之靈性，不寄於科學理趣，而寓諸藝術神思。」

「觀」，就是藝術神思的「妙悟」——「妙」者，妙萬物而爲言；「悟」者，悟萬殊之爲一本，一本之爲萬殊。觀者，觀於天地之美；觀而必照，「照」者，照之萬物之理。故以智慧照見萬理之妙，是謂「觀」，則庶可近之也。

「詩者，志之所之也」（毛詩序），則以詩——「觀」之之謂也。所之，如不「觀」之以詩，則「所之」則非之志也。

因爲詩的「可以興，可以觀，可以群，可以怨」（論語，陽貨）的「可以觀」的「觀」，是藝術的「觀」——妙悟。

「觀」，在易的「觀」卦中有：「大觀在上，下觀而化」的上觀之大，下觀而化的「大」與「化」之觀。而「中正以觀天下」則「佇中區以玄覽」的觀之所由。「觀我生」——生命之玄覽也。「觀天之神道」——冥觀也。「觀照之光」——會觀也。「觀乎天文，以察時變：觀乎人文以化成天下」——通觀也。「觀象」——體觀也。「觀其所感，而天地萬物之情可見」，「觀其所恒，而天地萬物之情可見」，「觀其所聚，而天地萬物之情可見」——則爲感觀、恒觀，聚觀而爲「觀其會通，以行其典禮」的「可觀而後有所合」之觀者也。故「子在川上，曰：『逝者如斯，不舍晝夜』！」（子罕）這是超觀，是超乎宇宙，作無窮的宇宙生命觀照。

「子曰：『予欲無言』。子貢曰：『子如不言，則小子何述焉！』子曰：『天何言哉！四時行焉！百物生焉！天何言哉！』」（陽貨）——是透觀，是透入而又透出生命宇宙作無限的永恒觀照者也。

故孟子曰：「孔子登東山而小魯，登泰山而小天下。故觀於海者，難爲水：遊於聖人之門者，難爲言。觀水有術，必觀其瀾：日月有明，容光必照焉！」（盡心）此「觀」之境界，必層層上達而照之，抵於無窮，極於無限。觀必有術：「始條理者，智之事：終條理者，聖之事。」（孟子）之謂也。觀必照之以日月之明，故：「所過者，化：所存者，神：上下與天地同流。」的「觀照」，才能看到：「可欲之謂善，有諸己之謂信，充實之謂美，充實而有光輝之謂大，大而化之之謂聖，聖而不可知之之謂神。」（盡心）的整體宇宙生命的無所不在的觀照。

老子的「常無，欲以觀其妙；常有，欲以觀其徼。此兩者，同出而異名；同謂之玄，玄之又玄，衆妙之門。」的「觀」，是「微妙玄通，深不可識」的「觀」，是「致虛極，守靜篤，萬物並作，吾以觀復」的「玄德，深矣！遠矣！與物反矣！然後乃至大順」的「觀」。這種「正言若反」的「觀」，乃「圓而神」與「方以智」的「玄」觀。

莊子的「心齋」是一種超感覺——「無聽之耳，而聽之心」，超知覺——「無聽之以心，而聽之以氣」，超一切之覺——「聽止於耳，心止於符；氣也者，虛而待物者也。唯道，集虛。虛者，心齋也。」（人間世）所以他主張：「聖人不由，而照之於天。」（齊物論）的「萬物皆照」的「觀」。這種「觀」是：「上神乘光，與形滅亡，此謂照曠；致命盡情，天地樂而萬事銷亡；萬物復情，此之謂混冥。」（天地）的混冥曠照。因爲「盡，有天；循，有照；冥，有樞；始，有彼。則其解之也，似不解之者；其知之也，似不知之者。」（徐無鬼）這都是「自我觀之，萬物皆照」（齊物論）的「觀」。

這種「觀」：

是以「道」——「觀」——言
　　　　　　　　　　　分
　　　　　　　　　　　能
到以「道」汎「觀」，而

萬物之「應」—備，（天地）

這種「觀」—

以「道」觀之：物無貴賤。

以「物」觀之：自貴而賤。

以「俗」觀之：貴賤不在己。

以「差」觀之：
因其所大而大之，則萬物莫不大。
因其所小而小之，則萬物莫不小。

以「功」觀之：
因其所有而有之，則萬物莫不有。
因其所無而無之，則萬物莫不無。

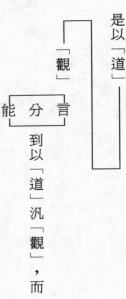

以「趣」觀之：
- 因其所然而然之，則萬物莫不然。
- 因其所非而非之，則萬物莫不非。

——（秋水）

乃「吾與子觀化，而化及我」（至樂）的「觀」。因爲，「觀之名，則不見」（盜跖），要「自本觀之」（知北遊），「自上觀之」（盜跖），「觀動靜之變」（漁父），才能「原天地之美，而達萬物之理：觀於——天地。」（知北遊）「善哉，觀乎！」（列禦寇）

此易繫辭所謂：「仰則觀象於天，俯則觀法於地」的易的三觀之義：一、變易之觀，二、簡易之觀，三、不易之觀的一體三現。這三種觀，又是「天下之動，貞夫一者也」的「易」以「觀」之可統之者也。

西方能「觀」之者，唯柏格森的形而上學的生命直觀是也：他站在生命的立場，不從外面去看，而透入最內層去會觀直悟，以動的直覺，以生命的本能，直透而入於絕對宇宙的本體存在。這乃是表象，心象的直接透入對象中：自下而上，自內而外，自實而虛的渾然統觀。這種觀，是建立在從宇宙生命的綿延到自我內在生命的綿延上，它是超知覺，超概念，它是當下直悟，頂門、單刀直入的「觀」。

（本文曾刊於《文訊月刊》第五期哲學與文化月刊六十四期七十年五月）

# 「觀」的意義層次

「觀」的意義之創造，在陸機文賦中，是從「觀」而「撫」而「籠」而「挫」的三個層次：1.文字的意義層。2.一般文學的意義層。3.文學藝術之美的意義層。

**1.文字的意義層**——「語言的把握」，其表現要上溯「齊物論」，而「外物」以遊，乃有「知北遊」、「秋水」，而上達「逍遙遊」的境界：——

⑴語言的生命宇宙：其結構層，是有所指，乃經驗的，概念的邏輯取向，在莊子天地篇中。

⑵語言的生命知識：其指涉層，是有當指，乃理性的，架構的思想體系，在莊子天運篇中。

⑶語言的生命本體：其無盡層，是有實指，乃冥會的，玄思的形上超越，在莊子天道篇中。

**2.「觀」的一般文學的意義層：——**

⑴「觀」——文學從「哲學」生命的「統覺」中，在須臾之間，從古到今所看到的，故爲「直」的意象，文學生命才能從之走出來。故曰：「觀古今於須臾」。

⑵「撫」——文學從「科學」生命的「現視」中，在一瞬之間，接觸到整個世界，故爲「平」的

意象，文學生命才能從之展開來。故曰：「撫四海於一瞬」。

(3)「籠」——文學從「宗教」生命的「冥會」中，在形象之內，凝照到大全宇宙，故為「圓」的意象，文學生命才能從之托出來。故曰：「籠天地於形內」。

(4)「挫」——文學從「藝術」生命的「象徵」中，在造境之內，收藏無窮的意態，故為「點」的意象，文學生命才能從之投射出來。故曰：「挫萬物於筆端」。

3. **「觀」的文學藝術之美的意義層**：是從直感中追求想像力的美，才能觀於永恒，撫於一瞬，籠之形內，挫之筆端：——

(1)「觀」——從「心」之頓覺的——「直」的意象美，而「觀古今於須臾」中，乃是時間綿延之流的透視美，而為刹那中的永恒：時間的永恒美。這就是觀於永恒——一刹中的永恒。威廉、伯萊克（William Blake）叫做『To see the world in a graim of sand』在一粒砂中看出這個世界——一砂一世界。

(2)「撫」——從「思」之透現的——「平」的意象美，而「撫四海於一瞬」中，乃成為空間擴延之軸的透現美，而為具體的抽象，放大的縮小：空間的無盡美。這就是撫於一瞬——永恒中的刹那。威廉、伯萊克（William Blake）叫做『And a heavem in a wild flower』在一朵花中發現一個天國——一花一天國。

(3)「籠」——從「神」之冥會的——「圓」的意象美，而「籠天地於形內」中，乃表現空間的立體美，而爲一點渾圓：空間中的時間美。這就是籠之形內——無限中的有限。威廉、伯萊克（William Blake）叫做『Hold infinity in the palm of your hand』在你手中握住無限——一掌一無限。

(4)「挫」——從「靈」之象徵的「點」的意象美，而「挫萬物於筆端」中，乃爲文學主體與其對象在造境中的美，而爲事物的象徵，著實的隱喩：時間中的空間美。這就是挫之筆端——有限中的無限。威廉、伯萊克（william Blake）叫做『And eternity in an hour』在一刹那中把捉永恒——一刹一永恒。

此觀的意義三層次，且列表以明之：

(一)文字的意義層

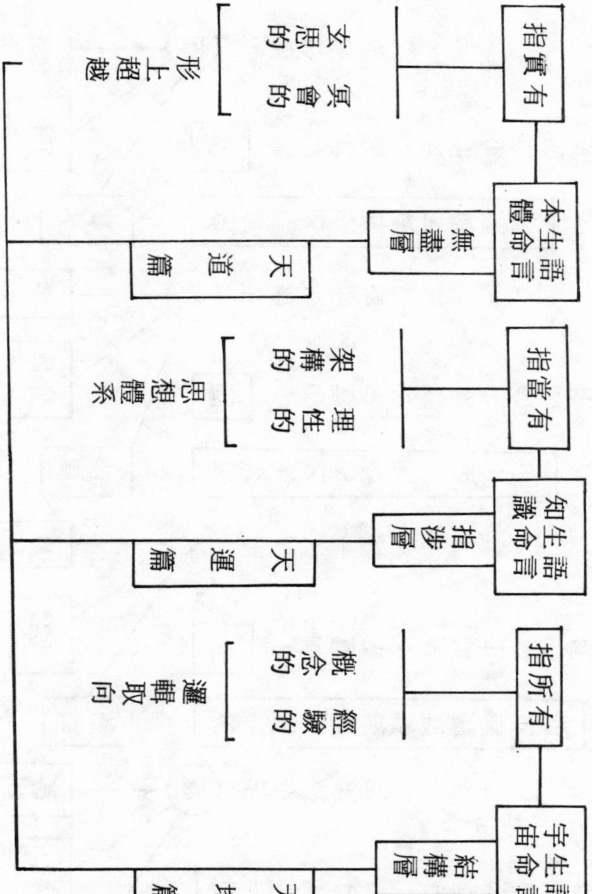
指實有
本體生命語言
無盡層
玄思的
冥會的
形上超越
天道篇
指當有
知識生命語言
指涉層
架構的
理性的
思想體系
天運篇
指所有
宇宙生命語言
結構層
概念的
經驗的
邏輯取向
天地篇

## (二)一般文學的意義層

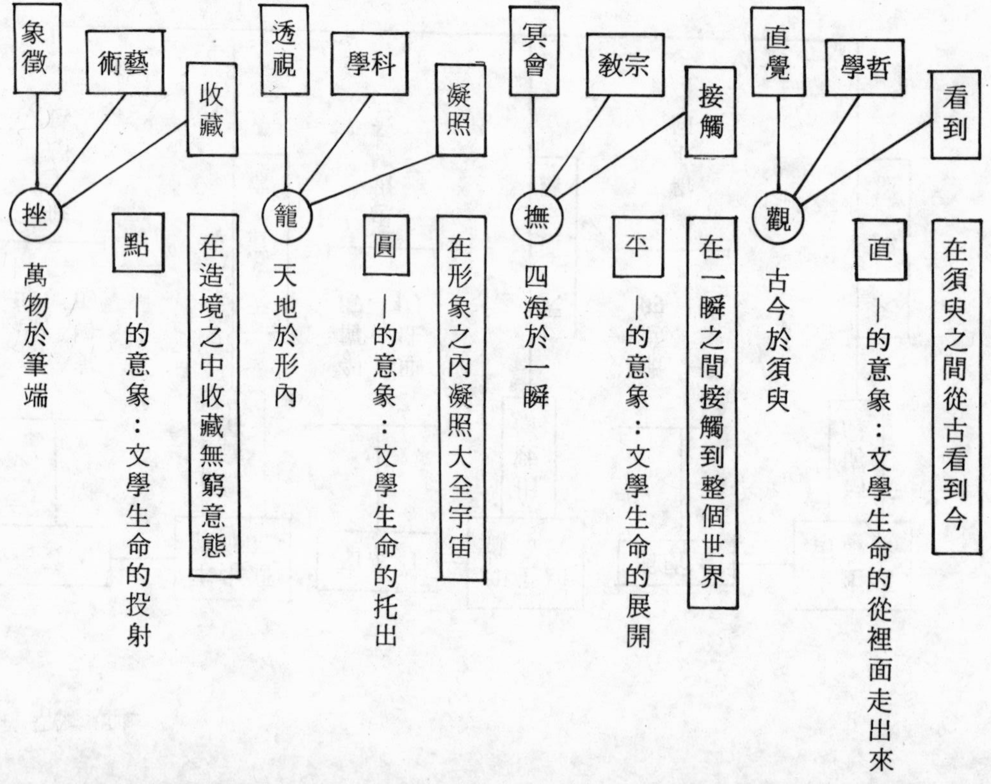
象徵
藝術
收藏
挫
萬物於筆端
點
—的意象：文學生命的投射
在造境之中收藏無窮意態
透視
科學
凝照
籠
天地於形內
圓
—的意象：文學生命的托出
在形象之內凝照大全宇宙
冥會
宗教
接觸
撫
四海於一瞬
平
—的意象：文學生命的展開
在一瞬之間接觸到整個世界
直覺
哲學
看到
觀
古今於須臾
直
—的意象：文學生命的從裡面走出來
在須臾之間從古看到今

# 「觀」的意義層次

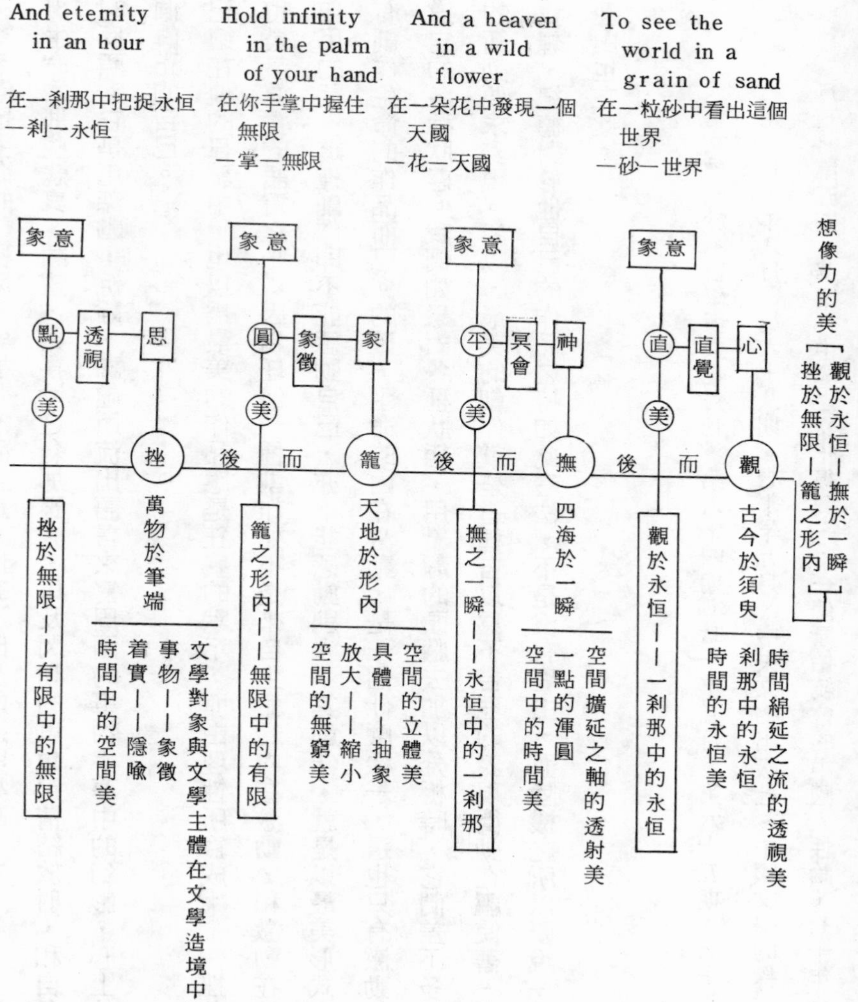

To see the world in a grain of sand
在一粒砂中看出這個世界
一砂一世界
And a heaven in a wild flower
在一朵花中發現一個天國
一花一天國
Hold infinity in the palm of your hand
在你手掌中握住無限
一掌一無限
And etemity in an hour
在一剎那中把捉永恒
一刹一永恒
想像力的美
「觀於永恒―撫於一瞬―籠之形內―挫於無限」
意象
直
直覺
心
美
觀
古今於須臾
時間綿延之流的透視美
剎那中的永恒
時間的永恒美
觀於永恒――一剎那中的永恒
而
後
平
冥會
神
撫
四海於一瞬
空間擴延之軸的透射美
一點的渾圓
空間中的時間美
撫之一瞬――永恒中的一剎那
圓
象徵
象
籠
天地於形內
空間的立體美
具體――抽象
放大――縮小
空間的無窮美
籠之形內――無限中的有限
點
透視
思
挫
萬物於筆端
文學對象與文學主體在文學造境中的美
事物――象徵
着實――隱喻
時間中的空間美
挫於無限――有限中的無限

文學不僅是生命的一種反映與批評，而且是人性的透出及創造與昇華，它必須從生活的內層，去描畫出生命的那些悲哀、願望、與喜悅之刹那靈光，以及閃動的思想跟情緒放射，和自我對宇宙各種信念的反照。它是用深幽，沉靜、謙虛所流出語言來寫周圍的事物；夢中的幻影，心上的回憶，呈現出一個眞正的自己。

紀德在他的日記中，也以爲最美的作品應是狂妄的默示，而由理性所寫成——「挫萬物於筆端」。這也是最眞實的語言之一；因爲任何一種創作如不是來自生命的內在激動，和激動在情緒上所生的那種作用的話，這種創作即不能感動自己，亦不能感動別人；其創作，就是以最美形式出之，也只是件沒有創作生命的作品而已。的確，生命的內在激動，是一個什麼樣子，這也只有激動生命本身才可以知道它的各種狀態。我們如果對各種狀態，用冷靜的頭腦去加以分析時，它們差不多都來自以爲不合理的衝動要求表現。所以，最美的創作就是這種自以爲不合理的表現衝動在驅使著「理性」去完成它。我想，紀德對於他自己的作品之持如此看法，不是沒有理由，而陸機之所以要說「挫萬物於筆端」的理由也在此。

（本文曾刊於《哲學與文化月刊》第六十四期。七十年五月、第六十五期。七十年六月、第六十七期。七十年八月、第六十八期。七十年九月、中央文物出版社《中國文學的探討集》、《文訊月刊》第五期、華岡「中國之文化復興」：一個原始統會的中國人性論，七十年十月）

# 文學與哲學的雙迴向——人文精神的一條線索

——在中華文化復興委員會文學研究班講

談人文精神的一條線索要採取文學與哲學的雙迴向，但是又採取什麼樣的方法較好？是從歷史的觀點來談好呢？或從方法與技巧的觀點來談好呢？還是從理論觀點來談的好呢？也就是：是在時間之流中去追索，還是在空間之體中去分解。我們從時間的綿延中，可以發見每一時代的轉捩點所肯定的心靈感受性之存在，及傳統潛在力量之爲主動力的面貌；它漸漸地引我們進入沉思的意識世界，使我們沉溺其中，直透而出，得到觀照的智慧。我們從空間的展延中，可以發見每一知識的會歸點所架構的心靈的分析性與綜合性在客觀世界的存在；和感性、悟性、理性之統貫力在每一種知識中的創造，它漸漸會引我們進入純粹的思維世界，使我們在反省中，肯定這世界的整體性，得到「自統而尋之，物雖眾，則知可以執一御也；由本以觀之，義雖博，則知可以一名舉也」的「物無妄然，必由其理，統之有宗，會之有元，故繁而不亂，眾而不惑」（王弼，周易略例）的全面會通的生命知識。所以，萊布尼滋說：「生存不過是一片大和諧」。歌德說：「宇宙間一切事務都是深深地互相連繫著的」。愛因斯坦說：「宇宙是井然和諧而有序的」。

在這一點上來看當代文學與科學分隔和文學與哲學間的疏遠，只是一時性的問題，封閉性的問題，時間一久，在文學和科學的最後心靈上，是會一起出現的。閉塞太過，文學與哲學在人類的開創心靈上，是會一下就被打開的。我們翻開人類在文化上各方面的創造歷史，我們就會明白：人之所以爲人，就在人本身自然會超越他的有限性，他的封閉性，他的偏蔽性，而成爲自然世界、人類社會、精神宇宙的開拓者、建造者、和無窮的追求者。

所以，對於「文學與哲學」這個問題，是：從文學去看呢？還是從哲學去看？這樣一個大題目，是大題大作？還是大題小作？我想：假如你們問我：文學是什麼？哲學是什麼？我的「答」：是——文學就是文學，哲學就是哲學。假如你們再問我：文學是什麼？哲學是什麼？我的「答」：是文學就是哲學，哲學就是文學。假如你們還要問：文學究竟是什麼？哲學究竟是什麼？我的「答」：是——文學還是文學，哲學還是哲學。

假如你們問我，這是什麼意思？

我的答：是——「文學與哲學」。

爲什麼？

因爲：宇宙一舞臺，人生一悲劇。

宇宙一舞臺者，文學情調是也；人生一悲劇者，哲學幽思是也。所謂文學情調者，詩之美感是也，所謂哲學幽思者，哲學智慧是也。

為什麼？

因爲，不管你在詩或文學創作過程中，是即景生情也好，或因情生景也好；還是景中有情也好，情中有景也好，抑或是景即是情也好，更或是情即是景也好，你的詩或文學的創作都會展露，表現，充滿了你的美感與智慧；美感從詩或文學來，智慧從哲學來；所以，我說，文學與哲學，就是文學與哲學。

## 一　詩、或文學的展露、表現和充滿

「昨夜星辰昨夜風，
畫樓西畔桂堂東，
身無彩鳳雙飛翼，
心有靈犀一點通。」
——李商隱，無題

每一位詩人或文學家，在他詩或文學作品中，都會不自覺的展露，表現，充滿了他的哲學——不管他的哲學是什麼，都必得是他自己的人生觀，或宇宙觀的展露，表現、和充滿；也不管那是「淚眼問花，花不語；亂紅飛過秋千去」（馮延己，鵲踏枝，或作歐陽修蝶戀花）或「可堪孤館閉春寒，杜鵑聲裡斜陽暮」（秦觀踏莎行）的「有我之境」也好；也不管那是「采菊東籬下，悠然見南山」（陶潛飲酒）或「寒波澹澹起，白鳥悠悠下」（元好問穎亭留別）的「無我之境」（王國維人間詞話）也好，在「所造之境，必合乎自然；所寫之境亦必鄰於理想，故能寫眞景物眞感情者謂之有境界」（王國維：人間詞話）。此境界爲何？即創作者從有我之境，或無我之境，或有我中有無我之境，或無我中有有我之境所直透而出的作者心靈世界之全貌是已！此全貌：不管是「星垂平野闊，月湧大江流」（杜甫旅夜書懷）也好，「落日照大旗，馬鳴風蕭蕭」（杜甫後出塞）也好，「江流天地外，山色有無中」（王維句）也好，「大漠孤煙直，長河落日圓」（王維句）也好，「行到水窮處，坐看雲起時」（王維句）也好，「風鳴兩岸葉，月照一孤舟」（孟浩然句）也好，這些最美的境界中，都有作者的人生觀與宇宙觀在那一個大自然中，那一個社會中，那一個心靈世界中不自覺的展露，表現，和整個的充滿。

## 二　詩人、或文學家的視野

你不問：「文學與哲學」是什麼？我好像還知道一點點，你愈問我，我就愈不明白了。因爲一切偉大的詩或文學作品，正如粱宗岱在他的「談詩」中所說：「都是要直接訴諸於我們底整體、靈與肉，心靈與官能，內在世界與外在世界，理想與現實；它不獨要使我們得到美感的愉快，並且要指引我們去參悟宇宙和人生的奧義；而所謂參悟，又不獨間接解釋給我們的理智而已，並且要直接訴諸我們底感覺想像，使我們全人格都受它的感化與陶鎔」（詩與眞）。這種：創作過程中情緒的觀念化，觀念的情緒化，是不可分的。所以，就只好用莎士比亞在哈姆雷特（Hamlet）中的：

To be or not to be（是或者不是）

that is the question!（都是問題）

來點出這其間的——

「問余何事棲碧山，笑而不答心自閒，
桃花流水窅然去，別有天地非人間。」
——李白，山中答問

因此，我們發現詩人或文學家的視野：一方面要內傾，一方面要外向。對內的省察愈深微，對外的認識也愈透徹。

## 三　那一個宇宙的覺識

詩人，或文學家所要寫的，當然不是一套哲學理論或哲學體系，而是——詩或文學作品。然而，在他的詩或文學作品中，自然而然的會透露出作者對於這個自然，他的社會，自我心靈的看法和觀點。詩人或文學家的創作就是對自然、社會、心靈的寫照或創造：而且又是出之於創作者的生命之對自然、社會、心靈的觀照、透入，體悟所流出的生命之華。這其中，我們會發現：詩人，或文學家自己的哲學觀點在他的詩或文學作品中，實在無法不能不出現：假如我們讀一首詩，或任何的文學作品，而不能直接的或間接的體悟出來作者對自然、社會、心靈的寫照與意象，那又能算是什麼樣的詩，或什麼樣的文學作品呢？不然，美就不會在這無聲的「纏綿」、「奮發」、「幽咽」、「空明」的精神世界中出現。一個創作者，他對自然、社會、心靈所捕捉的觀念愈深，他所寫照的或創造的作品，就愈能爲時代的心靈所震盪，而進入於時間之流，展現於空間之象，讓全宇宙在它的枝頭顫動，飄搖；永爲詩或文學生命所追求。因此，詩或文學生的根埋藏在哲學中愈深，他的詩或文學作品就愈充滿了既深且高的生命力，而且讓每一位讀他作品的人感動、深思，體悟出另一生長的生命。這就是哲學對詩與文學所形成的內在動力。

請問：在杜甫的——

「風疾天高猿嘯哀，
渚清沙白鳥飛迴；

無邊落木蕭蕭下，
不盡長江滾滾來。」

所「嘯哀」的是什麼？所「飛迴」的是什麼？在「無邊落木蕭蕭下」的是什麼？而「滾滾來」的又是什麼？在這首詩中，它引導我們進入一個什麼樣的天地？我們在其中，發現了什麼？總之，詩或文學的生命，就是宇宙生命的投射；作者在詩或文學中的創造，就是宇宙生命的把捉，也就是創作者生命的把捉，更是讀者，欣賞者生命的把捉，以從創作生命在大自然中的跳動進入宇宙生命的跳動，來捕捉欣賞者的那一個宇宙生命。你說文學需不需要哲學？在文學中有沒有哲學？那不過是多少，深淺，程度上的問題而已。我們再進一步看：詩或文學的象徵性，是藉有形寓諸無形，藉有限表達無限，藉最少表現最多，化腐臭為神奇，藉剎那抓住永恆。所以，威廉、伯萊克（William Blake）才寫下：

To see the world in a grain of sand
And a heaven in a wild flower;
Hold infinity in the palm of your hand,
And eternity in an hour.

這種：「一沙一世界，一花一天國，一掌一無限，一剎一永恆」的語言所創造的，是一個什麼樣的生命世界？

還有，哥德寫下的：

我眺望遠方，
我諦視近景，
小鹿與幽林，
紛紜萬象中，
皆見永恆美。

是不是，都在不自覺中展露，表現，充滿了作者生命之對自然，社會，心靈的觀照，透入，體悟所流出的生命之華呢？

是不是，都寫出了創作者生命中的人生觀與宇宙觀呢？

歌德在回答問他：「在浮士德裏所賦形的觀念是什麼」時，歌德說得好，他說：「我從我底內心接收種種印象……由一種敏捷的想像力，把它們呈現我。我的詩的唯一任務，只是在我的裏面摹擬，塑造這一些觀察和印象，且用一種鮮明的圖象把它們活現出來……」。是的，浮士德也好，哈姆雷特也好，在創作者的內在生命中，所觀照的，所透入的，所體悟的，都是在「想像」——作者的宇宙觀，人生觀的投影中，所表達出來的——生命的偉大象徵；不管它象徵什麼，是一種永久的人性之不可象徵的象徵也好，象徵人之無限的「追尋」也好，這實在包含了創作者內在生命中偉大靈魂的理想，種種的內在印象，要求……在欣賞者的心靈中，所激起的回聲；而且，也創造了另一生命的理想世界在動進中。

請問：詩或文學的這個理想世界，有沒有哲學？要不要哲學？不然，亞諾德又何以要說：「詩（文學）是人生的批評」這種話呢？梵樂希又為什麼要說：「個人的情感與愛好不能制止它本身去侵犯——『那一個宇宙的覺識』……」。

「那一個宇宙的覺識，又在那裏呢？」

## 四　理想的人文世界

詩，或文學中，要求「那一個宇宙的覺識」——「一個心靈世界」的出現，要求一個想像的；理想的人文世界，從人間世界出現，它不僅僅是一個創作的一般理論與技巧的問題，而且是關涉到詩或文學創作的來源問題——一個創作者的生命衝動加上生命直觀的問題。

這是個什麼問題？它不是別的問題，乃是：詩或文學的哲學問題。這個問題，在西方是如此，在中國更是如此。因為：中國人的一個傳統——人文傳統：是詩人兼哲學家的傳統，是在「詩教」與「

易教」之外，還要具備「書教」、「禮教」、「春秋教」的整個六藝人文精神的各方面的完成：易經是生命哲學的來源，書經是歷史生命的所本，春秋是歷史哲學的根基，詩經是心靈表徵的內在藝術世界，「禮」（三禮）是社會行爲的外在秩序之必入於內在平衡，「樂」是內在情感的和諧之必達於外在的融順。這就是班固所謂：「六藝之文，樂以和神，仁之表也；詩以正言，義之用也；禮以明禮，明者著見，故無訓也；書以廣聽，知之術也；春秋以斷事，信之符也。五者、蓋五常之道，相須而備，而易爲之原」（漢書，藝文志第十）的道理。而且，在好多代以後的柳宗元答韋中立論師道書中也有一段最能闡發這一人文精神的話，足以看出中國文學的傳統：「未嘗敢以輕心掉之，懼其剽而不留也；未嘗敢怠心易之，懼其弛而不嚴也；未嘗敢以昏氣出之，懼其昧沒而雜也；未嘗敢以矜氣作之，懼其偃蹇而驕也。抑之，欲其奧；揚之，欲其明；疏之欲其通；廉之，欲其節。激而發之，欲其清；固而存之，欲其重；此吾所以羽翼夫道也。本之書，以求其質；本之詩，以求其恆；本之禮，以求其宜；本之春秋，以求其斷；本之易，以求其動；此吾所以取道之原也。參之穀梁氏，以厲其氣；參之孟荀，以暢其支；參之莊老，以肆其端；參之國語，以博其趣；參之離騷，以致其幽；參之太史，以著其潔；此吾所以旁推交通而以爲之文也。」也是這個道理。其所以爲文，乃是：以文「白」天下也。白者，中國文學、或詩：是人文精神所透出的人文生命。

在西方，大詩人或大文學家多是哲學上的高蹈者；而且，大哲學家都有充分的詩人氣質，在美學上都有相當的興趣或成就。荷馬的伊里亞德（Iliad）與奧德賽（Odyssey），柏拉圖的對話錄，新舊約聖經，但丁的神曲，莎士比亞的戲劇，歌德的浮士德，普士庚的歐根奧尼金，高爾基的人間，托爾斯泰的戰爭與和平，羅曼羅蘭的約翰克利斯朵夫，紀德的地糧與僞幣製造者，是不是最好的說明呢？

中國的文化哲學，是易經的文化哲學；中國的哲學文化，是六藝的哲學文化。這個六藝文化的易、詩、書、禮、樂、春秋的整個也就說明了中國的詩與文學之與哲學的內在關係和外在關係，是一種本原性的關係；這就是通一經必通六經，通六經必通一經的意義，也就是六經是相通的；因此，劉師培之所以寫「群經大義相通論」的道理也在此。

所以，代表中國詩或文學的「詩經」，它與代表中國哲學的「易經」的內在和外在關係是一種本原性的。中國的詩或文學，從詩經、楚辭、左傳、國語、國策而史記，而漢詩與賦，建安諸子，阮籍、陶潛、陳子昂、李白、杜甫、王維、李義山的詩，李後主、范仲淹、歐陽修、柳永、蘇軾、周邦彥、李清照、陸放翁、文天祥的詞，湯顯祖、陳草庵、關漢卿、馬致遠、張可久、王船山、孔尙任、鄭板橋、納蘭性德、王國維、蘇曼蘇的詞或詩，而到新文學運動後的今天中國的詩或文學，還是在這一人文傳統下發展著，儘管當代的中國「白話」詩與文學是在多樣的內容與形式中前進，不管跑到好遠，但是，它總跑不出中國人文傳統下的中國人文精神這一軌跡。

## 五　人文生命的全面肯定

我們看看孔子刪詩，放在最前面那一首的國風周南的——

關關雎鳩，在河之洲；
窈窕淑女，君子好逑。
參差荇菜，左右流之；
窈窕淑女，寤寐求之。
求之不得，寤寐思服；
悠哉悠哉，輾轉反側。
參差荇菜，左右采之；
窈窕淑女，琴瑟友之。
參差荇菜，左右芼之；
窈窕淑女，鐘鼓樂之。

孔子爲什麼把這首詩放在第一首呢？王船山在他的「詩廣傳」中說：「夏尚忠，忠以用性；殷尚質，質以用才；周尙文，文以用情。質、文者，忠之用也；情、才者，性之撰也。……是故，文者，白也。聖人之自白而白天下也。……故曰：關睢者，王化之基，風化也。道生於餘心，心生於餘力，力生於餘情。故於道而求有餘，不如其有餘情也。故詩者，所盪滌惉滯而安天下於有餘者也」。這說明了詩或文學與哲學的內在與外在關係的本原性：就是孔子爲什麼要把中國人文精神的人文生命的開展設在這個上面；這個上面是什麼？是中國人文生命之美的充實與擴大，以從自我的整體存在中去追求生命本身的完全與永恆。

這是什麼？是：中庸所謂：「君子之道，造端乎夫婦，及其至也，察乎天地」，也就是毛傳所謂：「摯而有別」的所指。在這樣的一個人文生命的哲學觀下，「關睢」就被用詩或文學的藝術結構方式放在它的起點上。也難怪歌德在浮士德的和歌中唱出：「永恆的女性引我們上昇。」毛詩序更說得很明白：「關睢，后妃之德也，風之始也；所以風天下而正夫婦也；故用之鄉人焉！用之邦國焉！風、風也，教也；風以動之，教以化之」。中國人文精神從人文生命的根——愛，在人倫之愛中去追求社會之愛，國家之愛，人類之愛，要從兩心的恆定結合，成爲一體，去創造生命之美的充實與擴大。

這就是：周易「生命哲學」的美，展現在「詩」的藝術世界中的「美」。在古代的中國社會，作爲一個后妃，是要以這樣的詩的藝術世界，所呈現的「愛之美」，作爲最高的德之最高典型，使成爲中國人文生命的風範動力；這也就是詩或文學的宇宙觀和人生觀的起點。所以，「風、風也，教也」

。用什麼來「風」？「情」是也；用什麼來「教」？理——禮是也。情者，詩與文學之所託也。理——禮者，哲學智慧之所寄也。這是從詩與文學的本身來看的。但是，它要「待其人而後行，苟不至德，至道不凝焉」（中庸）。

至於：「詩者，志之所之也。在心爲志，發言爲詩。情動於中，而形於言；言之不足，故嗟歎之，嗟歎之不足，故永歌之；永歌之不足，不知手之舞之，足之蹈之也」。這是從詩的本質來說的。詩的本質，是心靈世界的象徵所投向的中心，是生命情感的導向；從語言的生命中升起來的，是一個生命的藝術世界——詩的形象美要在詩的音樂美，詩的舞蹈美，詩的繪畫美，詩的建築美……從點而線，而面，而到一個立體生命的完全出現。這是詩的整個空間架構與時間架構的完成。所以，子夏說：「故正得失，動天地，感鬼神，莫近於詩；先王以是經夫婦，成孝敬，原人倫，美教化，移風俗」。鍾嶸也說：「氣之動物，物之感人，故搖蕩性情，形諸舞詠，照燭三才，暉麗萬有，靈祇待之以致饗，幽微藉之以昭告，動天地，感鬼神，莫近於詩」。因爲，在這裏面，從一個人文生命的心靈世界向外面又向上層層推展開來，是中國人從六藝文化哲學的易經「生生」生命哲學，而六藝哲學文化的易、詩、書、禮、樂、春秋的六藝之教的宇宙觀與人生觀，在自然中，在社會中，在心靈中所觀照，透入，體悟的大人文生命，而且它必得是經由詩的藝術所創造而成的。故孔子說：「志於道、據於德、依於仁、遊於藝。」（論語、述而）文天祥的：「顧此耿耿在，仰視浮雲白，悠悠我心憂，蒼天曷有極，哲人日已遠，典型在夙昔，風簷展書讀，古道照顏色」的「孔曰成仁，孟曰取義，唯其義盡，所以仁至」的人文生命境界，乃是從文天祥的藝術生命中高度直透而出的。

因此，尚書堯典的：「詩言志，歌永言，聲依永，樂和聲，八音克諧，無相奪倫，神人以和」（孫星衍，尚書今古之注疏）就早早指出了：中國人的這一「心靈世界」是「上與造物者遊」（莊子），而與自然、社會，自我主體的一體和諧，「應無所住而生其心」（金剛經）；也正指出了：孟子的「可欲之謂善」那個「可欲」之所指：是心靈生命的內外充實與擴大。所以，戴東原才體會到：「理也者，情之不爽失者也；未有情不得而理得者也」的道理。從這一點上看，我們就不難發現；章學誠在他的「文史通義」中詩教篇說：「周衰文敝，六藝道息，而諸子爭鳴，至戰國而文章之變盡；戰國之文，奇衺錯出，而裂於道，人知之；其源皆出於六藝，人不知也。後世之文，其體備於戰國人不知，其源多出於詩教，人愈不知也。知戰國之文多出於詩教而後可與論六藝之文：可與論六藝之文而後可與離文而見道，而後可與奉道而折諸子之文也」。這就是中國人文傳統——六藝人文傳統下的六藝之教的人文精神，不僅詩或文學要與哲學合一：「志於道，據於德，依於仁，游於藝」（述而）；而且是六藝一通則六通，六通則一通：「興於詩，立於禮，成於樂」（泰伯）；這種從知識——學問——智慧——美的人文生命，是不斷向上追求的。所以，莊子接著孔子的「余欲無言！子貢曰：子如不言，則小子何述焉！子曰：天何言哉！四時行焉！百物生焉！天何言哉！」的無言之美，而說：「天地有大美而不言，四時有明法而不議，萬物有成理而不說。夫聖人者，原天地之美，而達萬物之理。是故至人無為，大聖不作，觀於天地之謂也」（知北遊）。這正是章學誠所說：「易象通於詩之比興」的道理，也就是中國人文生命中哲學與詩或文學不可分的道理，才造成中國六藝人文文化的高度發展與完成，也就是中國之所以永存於這個世界的自我生命的大動力。這個道理，在詩經大雅烝民中的「天生烝民，有物有則，民之秉懿，好是懿德」的「民受天地之中以生，所謂命也」（左傳成公十三年）的中國大人生命之中的對人文生命的全面肯定。

從這一點上看，從中國人對人文生命的全面肯定上看，中國人的人文生命是獨特的，所以，中國人的人文生命，最後，他一定要回到本身。因此，陶淵明在「遙遙望白雲，懷古一何深」（和郭主簿二首）之後「常恐霜霰至，零落同草莽」（歸園田居）而要「復得返自然」了。

但是，在古代中國人的人文生命中，孔子是大人文生命的代表者，所以他要「從吾所好」，但是在他後面的屈原卻在「從吾所好」中，走的是一個反向回到他的人文生命的本身的道路。所以，才寫下了：

余幼好此奇服兮！年既老而不衰。
帶長鋏之陸離兮！冠切雲之崔嵬。
被明月兮珮寶璐，世溷濁而莫余知兮！
吾方高馳而不顧。
——涉江

可是，在屈原後面的司馬遷在遇到了命運的煎磨之後，他所表現的人文生命，是他用他的「史記」表現他人文生命中所寫出的「長詩」。所以他在「太史公自序」中說：「先人有言，自周公卒五百歲而有孔子，孔子至今五百歲，有能紹明世，正易傳，繼春秋，本詩、書、禮、樂之際，意在斯乎！意在斯乎！小子何讓焉！」。充分流露出太史公當時那種「自我完成」的人文精神，栩栩如生的氣態。史記，不僅是史記——偉大的歷史著作；而且是中國最偉大的長詩；是宗教，哲學，科學，藝術上的大文學著作之融合——六藝：文化模式的承先啓後者；我們要把史記當作中國人文生命的繼往開來者的「史詩」——原創性的人文生命的大動力——已展開在史記之中。

至於，阮籍的——「夜中不能寐，起坐彈鳴琴，薄帷鑑明月，清風吹我襟。孤鴻號外野，翔鳥鳴北林；徘徊將何見，憂思獨傷心」（詠懷八十二首之一）又是另一種人文生命的型態。陳子昂的：「幽居觀大運，悠悠念群生；終古代興沒，豪聖莫能爭！」（感遇三十八之十七）又是另一種人文生命的型態。李白的：「大雅久不作，吾衰竟誰陳；王風委蔓草，戰國多荊榛。龍虎相啖食，兵戈逮狂秦；正聲何微茫，哀怨起騷人。」（古風五十九之一）又是另一種人文生命的型態。我們還可向下推，不管在中國的詩或文學與藝術中所表現出來不同的人文生命型態，都是在六藝的人文生命中走著他自己的人文生命的道路；完成他自己的人文生命。不然，鄭板橋又何必說：「英雄何必讀書史，直攄血性爲文章，不仙不佛不賢聖，筆墨之外有文章。嗚呼文章自古通造化，息心下意勿燥忙」（偶然作）呢？不然，張可久又何必寫什麼「美人自刎烏江岸，戰火曾燒赤壁山，將軍空老玉門關，傷心秦漢，生民塗炭……讀書人一聲長嘆」（賣花聲，懷古）呢！眞是「莫道不消魂，簾捲西風，人比黃花瘦」（李淸照）。

總之，「文章千古事，得失寸心知」，世界一舞臺，人生一悲劇；人總是想落天外，又總是想「妙萬物而爲言」。但是，這又正在人的「悟萬殊之爲一本，一本之爲萬殊」的學力、功力、才力、識力的一味妙悟而已。

（本文曾刊於《哲學與文化月刊》第四十五期。六十六年十一月、《明道文藝》第三十一期。六十七年十月、《幼獅月刊》第四十九卷第一期。六十八年一月、《中央日報・知識界》第四十五期。六十六年二月八日、以及在中華文化復興推行委員會文藝研究班講）

# 屈原生命的悲劇精神

「詩的僭越者，或藝術的宦官」，能不能在那一個民族的文學史中，把謊話說得讓人相信它已創造了一個「心靈的世界」呢？然而，一個心靈世界，它所呈現的，不是別的，而是：一個「眞實的生命」。托爾斯泰說的好：「那些以精神作爲目的的人，永遠爲了要完成而受苦；因爲唯有在痛苦與煩悶中才能產生精神的境界。犧牲與痛苦便是思想家與藝術底命運。他是被兩種無形的力量所驅使著：這是他的內在的需要與他對於人類的愛。總之，決沒有心廣體胖，自得自滿的藝術家。」（我們應當做什麼）。他使我們知道：悲劇是什麼。蕭伯納（B. Shaw）在他的「Man and Superman Act4 Toward the End」中說的更好：「生命中有兩種悲劇，一種是不能從心所欲，另一種是從心所欲」。前者是近代歐洲悲劇精神，後者是古典的希臘悲劇精神。古典希臘藝術之「從心所欲」爲什麼還會構成爲悲劇呢？這一點在亞里士多德的「詩學」中就這樣的說到：「悲劇之所以爲悲劇，是在摹擬一種動作，它的意味是嚴肅而完滿，它的情節是宏邈而壯烈，它的語俊而意美，音妙而神會，各隨所託，妙造自然，宛轉紬思，不尙直敘，馳情深入悲憫駭異的幻境，而求心跡雙清的解脫。」這一種波瀾壯闊的生命悲劇精神，它將生命中的酸辛苦楚都點化了，飾之以幻美，超越痛苦，陶鎔樂趣，顯示人生的勝利，我們一讀希臘詩人艾斯其樂士（Aeschylus）蘇佛克理士（Sophocles），歐黎披第士（Euripdes）等人的詩篇時，就會有這種湍迴激蕩，契會深情，怡心悅目的享受。近代歐洲的悲劇精神，是迥然不同的。它給人的印象常縈蔓繚蟠，蟠胸如縷。因爲那般悲憤沈鬱的意態，夢夢惚惚，起落心頭，令人怏怛無聊，頓覺世界顛倒離奇，忍受不住，使之憤激不平。所以莎士比亞的整個方法就是要使舞台本身沉鬱雄奇，滿佈怨悱憂憤的氣氛。我們再看歌德「浮士德」的冥心孤詣，神遊無端，「來自天上，遍歷九土，下臨地獄」，仍然是：渾渾濛濛，空空洞洞，尋不著安身立命之所。這種低昂天地，憂心如擣的悲劇，正是近代歐洲人和現代人類的生命精神，這種生命的精神情態，給我們的是一種「不能從心所欲」的悲劇精神。（請參閱方東美先生著科學哲學與人生第六章生命悲劇之二重奏）

Romain Rolland曾經說過：「最美的理論，只有在作品中表現出來時，才最有價值」。我們中國三代以下的屈原在他的作品中，就已經把那種「從心所欲」與「不能從心所欲」的兩種生命悲劇精神表現在他的作品中了。

所以他寫出了他的心靈世界，是一個：

「余幼好此奇服兮！

年既老而不衰。
帶長鋏之陸離兮！
冠切雲之崔嵬。
被明月兮珮寶璐，
世溷濁而莫余知兮！
吾方高馳而不顧。
駕青虬兮驂白螭，
吾與重華遊兮瑤之圃。
登崑崙兮食玉英，
與天地兮同壽，
與日月兮齊光。
哀南夷之莫吾知兮！
旦休濟乎江湘。
乘鄂渚而反顧兮，

欸秋冬之緒風，
步余馬兮山皋！
邸余車兮方林。

乘舲船余上沅兮！
齊吳榜以擊汰。
船容與而不進兮！
淹回水而凝滯。

朝發枉陼兮！
夕宿辰陽。
苟余心其端直兮！
雖僻遠之何傷。
入漵浦余儃佪兮！
迷不知吾所如，
深林杳以冥冥兮！

乃猨狖之所居。

山峻高以蔽日兮！
下幽晦以多雨。
霰雪紛其無垠兮
雲霏霏而承宇。

哀吾生之無樂兮！
幽獨處乎山中。
吾不能變心而從俗兮！
固將愁苦而終窮。

接輿髡首兮！
桑扈臝行。
不必用兮！
賢不必以。

伍子逢殃兮！
比干菹醢。
與前世而皆然兮！
吾又何怨乎今之人。
余將董道而不豫兮！
固將重昏而終身。

亂曰：鸞鳥鳳凰，日以遠兮，
燕雀烏鵲巢堂壇兮，
露申辛夷死林薄兮！
腥臊並御芳不得薄兮！
陰陽易位時不當兮！
懷信佗傺忽乎吾將行兮。
——涉江

這一個屈原的心靈世界，表現在「涉江」中，更同時表現兩種不同情緒交替於心的那種境況，也同時表現在他前期與後期的每一篇作品之中。太史公讀了他的作品後在「屈原賈生列傳」中不禁要說：「夫天者，人之始也；父母者，人之本也。人窮則反本。故勞苦倦極，未嘗不呼天也；疾痛慘怛，未嘗不呼父母也。屈平正道直行，竭忠盡智，以事其君，讒人間之，可謂窮矣。信而見疑，忠而被謗，能無怨乎！屈平之作離騷，蓋自『怨』生也。上稱帝嚳，下道齊桓，中述湯武，以刺世事，明道德之廣崇，治亂之條貫，靡不畢見。其文約，其辭微，其志潔，其行廉；其稱文小，而其指極大；舉類邇，而見義遠；其志潔，故其稱物芳；其行廉，故死而不容自疏。濯淖汙泥之中，蟬蛻於濁穢，以浮游塵埃之外，不獲世之滋垢，皭然泥而不滓者，推此志也，雖與日月爭光可也！」這就是王國維爲什麼要說：「三代以下之詩人，無過於屈子，淵明，子美，子瞻者。此四子者，苟無文學之天才，其人格亦自足千古。故無高尙偉大之人格，而有高尙偉大之文學者，殆未之有也。」（文學小言，靜安文集續）因爲「屈子感自己之感，言自己之言也」（同前），才自「從心所欲」與「不能從心所欲」的「怨」——悲劇中創造了他自己的心靈世界。我們知道，中國古代的詩，所描寫的特在人生的主觀方面。詩既在描寫人生，而人生當然不是孤立的生活，這個生活當然就是詩人在家，族，國及社會中的生活。

古代北方人的社會理想是在當前的社會之中，南方人的生活理想卻在當前的社會之外。北方人的生活理想在改作舊社會，南方人的生活理想在創造新社會。改作與創造都得不到實現時，才表現出了北方文學與南方文學兩個方面。然而，北方人的詩歌的感情，缺乏想像的力量。所以文學作品止於小篇；南方人的詩歌的想像，缺乏深邃的感情，所以文學作品散漫而無所麗。

這樣，怎會產生純粹的詩篇呢？尤其是偉大的詩篇必須要有北方人的感情與南方人的想像合而為一才能產生。屈原就是南方人而學北方者，才寫出了心靈世界的偉大詩篇，而表現其生命的悲劇精神。這個正如王國維所謂：「變三百篇之體而為長句，變短什而為長篇，於是感情之發表，更為宛轉矣。此皆古代北方文學之所未有，而其端自屈子開之。然所以驅使想像而成此大文學者，實由其北方之肫摯的性格。此莊周等等所以僅為哲學家，而周秦間之大詩人，不能不獨數屈子也。要之，詩歌者，感情的產物也。雖其中之想像的原質（即知力的原質），亦須有肫摯之感情為之素地後此原質乃顯」（屈子之文學精神）。這就是屈原生命悲劇的心靈世界所在，所表現，所描繪的必須要從他的高度的詩的藝術生命和詩的藝術創造中呈現出來，才能成為詩與藝術的本身所肯定。不然，那也不過是：詩的僭越者，或藝術的宦官。假如在一個民族的文學史中，想把謊話說得讓人相信，又如何能創造出一個高度的詩與藝術的心靈世界呢？

屈原在他的那個詩的時代裏，對於詩律的解說，詩風的轉變，是達到創造的地位。在他的詩的生命中，我們發現屈原把幻想、情感、象徵、神秘、想像種種要素儘量投入到他的詩裡，使他的詩的生命格外豐富壯麗和充滿了生命的情調與美感。這些，都是憑藉他廣博的學問，南方人豐富的想像，北方人肫摯的情感，南方人特有的浪漫神秘的氣質，北方人特有的古典質雅的氣質，和他自己傑出的創作天才，用口語，用自己的詩的格式，用各種語言和方言，用自己的生命寫出一個生命悲劇的心靈世

界。「屈平所以能洞鑒風騷之情者，抑亦江山之助乎？」（文心雕龍，物色）

我們萬萬不能忘記「屈原一身，同時含有矛盾兩極之思想，彼對現社會極端的戀愛，又極端的厭惡。他有冰冷的頭腦，能剖析哲理；又有滾熱的感情，終日自煎自焚；絕不肯同化於惡社會，又不能感化惡社會，故終其身與惡社會鬥，最後力竭而自殺。彼之自殺，實其個性最猛烈最純潔之全部表現，非有此奇特之個性不能產生此文學，亦惟以最後一死能使其人格與文學永不死也。」（梁啓超・楚辭解題）

我們不禁要說：「屈原：人生的殉道者，藝術的聖徒」。至於屈原的「詩」——對我們當代詩人的意義，我想用 T. S. Eliot 在他的 Tradition and Individdal Talent 中的話：「任何詩人，任何藝術的藝術家，都不能獨自具備完整的意義，他的意義，他的鑑賞，也就是和他過去的詩人和藝術家之關係的鑑賞。你無從將他孤立起來加以評價，你不得不將他放在過去的詩人或藝術家中以便比較和對照……，必須追從的理由，也並不是片面的；一件新的藝術作品被創造了以後，其影響要同時溯及這以前的藝術作品。在新的作品出現之前，現存的秩序是完整的；在嶄新的作品加入以後，整個的現存秩序一定要受到改變，即使極爲輕微；而每一件藝術作品對於全體的關係，比例，價值因此獲得了修正或調整；這就是新舊之間的適應。」這也就是對我們當代中國詩人朋友們一束淺淺的心語。

總之，生命的悲劇，假如「理解爲它自身的原因與目的」——生命力在對立與不調和的性質之平衡或和解中：從心所欲與不能從心所欲的命運，在我們審美活動的觀照下，由悲劇意識的覺知、主體性、基本特性而來的頓悟，是什麼？一個對生命悲劇的詮釋，將很難把持到悲劇意識的精神之超越。因爲這才是悲劇的本質所在；更爲悲劇的實在，以及對悲劇的實在所認知的知識，與悲劇的哲學觀點，即否定生命悲劇的本身——生命創造衝動在時空中的質感與力量感，也才是「悲劇的誕生」。這在貝多芬的英雄、命運、與第九交響曲中，就會感受到「從心所欲」與「不能從心所欲」的生命悲劇精神與情懷是什麼？

（本文曾刊於青年日報，六十年五月二十二日）

（並刊於《華岡詩刊》，六十七期）

（並刊於《中華文藝》月刊三卷四期，六十一年六月）

# 文天祥詩的生命與道德生命

眞的趣味，純的趣味是對於生命的徹悟和留戀。生命，時時刻刻都在進展和創化；趣味當然也就時時刻刻要在開拓中，有創造性，才會出現一個又一個的新境界；新鮮是不斷的，趣味也會是無窮的，生命也就是生生不息的。

一個眞實的自我完全的生命，多在詩，尤其是在一般文學藝術的陶冶中，成長起來的。一個生命的眞實，在那個生命有一個「眞正的我」；一個「眞正的我」，才會創造出那一個生命的「自我價值」。一個生命的自我價值，又必須從那一個「生命的意義」中產生。那一個生命的意義又從何處來呢？不從別處來，大多是從那一個生命對自然、對生命、對社會、對知識的眞趣味而來。

詩、與一般文學和藝術是一個生命培養眞趣味的源泉。一種價值、一種道德、一種眞實，都是一個生命的透過詩，和一般的文學與藝術的薰陶中所創造出來的。所謂：「興於詩」者，才能「立於禮」；而之所以能「立於禮」者，乃是「成於樂」。「成於樂」與「興於詩」的「禮」之所以「立」，都是來之於「遊於藝」——詩，一般文學與藝術。一個沒有透過詩、一般文學與藝術的道德生命，很難是一個眞實的生命。

文天祥的「正氣歌」和文天祥的道德生命，既不全是一個世俗化的道德生命，也不全是一個全然政治化的道德，而是透過了文天祥的那個生命在詩、在一般文學與藝術的自我修養中，才寫出了：「孔曰成仁，孟曰取義，唯其義盡，所以仁至，讀聖賢書，所學何事，而今而後，庶幾無愧！」的「正氣歌」。他也曾情不自禁的對自己說：「顧此耿耿在，仰視浮雲白，悠悠我心悲，蒼天曷有極，哲人日已遠，典型在夙昔，風簷展書讀，古道照顏色。」

文天祥的道德和他的「正氣歌」是經過了：「頻搔白首强憂煎，細雨青燈思欲顚。南北東西三萬里，古今上下幾千年。只因知事翻成惱，未到放心那得眠。眼不識丁馬前卒，隔床鼾鼻正陶然」（不睡，指南後錄卷之三），這種生命的自我煎磨。他的自我煎磨，是他的詩、文學與藝術生命在支持著他。他的詩、文學與藝術生命是：「蕭然獨往，寂無來人，又一境界」的——「幙燕方如寄，屠羊忽復旋。霜枝空獨立，雪窖已三遷。漂泊知何所，逍遙付自然，庭空誰共語，杜頰望青天。」「秋聲滿南國，一葉此飄蓬。牆外千門逈，庭臯四壁空。誰家驢吼月，隔巷犬嘷風。燈暗人無寐，沉沉刻正中。」（還司即事）

還有他那種：

「惆悵高歌入睡鄉，夢中魂魄尙飛揚，起來露立頻搔首，夜靜無風自在涼」。（夜起）

「……恍如流浪人，一旦歸舊遊。故家不可復，故國已成丘。對此重回首，汪然涕泗流。人生如

空花，隨風任飄浮。哲人貴知命，樂天復何求？」（還獄）

「蒼蒼已如此，梁父共誰吟。神有忠臣傳，床無壯士金。收心歸寂滅，隨性過光陰，一笑西山晚，門前秋雨深。」（偶賦）

「平生蹤跡只奔波，偏是文章被折磨。耳想杜鵑心事苦，眼看胡馬淚痕多。千年夔峽有詩在，一夜耒江如酒何。黃土一丘隨處是，故鄉歸骨任夔跎。」（讀杜詩）

「……百年如一日，一日成千歲……。」（端午）

「交遊兵後似蓬飛，流落天涯鵲繞枝。唐室老臣唯我在，柳州先友託誰碑。泥塗猶幸瞻佳士，甘雨如何遇故知？一死一生情義重，莫嫌收拾老牛屍。（其一）伏龍欲夾太陽飛，獨柱擎天力弗支。北海風沙漫漢節，浯溪烟胡暗唐碑。書空已恨天時雨，惜往徒懷國士知。抱膝對人復何語？紛紛坐冢臥爲屍。」（其二）（感懷）

「北風吹黃花，落木寒蕭颼。哀哀我慈母，玉化炎海秋。日月水東流，音容隔悠悠。小祥哭下邳，大祥哭幽州。今此復何夕？荏苒三星周。嗟哉不肖孤，宗職曠不修。昔母肉未寒，委身墮寇讎。……空庭鬼火閴，天黑對牢愁。……荆棘纏蔓草，孤兔緣荒丘。長夜良寂寞，與我同幽幽。……三聖去已遠，穹垠莽洪流。緬懷百世慮，白骨甘塡溝。……瞑目何所求？」（先兩國初忌）

「秋色金台路，殷殷牛馬跡。因風隨作雪，有雨便成泥。過眼愁新夢，傷心憶舊題。江雲愁萬疊，遺恨鷓鴣啼。」（雨雪）

「昨朝門前地寸裂，今朝床下泥尺深。人生世間一蒲柳，豈堪日炙復雨淋！起來高歌離騷賦，睡去細和梁父吟。已矣已矣尚何道？猶有天地知吾心。」（偶成）

「萬里飄零兩鬢蓬，故鄉秋色老梧桐。雁棲新月江湖滿，燕別斜陽巷陌空。落葉何心定流心，黃花無主更東風。乾坤遺恨知多少，前日龍山如夢中。」（重陽）

「秋光連夜色，萬里客淒淒。落木空山杳，孤雲故國迷。衾寒霜正下，燈晚月平西。夢過重城夢，千門雞亂啼。」（夜）

「世事濛濛醉不知，南山秋意滿東籬；黃花何故無顏色？應爲元嘉以後詩。人間萬事轉頭空，皀帽飄蕭一病翁；不學孟嘉往落魄，故將白髮向西風。老來憂患易悽涼，說到悲秋更斷腸；世事不堪逢九九，休言今日是重陽。」（三絕）

「當年嚼血灑銅駝，風氣悠悠奈若何？漢賊已成千古恨，楚囚不覺二年過。古今咸道天驕子，老去忽如春夢婆。試把睢陽雙廟看，只今事事愧蹉跎。」「江南蹄血送殘春，漂泊風沙萬里身，漢末固應多死士，周餘乃止一遺民。乍看鬢少疑非我，只要心存尙是人。坐擁牢愁書眼倦，土床伸腳任吾眞。」（自述二首）

「……暗坐羞紅日，眠眠想白雲，蒼蒼竟何意，未肯喪斯文！」（自嘆）

「……燈前心欲碎，鏡裏鬢空華……」（病目）

「心在六虛外，不知呀網羅。病中長日過，夢裏好時多。夜夜頻能坐，時時亦自歌，平生此光景

，回首笑呵呵。」（有感）

這種詩的，文學與藝術的文天祥的生命，才是一個多麼眞實的生命，沒有做作，沒有假道學，只有一個從詩，從文學與藝術中呈現出來「一個眞正的我」的文天祥的道德生命，才是一個至高的道德理想的生命。

然而，文天祥在詩、文學與藝術中的生命，又有另一面：

「浩浩歌，人生如寄，可奈何！春秋去來傳鴻燕，朝暮出沒奔義娥。青絲冉冉上霜雪，百年欻若彈指過，封侯未必勝瓜圃，青門老子聊婆娑。江湖流浪何不可？亦曾力士爲脫靴。清風明月不用買，何處不是安樂窩？鶴脛豈長鳧豈短？夔足非少蚿非多。浩浩歌，人生如寄，可奈何？不能高飛與遠舉，天荒地老懸網羅。到頭北邙一坏土，難事碌碌空奔波。金張許史久寂寞，古來聖賢聞丘軻。乃知世間爲長物，惟有「眞我」難滅磨。浩浩歌，人生如寄，可奈何？春夢婆！春夢婆！拍手笑呵呵。是亦一東坡，非亦一東坡。」（文文山全集，卷之二，詩，「陳貫道摘坡詩如寄以自號達者之流也，爲賦浩浩歌一首」）

有時，一個眞實的、眞正的、純正的趣味，有從他的另外那一面的趣味中自然生長而出的，一個孤立的道德要求，一個偏枯的道德理想，大多是很難眞實的。我們不要只停留在一邊的趣味中，我們要遊心於多面的趣味之中。我的意思是：我們對於各種趣味，不管我喜不喜歡，都得有容忍的雅量。有時，對於別人的缺點，用一種欣賞的態度去看，未始沒有另一天地。

在文天祥的生命中，文學與藝術的才情實在是高之又高，他的詩在這高之又高的詩的，文學的、藝術的生命中又對整個民族歷史文化的生命的感受又那樣的深之又深，爲中國民族歷史文化樹立了「典型」就在其自己生命之中的這種模式——一個充滿了生命的道德理想。

中國民族，是一個詩的民族；所謂：「詩、書、易，禮、春秋，號六經，當講求」（三字經）的文化傳統，都是從詩、文學與藝術的「妙悟知化」，「同情交感的中道」而來。也就是「中國人播藝術之神思以經綸宇宙，故其宇宙之景象，頓顯芳菲蓊勃之意境。……中國人之宇宙，藝術之意境也（方東美教授，哲學三慧；生命情調與美感）。這說明了：中國人的道德理想世界，實在是建立在藝術宇宙的上面。

（本文曾刊於《文藝》第三十五期。六十一年五月一日《詩宗季刊》第五期六十一年三月八日）

# 勇者：索忍尼辛

## ——蘇俄文學的高蹈者

當代的勇者，最具代表性人物之一的索忍尼辛，在近幾年來的沉默之後，終於在美國的哈佛大學發表了他對當代世界，尤其是西方世界的「黃鐘之聲」、「當頭棒喝」。這篇演說，恐怕是繼湯恩比（Arnold J. Toynbee）的歷史之研究（A. Study of History），史賓格勒（Oswald Spengler）的西方的沒落（The Decline of The West），史懷哲（A. Schweitzer）的文明的哲學（Philosophy of Civilization）之後的「廣陵散」：假如西方在文化上，在社會上，在人權上，在對西方本身的存在與對蘇聯極權政治權力的瓦解上，不去作更深遠而切實的反省的話，的確，這一講演，將會成爲當代世界的「廣陵散」。

索忍尼辛今天面對西方的這一個文化心態與社會面貌，他的心境，是不是有點像當年普希金（A. S. Pushkin, 1799-1837）在他的巨詩「歐根・奥尼金」第一章五十節：「奥尼金的煩悶」所寫的「煩悶」呢！

「我的自由呵，你何時再來？
這是時候了呀！當我
正徬徨於大海岸邊的時候，
我悲切地招向那遠方的白帆。
太空底下翻著的風暴呵，
什麼時候帶著我向那自由的彼方奔去？
跟著那惡濁的波濤格鬥！
這正是時候呀！我將廢棄我的
一切卑怯的原素。
在南方，我將安祥地
躺在我的亞非利加的太陽下，
慨嘆著這幽鬱的俄羅斯啊！
爲著這種愛慕與苦痛，
如今我把自己的心都葬送了。」

索忍尼辛先生：您有沒有把自己的心都葬送了呢？當然，您沒有，您不會；要葬送的不是你，因爲您是勇者，您是當代最具代表性人物之一。

當今的世界，是一個什麼樣的世界？它已變成了什麼樣子？我們面對共產主義者所已經造成的世界，我們面對自由主義者資本主義者所已形成的世界，我們面對在這兩種型態壓力下的另一些世界，人，所有不同世界的人已變成了什麼樣子？

面對這樣的一個時代，我們回顧過去，我們瞻望未來，我們要說些什麼？我們應說些什麼？我們可以不必說出來的又是些什麼？

當索忍尼辛在被迫放逐出他出生的土地之後，就曾以「牛犢撞橡樹」——螳臂擋車的意態，寫了一本「文學生活的漫談」的書，要以小敵大，要與蘇聯共產暴政抗衡到底。

文學，本來就是人類心靈的歷史；而偉大的文學，更是人類偉大心靈的著作。索忍尼辛的「癌症病房」、「地獄第一層」、「一九一四年八月」、「古拉格群島」是繼承蘇聯文學自普希金、高爾基、托爾斯泰、屠格涅夫、杜斯妥也夫斯基以來的傳統，把蘇聯人從土地到生命中那種追求人本身存在的根本衝動表現在另一種新的面貌之下。

蘇俄的知識分子：有一個愛他們「土地」的傳統，有一個「自然文學」社會傳統，有一個深藏的思想面目的語言傳統；在蘇聯文學的生命中，除了共產主義者的八股文學外，我們可以在他們的作品中，發現他們土地的美，發現他們所描寫的人在自然中的美，發現在這些後面，就是他們的哲學，他們對宇宙、對社會、對人自己充滿了他們自己的觀點，這些觀點就在他們語言深刻、陰森憂鬱的文學創作中：「深於悲哀，而聰明於流淚」（Old in grief and verywise in tears）的那種自然眞摯、無與匹敵的表現法，對於「土地——生命」的愛，它的現實的悲哀與智慧，其大可以渾含全世界，以極大的同情心來忍受最多的苦難的偉大心靈所迸發出來的一種人類愛。

在俄羅斯的神話裏，頂普通的主人公，是農民的兒子，這種主人公平時是被人忽略被人低視的，絲毫不見奇特，但一遇危難的時機，他卻具有超人的能力，從敵人的手裏救回他的國土。

里甫文學中的「王子征伐記」有這樣一段：

「啊風！小小的風，
你，爲什麼，
爲什麼吹得如此暴厲？
爲什麼，用你輕靈的兩翼，
把賊盜的利矢，吹向我的良人
戰士？
你在天上雲裏吹動，
又在碧海上擊破船隻，
這還不夠嗎？

爲什麼，風，你把我的歡樂吹
散到草原上去？」

通篇詩，在敘事中，充滿了「自然」，當易谷王子敗了的時候，連草都帶著憐意低了頭，樹也爲他含悲垂拂到地上。

總之，最好的文學作品，小孩可當作故事讀，大人可當作哲學讀。在「奧尼金」這部巨詩就是這樣。它也可以說是俄羅斯的第一篇小說，到現在，還沒有任何長詩超過他的藝術水準。它有托爾斯泰所寫的那樣的眞實的「自然」，而詩的藝術之創造，又可以媲美屠格涅夫的「獵人日記」的美與他的散文詩。

高爾基的「人間」中，那種俄羅斯土地上的社會所表現的「自然」，也是夠美的；但他後來的幫助列寧製造革命，做赤色的夢，把俄羅斯人又埋葬在另一暴政下，是他所想不到的，我們大陸上不是也有一個所謂的「東方高爾基」——的魯迅，不也是這樣的呢？高爾基後來發現他上了賊船時，鼓吹共產主義錯誤時，爲時已近晚年，最後被不知不覺的毒死。

有人說，屠格涅夫和杜斯妥也夫斯基死了以後，俄國的文學便告結束，但是，今天索忍尼辛的文學生命，卻否定了這一說法。他繼承了俄國的自里甫、普希金、屠格涅夫、托爾斯泰、杜斯妥也夫斯基以來的俄國文學傳統：「土地——生命」而追求人本身存在的根本衝動的傳統。所以，他在俄國人

「生命的災難」中寫出了他的文學作品，更發而爲「黃鐘之聲」、「當頭棒喝」。

我們不要忘記：在索忍尼辛的作品中有杜斯妥也夫斯基的那種心靈，卻更充滿了更多的希望與充實。所以，作爲一個「爲人類而藝術」的蘇聯文學家，在他接受諾貝爾文學獎時就說過：「杜斯妥也夫斯基曾經在無意間說出了一句話：『美將拯救這個世界』……。」美，就是善；善，就是眞。這才是文學生命的心靈所要追求者，作爲一個偉大的文學家是要至死而不渝的。

這就是文學，這就是哲學，這就是美。

這就是人類的歷史：這就是索忍尼辛所追求的「爲人類而藝術」的道路。

（本文曾刊於《讀書人》一卷八期，六七年八月一日）

# 生命之至高上達

王國維在「人間詞話」中，指出——「古今之成大事業，大學問者，必經過三種境界。」

「一、『昨夜西風凋碧樹，獨上高樓，望盡天涯路。』此第一境界也。」——余名之曰：探索之境界也。

「二、『衣帶漸寬終不悔，爲伊消得人憔悴。』此第二境界也。」——余名之曰：考驗之境界也。

「三、『衆裏尋他千百度，驀然廻首，那人卻在燈火闌珊處。』此第三境界也。」——余名之曰：發現之境界也。

在此三境界之外，余當更爲指出——生命在宇宙中之美的探險歷程，更有六大階段：

一、「春花秋月何時了！往事知多少？小樓昨夜又東風，故國不堪回首月明中。雕闌玉砌應猶在，只是朱顏改，問君能有幾多愁？恰似一江春水向東流！」（李後主，虞美人）此人類之在宇宙間存在，必使災難從生命中化去者也。

二、「莫聽穿林打葉聲，何妨吟嘯且徐行！竹杖芒鞋輕勝馬，誰怕？一簑煙雨任平生。斜峭春風吹酒醒，微冷。山頭斜照卻相迎，回首向來蕭瑟處，歸去！也無風雨也無晴。」（蘇軾，定風波）——此人類之在宇宙間存在，必使生命從痛苦中升起者也。

三、「人生到處知何似？好似飛鴻踏雪泥！泥上偶然留指爪，鴻飛那復計東西。」（蘇軾和子由懷舊）——此人類之在宇宙間存在，必當使生命無所執著者也。

四、「好鳥枝頭亦朋友，落花水面皆文章」——此人類之在宇宙間存在，必時時在宇宙、自然、生命之喜悅中，使生命在自我的充實中，向前追求者也。

五、「半畝方塘一鑑開，山光雲影共徘徊，問渠那得清如許，為有源頭活水來。」（朱熹觀書有感）——此人類之在宇宙間存在，必當打開自己生命無窮的創造力，始有所建立者也。

六、「閒來無事不從容，睡覺東窗日已紅；萬物靜觀皆自得，四時佳興與人同，道通天地有形外，思入風雲變態中；富貴不淫貧賤樂，男（女）兒到此是豪雄。」（程灝，偶成）——此人類之在宇宙間存在，必使自我的存在與宇宙的存在，自我的生命與宇宙的生命，融而為一，正如孟子所謂：「萬物皆備於我矣，反身而誠；樂莫大焉！彊恕而行，求仁莫近焉！夫君子：所過者，化；所存者，神。上下與天地同流。」（盡心）莊子所謂：「若夫乘天地之正，而御六氣之辯，以遊無窮者，彼且惡乎待哉！故曰：至人無己，神人無功，聖人無名」（逍遙遊），實乃「聖人不由，而照之於天，樞始得其環中，以應無窮。天地與我並存，萬物與我為一。」（齊物論）之至高生命所上達者也。

——68.9.30.此僅乃上課之片言／今爲諸生補記之。

（本文曾刊於《文藝》第十九期，七十一年五月）

# 修辭立誠

有志於寫作的青年朋友們，我們在這樣的一個時代與精神狀態中，我們也必然要照射時代生活的文藝。所以，文藝是我們精神狀態總的反映和內在意識活動透過了情感，透過了大我與小我的統一，人與物的和諧，理想與現實的勻稱，內容與形式的平衡底昇華之再現。

## 文藝工作的兩大先決條件

但是，我們有志於文藝青年的朋友，要在活生生的生活中來培養我們完整的人格。以此來作爲學習文藝的起點，去從事寫作。

但又如何培養完整的人格呢？就是在生活中來磨勵自己。

克服自己性格上的缺點。而向自己作戰，勿爲自己情感的錯亂，意識的迷亂，就把我們自己高尙目標放棄了。

克制自己的情感。保持永遠的寧靜；在靜中，才能有一個和諧的心靈；在心靈和諧中去觀察、記憶、比較、體悟宇宙間的一切現象，才不致造成價值的錯認。因此，哲學、歷史、科學、以及社會所包含的一切學問都是它的基礎。所以，學養，又是學習寫作的第二基石。

## 學習寫作的基本態度

學習寫作的人，「學」是不能分新舊中外古今與學派門戶之見的。不然，一有所偏，則自己已不自覺的把自己囿於一個圈子內了，那你所能寫出的東西，也不過是那一點點而已。

不要輕易相信別人，但要帶著濃厚興趣去聽，去看，去想，再想，才能把自己生命境界擴大。這樣，不論用任何一種方式所作成的藝術產品，才會充滿了自己，也才能充滿了所謂「典型」的眾象之縮影。

## 寫作的一般問題

我們不用從詩經楚辭說起，更不用搬一大套外國的東西，我們對目前自由中國的文藝界有何感想呢？文壇的胡捧與罵陣，園地的把持和招牌主義，八股與低級，照抄與偷天換日，好萊塢的電影和北平八大胡同的掌故，加上傳奇言情的歪風，搞文藝的人不搞文藝，而成天去開會，到處活動，也難怪幾十年來中國新文學運動到今天還沒有理想的碩果。所以，我們要展開狂熱的讀書運動和生活的體念。

這個讀書運動所讀的書應該是廣泛的深入的。從中國的到外國的和翻譯過來的，不但讀有形的文、史、政、經……而且要讀活的每種生活之鮮明的現象和義蘊。總之，學習寫作什麼都要看，什麼都要去體驗。當一天，寫作的經驗和生活的經驗都到了飽和點時，我們的每篇東西自然會湧出別人所沒有的東西。這才是天才與苦練的合一。它就是整個世界的最佳思想的術藝結構；不僅是事實的記述，而是眞理透過了人類活的語言，而凝入讀者的心靈內突出一個永恆的向眞、向善、向美的追求。這裏沒有載道與言志之分，更沒有理想與寫實之別。我不知那些成天叫「現代主義」的人，他腦中的「現代」是什麼？「文藝」是美的，也就是眞的與善的。「人」，就是文學與藝術的題材。「自然」、「時」「空」就是文藝題材的展開。我們在這裏面，有「最內在的普遍」，有「最永久的親切」。這更是文藝的內在傾向。

祇從報章雜誌學習寫作，是不夠的。只學一種文學體裁，也是不夠的。在學習寫作的過程中，語言的吸收和洗鍊是基本工作。而文字只是語言的符號。從運用文字的訓練到形象的凝成，是情感、思想、語言……的交響動作。所以，死了的文字的語言是必須揚棄。但文學遺產的繼承是從容的選擇和慢慢的消化。不是生呑活剝。更不是不懂得它而說它不好或好。在未進入任何一種藝術之前，我們最好不要把自己聽來的意見當成自家的意見去向人誇耀自個的淵博。

方言、口語、喜歡的字，句子，和一個動作的語言，都要用手記下來。反覆的默記和推敲它們的魅力。因為你在寫東西時已不能再去翻開辭典、箚記來選擇它們。這時你該在心裏來選擇它們才有益處。雖然你也可以從辭典與書本箚記去找。但你這樣去找來的東西，很難有生命。記住：語言是生命的附麗。為什麼？因為當它們還未變成你自己時，它們還是別人的東西。總之，不下苦功夫，很難寫出好的。空頭文學家的招牌才是令人難安的祭品。

讀者與作者心靈的交往可幫助作者的進步，但，一個好的作者，多是一個好的讀者兼批評家。他們把主觀與客觀對照，更知道直覺與美感的分際。

現實，靈感，典型是寫作的要件，它們並不在那兒等我們，而是要我們自己去尋找才能獲致。

總之，「修辭立誠」，才是問題的根本。

（本文曾刊於《復興崗文藝學會學刊》第八號五十年六月二日）

# 純正的趣味

這些年來的台灣，它的安定所帶來各方面的進步，使我想起民國廿年到廿五年這個階段的中國，尤其是上海那個時期的情形。這些年來，在台灣，寫詩的，不論舊詩與新詩，寫詩的人正一天一天的多起來；畫畫的，不論中畫或西畫，畫畫的人，也一天一天的多起來；就是從事寫散文、寫小說、寫劇本、或其他的文藝創作的人也是一天一天的多起來。甚至，在學術界，也是頗有一番新氣象。的確，這些年來的台灣，不論在文學、藝術、學術的各方面，確實出現了不少眞有成就、眞下過功夫的文藝工作者與學人。但是，跟著而來的，確也常常看到那些在文藝與學術的園地中跑「江湖」之流的人士。也許有一天，這些人會放下他的那根「跑江湖」的棍子，眞正的做起文學藝術創作與欣賞的工作，踏踏實實做起學問來，也是極爲可能的事。

我說的這種極爲可能的事，是要從那些人有朝一日忽然生出了對於文藝或學術的「眞趣味」。當然，這種「眞趣味」對這些人既不專在他們一定要讀過好多書，也不專在他們一定要在文藝或某種知識的理論和歷史上下過多大的功夫；而是在，他們一定要培養出他們純正的趣味來。

要這班人，培養出眞正的、純正的「趣味」，實在不是一件容易的事。朱光潛先生曾說過：「培養趣味好比開疆闢土，須逐漸把本非我所有的變爲我所有的。」何況這班人並不是無所有的。不過，他們所有的不是這種趣味或那種趣味，而是「跑江湖」的趣味。

要他們丟掉「跑江湖」的趣味，拿出「眞趣味」來，這是我們今天台灣的文藝界、學術界太需要的一種「純正的趣味」。

（本文曾刊於《中華文藝》第三卷第三期，六十一年三月）

# 文學批評的一個取向

一件稱得上「好的」或「成功的」文學創作，並不僅僅是在模仿或描繪了文學所要傳達的對象就夠了的；甚至不管這對象是自然的也好，社會的或心靈的也好，只要一經透過了文學創作者的心靈之後，所完成的作品也必然是另一個文學生命的創造。由於這一文學生命的創生，它帶給讀者的不只是同情交感，或情感的移入，也不僅僅是在一個意象中把事物的眞相表達出來就夠了，它一定要有所創造。這種創造，不僅是內容與結構的自我獨立，文學語言生命的生長與創造，事物的描寫，直感的捕捉，形象的建造，境界的呈現，而且要超越視覺、形式，甚至要超越文學創作的對象，達到一個永恆的意義，這樣文學生命才能算是一個創造，才能算是一件上乘的文學作品。

永恆的意義是什麼？不是別的，就是要肯定自我的存在與獨立，把自己的根生長在自己的生命中，是自己在爲自己生根，而不是別人來爲他生根；不然，那就是生命的一種大大的傷害。對於這一點，史懷哲（A. Schweitze）說得好：「一棵樹木，一年又一年生長出同樣的果實，然而每一年的果實都是新的，同樣，一切永遠有價值的觀念，也必須在思想中不斷產生，我們必須堅信，我們能夠用自己個人的思維，獲得眞理，然後才能夠接受外來的眞理，在以尊重生命爲出發點的思想中，基本的思想，有一種更新的現象，好像一條伏流，在地下流過很長的路，然後才再度湧出地面來。要以一個充滿生命的眞世界，來代替那種毫無生命的世界觀，是必須經過長時間的演變才會完成。一個山脈從海裏升起來，山上的硬石被灰土覆蓋著，要等到灰土層被雨水腐融沖掉之後，硬石才能出現。」（Out of My Life and Thought）

一個文學生命的靈魂，一定要生長在人類生命的自我存在與自我獨立中，才能創造出自己生命的文學作品來。不然，可能都會是一種虛妄的構造——成爲文學底宦臣，或藝術底僭越者。因此，一件文學或藝術作品之存在的有無意義，或其價值之大小，並不在於提到它的人物與其字數的多少，而繫於這一件文學或藝術作品的本身——它本身的自主性所包含的各種意義與價值。自然，提到的人物愈多，它的影響力愈大，但是假如這件作品本身並沒有它的意義與價值，時間經過愈久，它的敗象顯露也就愈大。所以決定作品存在的意義與價值，乃是作品本身的內涵。

在一件作品之前，行家與非行家之分，也許是從這裡開始。

作品的理論工作、批評工作、鑑賞工作與作品的創作，雖然是分道而行，但是要談到一件作品的意義與價值時，總是要當行，才能得到大致的正解。

作品必須是受自己強烈感覺、印象，甚或爲異象所驅使，而不得不寫。這種創作行爲，和一個只知表現自己與只在討好或求知於人，不惜抹煞自己去遷就一般人口味和理解力的做法，有極大的區別。「一切有生命的作品，所必具的兩極端：寫大我須有小我底親切，寫小我須有大我底普通」（梁宗岱：詩・詩人・批評家）。這是創作生命的一個起點，一切理論也離不了它；要鑑別一件作品的意義與價值，也不能沒有它。

我們批評一件作品，「不難於發揮得淋漓盡致，而難於說得中肯，不難於說得中肯，而難於應用的確當。……有些人談到名家的傑作時頭頭是道，試把一首無名的詩放在面前時，他便茫然若失了。瑞典神秘哲學家士威登波爾（Swedenborg）說：『一個人理解力底明證並不是能夠自圓他所喜歡說的。而能夠分辨眞的是眞，假的是假，才是智慧的記號和表徵』。應用到文藝上，我們可以說，批評底極致——雖然這彷彿只是第一步工夫——是能夠認出好的是好，壞的是壞。投合和專反大眾底趣味都是缺乏判斷力底證據」（梁宗岱・詩・詩人・批評家）。不管你是採取那種方式去批評，無論是精神分析派的方法也好，語言學派或體裁學派的分析也好，新機械主義的形式也好，應用文化人類學派的方式也好，存在主義的方法也好，或是趣味的、歷史的、社會的、寫實的也好，甚至是用各民族自己的傳統方法也好，在這種不安的，混亂的，一切價值觀念倒置的當代人的心上來談批評，這也就是夏志清先生在他「追念錢鍾書先生」一文中，談到錢著的「談藝錄」將李賀的詩風與西方幾個詩人對比時，也不禁發出了深深的感言：「這種詩評，不是普通人能寫的出來，非對中西詩讀得極熟、極多，才能有此膽力，看準李賀和中西詩人之異同。你可以說，這種批評一點也不科學，全憑一個讀者的主觀印象，但眞正值得我們注意的見解，都是個別批評家主觀印象的組合，此外並無科學家的客觀評斷。……一個文學作品讀得極少，『感受力』和『洞察力』極弱，不管他借用任何最時髦，最科學的文學理論和批評方法，也無法變成一位批評家，他只是『人云亦云』，向某一權威俯首稱臣的可憐蟲而已」。「批評」，是離不開鑑賞創作的，「鑑賞」能夠「眞積力久則入」而又無微不至，則「批評」才能做到不僅是頭頭是道，而能中肯，應用確當；鑑賞，不僅是理論的問題，方法的問題，還關涉到一個人的才識，和心靈的「須從最上乘，具正法眼，悟第一義」（嚴羽：滄浪詩話．詩解）的問題。這種物中有我，我中有物；物化情移，情移物化的鑑賞，是一個批評者所首須具備的；文學作品，並不是一堆死的文字，而是有生命的創造。的確，一個批評家如果不能「應物象形」，「隨類賦彩」，「立萬象於胸懷，傳千祀於手下」，自「非淵識博見，熟究精麤，擯落蹄筌，方窮以致」（姚最：續畫品）之高手，最後，也不過是批評中的「機械主義者」而已。

紀德在他的日記中曾寫下：

「最美的作品，應是受狂妄的默啓，而由理性所寫成。」

「狂妄的默啓」，可爲靈感的另一型式；「由理性所寫成」一句話，則是寫作的技巧所從來者。

文學的批評，必須要在創作者的本身與作品中才能找尋得到；但有時，也許又要在創作者本身以外與作品以外才能有所發現。可是我眞不知道：一件好的或成功的文學作品，是不是必須經由批評的作用才能產生？是的，它必須以人作爲衡鑑中心。這就正如亞諾德（Arnold）名句：「詩（文學）是人生的批評（Criticism of Life）之所言了。所以：人的本身——生命的充實與擴大，才是文學批評之一大起點。

（本文曾刊於《出版與研究》第六期，六十六年九月十六日）

# 録附

唐 龍門奉先寺 主佛

歲月飄忽
性靈不居
振葉尋根
彌綸爲難
觀瀾索源
言不盡意
騰聲飛實
制作而已

劉彥和・文心雕龍・序志

# 一個「逃兵」的告白

在詩壇，我是一個逃兵。

這話，不是「蓋」，也不是犯了什麼「好漢不提當年勇」的戒，我只是不再把它「蓋」起來而已！此話，也得從民國四十七年，我從金門戍守戰地歸來，交掉了連長的職務，在陸軍步兵廿六師關渡師部作部屬軍官，要調幹校時，張道藩先生要我去全國各界在「三軍球場」的支援金馬戰鬥晚會中朗誦我在金門所寫的「金門交響曲」說起。

如今，再提起「三軍球場」，已經不是當年的那種樣子，實在叫人有些說不出的感覺。

從民國四十七年以來到今天，我幾乎就沒有什麼「詩」作發表；但我也未，卻從也未終止過我讀詩的興趣，不管是在北投政工幹校教課的那九年，或是在國防部主編「國魂」月刊的那十五年，亦或是從我在華岡中國文化學院哲學系到今天中國文化大學哲學系與文藝組和哲學研究所中教學的這十多年，在我的專門研究之外，我總會不時地要讀些中外詩人的詩作，當然也包括台灣詩壇上老朋友們與一些新詩人們的詩在內。因為——「詩」，是透過生命所創造的語言，換一句話說：「詩」，是語言的生命創造；它開始於生命語言的創造，完成於形象的表達，更要對宇宙「存在」作無窮的追求。所以，當代西方大哲學家懷黑德（Whitehead）說：「詩與哲學有其共通的血緣性存乎其間，此二者也同其爲尋求至善的覺識之表現，這就是我們所謂的文明。並且此二者，涉及到超語言文字的直接意義的形式。詩，要把它自己與節奏韻律相結合，而哲學則與數學模式相組合。」（這在懷黑德的"Modes of Thought"一書中。這一段我翻譯得不好，爲了存眞，請讀者看原文——Philosophy is akin to poetry, and both of them seek to express that ultimate good sense which we term civilization. In each case there is reference to form beyond the direct meanigs of words. Poetry allies itself to metre, philosophy to mathematic pattern.）

因爲「詩」——要創造每一個語言自己的生命，要完成一個形象的表達，要追求一個宇宙的無窮存在；所以「詩言志」、「詩者，志之所之也」，「詩，無邪」，「不學詩，無以言」，「興於詩」，「詩可以興，可以觀，可以群，可以怨」——都爲內在心靈生命的呈現作追求；而心靈語言的創造，也就是要透過心靈語言的錘鍊以創造生命的語言，來完成心靈生命向上的至高創造。所以，「詩，言志」的志，「志之所之也」的志，乃指：詩——是內在心靈生命的呈現。因爲「無邪」，它要在「興」中，要在意想性中，去把捉情感的具體性與抽象性的各種變幻，以追求心理幻想的不可一體性。因爲「無邪」，它要在「觀」中，要在象徵性中，去超越思想的小取性與大化性的不同限制，以追求心靈主體的層層上達。因爲「無邪」，它要在「群」中，要在共鳴性、感應性、通體性中，直透「走入的想像」與「走出的想像」的各類表符，以追求理想世界的出現。因爲「無邪」，它要在「怨」中，要在悲劇性中，呈現剎那自然與永恆自然的無窮無盡，以追求對象背後無窮無盡的天地之來到。所以「不學詩，無以言」。因此，「詩」——假如不是賦體的語言，就是比體的語言，再不然就是興體的語言。比興體的生命語言是中國詩的根本特色與傳統（所以劉彥和「文心雕龍」有比興之篇，陳沆有「詩比興箋」之作）。在另一方面來說，「詩」——不是意象的語言，就是隱喻的語言，就是象徵的語言，就是神話的語言，它與格律韻致相依爲命而又是透過了音樂的美，繪畫的美，雕刻的美，建築的美，舞蹈的美……一切宇宙的大美以追求宇宙的不同存在。

也因此，我曾在六十八年三月六日聯合報副刊「詩是摘下來的月亮」小文中的頭一句話就是：「詩，不僅是寫的問題。」我對於創造詩的語言生命也曾說過：「我們這一宇宙，充滿了生命，每一個生命都是一首最美的詩」。問題——還是在：「找」。

這是我對「新」詩，「現代」的——「新」詩，所持的一二或之的態度；也因此，我對於這幾十年中曾經在中華民國台灣省與海外所發生過的「詩」的各種論戰，也就從未有過什麼意見。

因爲——詩，必須是「詩」；論「詩」，要從「詩」的本質來探索；不管你從那一個角度來看詩，來要求詩，但總必須以「詩」的本質爲出發點，才能往下談。不然，徒爲「戲論」一場而已！

儘管楊昌年先生在其大著「新詩品賞」第三章「復興時期的現代詩發展」中分爲五個時期，而且在「現代派」中更把所有人的名字都列了出來，認爲「大多對現代主義的本質與精神無深刻之體認，在氣質和風格上彼此不相洽。」我個人的看法，則認爲並不是如此；剛好相反，正因爲如此，我們才有今天中國新詩在中國詩史中的空前地位。我認爲，「現代派」，就以我來說，我當時的參加現代派，就並非要它與我自己成爲一個什麼派，而且乃在指出——「詩」，必是我們自己這個時代的。這個時代，是什麼時代？只有「現代」才能代表它。今天，不管那一個派別的詩與詩人群，未有不是「現代」的，也未有不是「當代」的；「現代詩」就是當代詩，範圍之廣，皆爲當代所包。至於那些不用「現代」語言來寫「詩」的朋友，他們的詩也是「現代」的「清詩」，「明詩」，「宋詩」……而非宋代的「宋詩」，明代的「明詩」，清代的「清詩」了。

我幾十年來雖未曾寫「詩」；但「現代」詩，中國「現代派」所帶來的新詩的大邁進，大動向，已經在台灣詩人的不同的面貌與不同派別的各種各類的詩中呈現在當代人的面前；它不但是現代的，而且也是中國傳統文化下的奇葩，更是人類未來文化生命的展現。

先師東美先生方公在「詩與生命」中就說過：「藉著創造的幻想，發爲燦溢的美感，以表現人生的，就是詩。在詩之眞實性中的生命，或在生之創造性中的詩情，在在都與文化的每一個層面息息攸關。而每一層面在不同的時代，隨著不同的國度，皆有其獨特性。」

因此，我想起覃子豪兄很多很多年前在「論象徵派與中國新詩」一文中的幾句話：「台灣的新詩接受外來的影響甚爲複雜，無法歸入某一主義、某一流派，是一個接受了無數新影響而兼容並蓄的綜合性創造。文學、藝術是隨著時代變動的，詩必然要尋求它更新的發展。台灣目前的詩，其趨勢是表現內在世界，而不是表現浮面的現象世界。它在發掘人類生活的本質及其奧秘，而不是攝取浮光掠影的生活現象，乃是要更接近生活的眞實。目前的新詩較之過去的新詩難懂，一種是在於作品的表達的方式不合常規，一種是有現代詩的外貌，而無現代詩的實質，言之無物。」今天，果如其言，正反皆然。如「日用乎比，月忘乎興，習小而棄大。」（文心雕龍、比興）是乃遺其生命之詩情，僅具其生命之詩技而已！此「詩」技之流者也。「故比類雖繁，以切至爲貴；若刻鵠類鶩，則無所取焉！」「然飾窮其要，則心聲鋒起，夸過其理，則名實兩乖。」此又一蔽也。

子豪兄四十二年四月出版了他的「海洋詩抄」，四月三十日在赴花蓮前夕特別題贈了一本寄來。在這本「詩」抄中，我還是很喜歡他的——

「追求

大海中的落日
悲壯的像英雄的感嘆
一顆星追過去
向遙遠的天邊

黑夜的海風

一個「逃兵」的告白

括起了黃沙
在蒼茫的夜裏
一個健偉的靈魂
跨上了時間的快馬」

我在這首詩中，的確看到了子豪這一個詩的生命。所以，我在爲「哲學與文化」月刊（七一年四月）所寫的「美學與藝術哲學」專欄中，曾引到這首詩。並曾說出了：「當時曾寫一詩評，因寄出遺失後，每欲重寫未果，一再延誤至今。子豪與我同鄉，我們之相交是因他讀到我民國四十一年在『中學生文藝』第三期上所發表的一篇『談一首無名的詩』的詩評（今已收入「論人」中，由三民書局三民文庫出版）。每讀故人手札，不禁使人低吟：『落月滿屋梁，猶疑照顏色』之句。」

——平沙寫於民國七十一年五月四日結廬

（本文曾刊於《現代詩》復刊第一期，七十一年六月）

# 中國美學基礎參考書目

1.尚書：舜典：「詩言志，歌永言，聲依永、律和聲，八音克諧，無相奪倫，神人以和。」

旅契：「志，以道寧；言，以道接。」

2.周易：乾坤彖象傳、文言傳、繫辭傳。

3.禮記：樂記。

4.詩經：毛詩序。

5.國語：伍舉論美。

6.左傳：季札觀周樂。

7.老子：道德經五千言。

8.論語：「詩三百，一言以蔽之，曰：『思無邪』」（爲政）

「詩：可以興，可以觀，可以群，可以怨」（爲政）

「質勝文則野，文勝質則史，文質彬彬，然後君子。」（八佾）

「志於道，據於德，依於仁，游於藝。」（述而）

「不學詩，無以言」（季氏）

「興於詩，立於禮，成於樂。」（泰伯）

9. 孟子：盡心・公孫丑・告子。

10. 莊子：內外雜，天下篇。

11. 荀子：勸學，儒效，禮論，樂論，富國等篇。

12. 曹丕：典論論文，與吳質書。

13. 阮籍：樂論。

14. 稽康：聲無哀樂論，琴賦。

15. 陸機：文賦。

16. 王子淵：洞蕭賦。

17. 傅武仲：舞賦。

18. 馬季長：長笛賦。

19. 嵇叔夜：琴賦。

20. 潘安仁：笙賦。

21. 成公子安：嘯賦。

22.王羲之：論書。
23.顧愷之：論畫，魏晉勝流畫讚，雲台山記。
24.宗炳：畫山水序。
25.王微：敘畫。
26.劉義慶：世說新語。
27.謝赫：古畫品錄。
28.劉勰：文心雕龍。
29.鍾嶸：詩品。
30.蕭統：文選序。
31.姚最：續畫品。
32.陳子昂：陳拾遺集。
33.張懷瓘：書斷，評書藥石論，書詁。
34.王維：山水論，山水訣。
35.竇蒙：述書賦。
36.張璪：論畫。
37.皎然：詩式。

38.朱景玄：唐朝名畫錄。
39.韓愈：答李翺書，送孟東野序。
40.柳宗元：答韋中立論師道書，評韓愈所著毛穎傳後題。
41.張彥遠：歷代名畫記。
42.司空圖：詩品，答李生書。
43.荊浩：筆法記，山水訣，畫說。
44.黃休復：益州名畫錄。
45.郭熙：林泉高致。
46.蘇軾：蘇東坡集。
47.嚴羽：滄浪詩話。
48.元好問：論詩三十首。
49.謝榛：四溟詩話。
50.王世貞：藝苑卮言。
51.胡應麟：詩藪。
52.徐上瀛：琴譜。
53.李漁：閑情偶寄。

54.周亮工：尺牘新鈔。
55.王夫之：薑齋詩話，古唐明詩評選，詩廣傳。
56.葉燮：原詩。
57.石濤：畫語錄。
58.袁枚：隨園詩話，子不語，小倉山房詩文集。
59.姚鼐：復魯絜非書。
60.章學誠：文史通義。
61.黃鉞：二十四畫品。
62.劉熙載：藝概。
63.況周頤：蕙風詞話。
64.梁啓超：飲冰室文集。
65.王國維：人間詞話，紅樓夢評論，叔本華之哲學及其教育學說，古雅之在美學上的地位，論哲學家與美術家之天職，文學小言，屈子文學之精神。
66.蔡元培：對於教育方針之意見，以美育代宗教。
67.劉師培：文說，論近世文學之變遷。
68.宗白華：美從何處尋。（元山書局，里仁書局代售）。

69.朱光潛：談美，詩論，文藝心理學。

70.方東美：中國人生哲學概要，哲學三慧，科學哲學與人生，生命情調與美感，詩與生命。

71.梁宗岱：詩與眞。

# 西方美學基礎參考書目

## 一、美的感受

1. 桑泰耶那：美感（晨鐘出版）。
2. 梵樂希：詩（現代詩論）商務。
3. 朱光潛：談美（開明出版）。
4. 朱光潛：文藝心理學（開明出版）。
5. 朱光潛：詩論（正中、開明）。
6. 愛默生：論愛情（協志工業社，愛默生散文選）。

## 二、美的欣賞

1. 康德：判斷力批判（英文版，馬陵）。

2.亞德烈：藝術哲學（水牛）。
3.休謨：趣味的標準（philosophy of art and Aesthetics虹橋）。
4.Bates Lowry著，杜若洲譯：視覺經驗（雄獅）。
5.方東美：生命情調與美感。
6.宗白華：美學的散步。
7.梁宗岱：詩與眞。

## 三、美的藝術

1.現代藝術論（普天）。
2.李德（Herdert Read）：藝術的意義（巨流）。
3.李德（Herdert Read）：形像與觀念（審美譯叢）。
4.李德（Herdert Read）：雕刻藝術（大中國）。
5.李德（Herdert Read）：現代藝術哲學（現代雜誌社）。
6.康塞爾：論藝術（大地）。
7.愛默生：論藝術（協志工業社）。

8.愛默生：論詩人（協志工業社）。

## 四、美的科學

1.李德：現代藝術思潮導論。
2.杜威：作爲經驗的藝術。
3.佛洛依德：夢的分析（志文）。
4.Bullough：一個因素（雙葉）。
5.Bullough：美學的現代概念（雙葉）。
6.Bullough：在藝術與一個美感原理中作爲心理距離的一個因素（雙葉）。
7.Wittgenstein：Lectures on Aesthetics（雙葉）。

## 五、美的哲學

1.康德：純粹理性批判（馬陵）。
2.美學：朱光潛譯（里仁）。

3.叔本華：意志與表現象世界（志文）。
4.尼采：悲劇的誕生（三民）。
5.克羅齊：美學原理（商務）。
6.柯林烏：藝術哲學大綱（水牛）。
7.耶斯培：悲劇之超越（巨流）。
8.方東美：生命悲劇之二重奏。
9.Whitehead：Beauty（Adventures of Ideas）。
10.方東美：生命情調與美感。

## 六、美的道德

1.康德：實踐理性批判（馬陵）。
2.托爾斯泰：藝術論（地平線）。
3.索忍尼辛：爲人類而藝術（地球）。
4.愛默生：論精神律（地球）。
5.愛默生：論自恃。

## 七、美的宗教

1. 愛默生：論圓，論超靈魂，論歷史（以上皆地球出版）。
2. Plotinus：Beauty。
3. ST. Augustine：DE. Musica。

## 八、美的自然

愛默生：論美（名家散文選，今日世界）論自然（協志工業社）。

## 九、美的生命

1. 方東美：詩與生命。
2. 張肇祺：生生的生命美。
3. 張肇祺：消遙的生命美。
4. 張肇祺：眞空妙有的生命美。

## 十、美的理想

1. 張肇祺：柏拉圖的觀念美。
2. 老子的「天下皆知美之爲美斯惡已」的美。

# 文藝美學基本參考書目


1. 文學概論⑤　本間久雄　開明書局
2. 文學概論⑤　王夢鷗　帕米爾書局
3. 文藝美學　王夢鷗　新風出版社
4. 文藝技巧　王夢鷗　重光文藝出版社
5. 文藝學批評之原理　溫徹斯特著　景昌極譯　人人文庫一〇九二—一〇九四
6. 比較文學　提格亨著　戴望舒譯　人人文庫一七九—一八〇
7. 中國文學欣賞舉隅　傅庚生　地平線出版社
8. 中國文藝批評通論　傅庚生　華正書局
9. 藝概　劉熙載　廣文書局
10. 人間詞語　王國維　開明書局
11. 紅樓夢評論　王國維　靜安文集

12. 叔本華與尼采　王國維　靜安文集

13. 論哲學與美術家之天職　王國維　靜安文集

14. 古雅之在美學上的地位　王國維　靜安文集

15. 中國文學批評論文集　王國維　正中書局

16. 談藝錄　錢鍾書

17. 文心雕龍　劉　勰

18. 詩品　鍾　嶸

19. 詩品　司空圖

20. 文賦　陸　機

21. 滄浪詩話　嚴　羽

21. 中國繪畫理論　傅抱石

22. 中國藝術精神　徐復觀

23. 中國文學精神　徐復觀

24. 文學研究法　姚永樸　廣文書局

25. 司馬遷的人格與風格　李長之　開明書局

26. 莊子集釋　郭慶藩　河洛圖書公司

27. 老子義疏　成玄英　廣文書店
28. 老子　郭象註
29. 老子翼　焦竑
30. 談美　朱光潛　開明書店
31. 文藝心理學　朱光潛　開明書店
32. 談文學　朱光潛　開書店
33. 詩論　朱光潛　正中書局
34. 我與文學　朱光潛　五洲出版社
35. 藝術的意義　李德著　杜若明譯　巨流出版社
36. 形象與觀念　李德著　杜若明譯　巨流出版社
37. 美學原理　克羅齊者　傅東華譯　人人文庫三〇八－三〇九
38. 藝術論　托爾斯泰著　耿濟之譯　地平線出版社
39. 意志與表象的世界　叔本華　志文出版社
40. 悲劇的誕生　尼　采　三民書局
41. 蘇魯支語錄　尼　采
42. 啓示藝術家與文學者的靈魂　尼　采

43. 美感　桑太耶那　晨鐘出版社
44. 現代詩論⑭　曹保華選譯　人人文庫　六四七
45. 科學與詩⑮　瑞恰慈著　曹葆華譯　人人文庫　八九
46. 譯與眞　梁宗岱　商務印書館
47. 巨人三傳　羅曼羅蘭　文化圖書公司
48. 歌德對話錄　周學普譯　商務印書館
49. 歌德的人生觀　宗白華　天文出版社
50. 藝術的奧秘　姚一葦　開明書店
51. 地糧　紀德
52. 莎士比亞悲劇全書　正文出版社
53. 杜斯妥也夫斯基　志文出版社
54. 獵人日記　屠格涅夫　大衆出版社
55. 浮士德　歌德　五洲出版社
56. 約翰克利斯朵夫　羅曼羅蘭　文化圖書公司
57. 戰爭與和平　托爾斯泰　文化圖書公司
58. 還鄉記　哈代　正文公司

59.爲人類而藝術　索忍尼辛著　翁庭樞譯　地球出版社
60.西洋近代文藝思潮　廚川白村　志文出版社
61.文化人類學　林惠祥3.4.5.6.7.篇　人人文庫
62.哲學三慧　方東美　三民書局
63.論人　張肇祺　三民書局
64.現代詩研究　村野江郎著　洪順隆譯　大江出版社
65.詩的原理　荻原朔太郎著　徐復觀譯　正中書局
66.詩學　西協順三郎著　杜國清譯　田園出版社
67.艾略特（T. S. Eliot）荒原的詩　新亞圖書公司
68.佛洛斯特（Frost）的詩　新亞圖書公司
69.狄瑾蓀（Dikison）的詩　新亞圖書公司
70.形而上學　柏格森　啓明書局
71.哲學流派　霍　金　三信出版社
72.科學哲學與人生　方東美　虹橋出版社
73.社會學原理　孫本文　商務印書館
74.中國文學發展史　劉大杰　華正書局

75. 文學大綱　鄭振鐸　商務印書館
76. 西洋文學批評史　衛姆塞特　布魯克斯著　志文出版社
77. 饗宴（筵話）　柏拉圖著　吳錦囊譯　協志叢書公司
78. 中國人的文學觀　劉若愚著　賴春燕譯　成文出版社
79. 文學論　韋勒克著　王夢鷗譯　志文出版社
80. 愛默生文選　協助叢書公司
81. 詩學箋註　姚一葦譯註　中華書局
82. 中國文學批評史綱　郭紹虞　開明書局
83. 中國詩的神韻格調及性靈說　郭紹虞　華正書局

# 美學講授內容綱要

在使學者懂得：美不僅爲美的性質與概念之追索，且爲美在自然中，社會中、心靈中的科學分析與哲學綜合，亦且對美作分別與整體性的了解；進而了解美學在科學中、哲學中、宗教中、藝術中乃居於蓋頂的地位。

其綱要——

一、導論

1. 美與美學及藝術哲學
2. 美的認定——美的本質
3. 美學與其他科學的關係
4. 美學的研究態度與方法

二、本論

1. 美的材料

2. 美的形式與內容
3. 美的感情、經驗、形象、觀念、判斷……
4. 中外美學的歷史鳥瞰
5. 中外美學的理論發展
6. 當代的美學趨勢
7. 美的架構
8. 美在文化中的地位
9. 美的價值審問
10. 美的概念剖析
11. 美的主體性
12. 美在人、自然、社會、心靈中的層次
13. 形、色、音、象——靈魂的美
14. 思想與情感
15. 感覺與想像
16. 美與美善和眞
17. 美的創造

18.美學的應用

三、結論：美在人中、人在自然與藝術的美中、社會的美中、心靈的美中。

基本參考：

1.戴納：美學與藝術哲學

2.Stolnity：Aesthetics and Philosophy of Art

3.Collingwood：The Principles of Art

4.Vigil：Philosophy of Art

5.Bullough：Aesthetics

6.Qucasse：The Philosophy of Art

7.Read：Icon and Idea

8.Read：The Meaning of Art

9.Richler：Perspectives in Aesthetics

10.Croce：Aesthetics

11.Tolstoy：What is Art?

12.Santayana：The Sense of Beauty

13.Schopenaer：The World as Will and Idea

14. Plato: Symposium
15. Plato: Republic
16. 方東美：哲學三慧、PP.79-107、科學哲學與人生
17. 朱光潛：談美、文藝心理學
18. 王國維：古雅之在美學上之地位
19. A. N. Whitehead: Religion in the Making
20. 林惠祥：文化人類學3.4.5.6.7.篇
21. Grose: The Begining of Art
22. B. Malinoweki: What is Culture?
23. 劉勰：文心雕龍、神思、體性、風骨、通變、定勢、情采、鎔裁
24. 鍾嶸：詩品
25. 司空圖：詩品
26. 嚴羽：滄浪詩話
27. 劉熙載：藝概
28. 錢鍾書：談藝錄
29. 傅抱石：中國繪畫理論

30.徐復觀：中國藝術精神

31.郭慶藩輯：莊子集釋

32.成玄英：老子義疏

33.周易：乾坤彖象文言傳

34.張肇祺：論人文之科學基本特徵

美的價值審問　論藝術

美的地位　藝術的美與道德

美的概念剖析　美的架構

# 跋

讓重要性，在你自己的目光中；
而並非在所看到的事物上。
——：

一

這本書的「能」：出版——而又「能」與讀者見面，乃是由於李煥明兄硬要我出這本書。他爲了不讓在養病中的我操心，就一人獨當此事。這本書，假如沒有他，是出不來的。煥明兄從收集我發表在各處的文章，到文史哲出版社發行人彭正雄先生的爲本書出版，都是經他一手承辦。至於：接稿、送稿、催稿、校稿等，更是往來奔跑，無微不至，比他自己出書還急。尤其，他的校稿之巨細不遺，高人走筆，讓我讚佩不已，就是當年上海商務印書館的校對，也不略讓一籌。

我認識煥明兄是在先師東美方公歸道山之後。因爲他到各學術單位與圖書館影印了我發表在各處的文章，寫信給我，我才知道他是先師的私淑弟子。去年方師母高芙初教授辭世時（我正在病中），孫智燊兄從美國回來，在我家，就曾告訴我，有一位老師的私淑弟子李煥明先生。

後來，煥明兄要爲先師編一本「方東美先生哲學嘉言」，經取得黎明公司同意後，由文史哲出版社出版。這對突顯與光大方先生文化學術思想的根本精神，有極大的貢獻。因爲煥明兄編這本書時：「窮一年之力，研讀，摘錄、分類、彙編，一再精簡，始成此書。」他用了這樣大的功夫，才能編出這樣一本難得的哲學入門必讀之書，更是了然於中西印三大哲學系統的提綱挈領之書。只要一卷在手，則博極觀照，皆入我心。所謂：「天風浪浪，海山蒼蒼；眞力彌滿，萬象在旁。」——「千巖競秀，萬壑爭流；草木蒙籠其上，若雲興霞蔚。」而又簡約玄澹，超然深遠；此——方東美先生的：「哲學嘉言」也。

李煥明先生在學術的研究成果上，更是頗爲豐碩。他寫過不少的文章和出過不少的書。他的一篇「孝的源流與新的孝道觀」，刊於「孔孟月刊」三五〇、三五一兩期。這種用心之作，在今天已是很難讀到。他的「修養叢談」一書，網羅備至，爲現代人精神的糧食。他的「生命的探索」一書，找到了生命正確的方位，對生命本身，有不少的啓示。他的「易經的生命哲學」一書，由文津出版社印行，列爲「文史哲大系41」，從這本書可以看到他在易學上的研究甚勤，功力頗深，實在是一本難得的用力之作。至於「比較易學的開拓」、「易經與懷德海哲學」、和「再論」、「易經的文學傳統」四文，均刊於「中華易學」一四九、一五〇、一五一、一五四、一五五等期，又見其另有造境之所在。

我在此，先要特別感謝的是許多年來曾刊載我文章的報刊雜誌學報負責的先生們，實在非常謝謝他們。

尤其是，應該特別感謝的是原臺大哲學系主任哲學研究所所長鄔教授昆如博士兄夫婦，在他主編「哲學與文化」月刊時，曾逼我寫了不少的文章發表，尤其是要我爲「哲學與文化」月刊開「美學與藝術哲學」專欄。

## 二

當然現任臺大哲學系主任哲學研究所所長傅教授佩榮博士夫婦，也要我寫了不少文章發表，而「文學與哲學的雙迴向」一文，也是佩榮兄主編「哲學與文化」月刊時刊出的，尤其是我的下一本要出來的「治學的基本方法」這本書，更就是在傅佩榮兄胡幼峯嫂夫婦教授倆主編青年日報「中西文化」專刊時，要我寫出而又連載過很長的一段時間。

在同門師兄弟中，許逖教授，是從他在臺大哲學系大二時，我去聽方老師的課，成了知己之交。我們在中外古今，往來雜陳的學術文學藝術世界中，以及一切的外史、野史、偏史、荒史、……，眞是無所不談，談必「繞樑三日」，以解勞結。當然，在我的研究中，他也常常給了我不少的靈感。

關於本書的——「柏拉圖的理想美學」一文之有的英文原文未即翻譯，是因當時「哲學與文化」

月刊的「美學與藝術哲學」專欄，每期連載不能中途輟稿，我只好趕寫出來，未能都一一譯出，想等出書時再翻出來。眞想不到，如今出書，我又還在養病中，仍不能譯出，這就要請讀者們多加原諒的了。

另外一個應該感謝的是中國文化大學中文系文藝組畢業的高材生——現在已是著名專欄作家李宗慈女士；她主編「文訊」月刊時，也逼我寫了三篇以上的文章發表，都收在本書中。

三

本書中——「導言」的：「美學與藝術哲學」一文，就是我爲「哲學與文化」月刊所寫的專欄「美學與藝術哲學」的一個開場白。

本書中——「美學」的：「美——像」一文，是我在中國文化大學中文系文藝組所開的「文藝美學」一課講稿的片斷。當時，在聽我這門課的同學中，現在已是頗負盛名的散文作家——歐宗智先生，曾在他的「我的大學生活」中對文藝組的老師都有一個極爲生動的描寫。他對我上課的神情，從他的筆墨中，也可以看到一些我在本書以外的那種忘我、遠引、自得之樂的面貌——：

「另外，較有意思的專業課程（雖然不多）是「文藝美學」。張肇祺師上起課來，丹田十足，聲音洪亮，大得令同學個個退避三舍。張師吟詩的神態，就是詩人。他說話快，情緒激動，常常忘形的站到講桌上，這時他可能是李白，可能是紀德，可能是施耐庵，也可能是托爾斯泰。起先大家不習慣這種過於生動的上課方式，不過這種充滿生命力的課程與老師，終於博得大家的尊敬與喜愛。記得張師說過：『我每次上課，都把生命帶來了。』我想，由此看來，張師不拘形式的上課方式也就不難理解了。他的課在禮拜五，每回下課，車子行到福音，往右車窗望去，紅艷的夕陽還沒下去，滿天絢麗的彩霞，觀音山靜靜的躺著，而我一想起張師吟哦的神態，就會覺得這一天的風景特別美麗。」

「美——從那裡開始？」與「美感經驗的透視」兩文，是我在中國文化大學哲學系與哲學研究所所開「美學」一課與「宗教藝術哲學科學討論課」時的兩篇講稿。

「中國人之美的主體」一文，也是在中國文化大學哲學研究所上課的一篇講稿，是在輔仁大學哲學系主任黎建球博士主編「哲學與文化」月刊時發表出來的。後來，姚夢谷老先生並特將此文刊於中國畫學會「美術學報」——二十四期之首。我在此，除了特別感謝建球兄外，更特別感謝姚夢老如此重愛，而又深覺怎當之得起。

「美的主體性」一文，是我跟從方師東美先生在臺大聽他的「藝術、宗教、哲學、科學」討論課時，規定必須提出宣讀討論的論文之一。不論是正式選修生，或專門去聽課的教授先生們，都得提出論文宣讀討論。當我提出這篇論文宣讀，討論結束後，陪老師走出臺大時，先生在路上說：「在這篇論文中，你霸氣太重，要一口吸盡西江水。」當時一道陪先生出來的還有郭文夫教授（他那時正是修這門課的研究生）也說：「你對西方美學學說批評得太嚴厲。」十年後，有一天我與內人在方師家陪老師和師母聊天，談到此事時，老師說：「不是霸氣，是才氣。」這又正是老師在鼓勵我這個霸氣太重的學生了。

西方「美」的血緣學：柏拉圖的「理想美學」與東方美的血緣學：孔子「生生」之美的建立——二文，都是刊載在「哲學與文化」月刊的「美學與藝術哲學」的專欄中。

本書中——「藝術哲學」的：「藝術所指的究竟是什麽」一文，曾由中國文化大學文學院院長潘重規教授刊於「華岡文科學報」第十五期之首，我應當非常謝謝他的厚愛，眞不敢當。而「哲學與文化」月刊登出此文時，編者之按語謂：「張教授肇祺的大作，在哲學上的造詣，師承哲學大師方東美教授，而其藝術哲學則採集各家之長，匯集於『生生之德』之中，正如西哲柏拉圖對愛的定義『生在美中』一般，把哲學帶向生命境界，把藝術注入生命之中。」（七十二年，十二月第九卷第十二期）這又不得不使我惶恐不已。

「論藝術」一文，是想對藝術中的根本問題：載道與言志，作一個整體的觀照。

「藝術的起源」一文，是從一個人類學、文化人類學的觀點來看藝術的起源。

「哲學，科學與藝術」一文，是想用最少的語言來表達人類文化中三個範疇的不同關聯。

「藝術的美與道德」一文——是我在金門作步兵連長時，民國四十四年所寫，乃偶一爲之之筆，可也稱得上是「少不更事」之作。

本書中——「詩」是什麽的：「談詩」一文，是我對「文學與藝術」的阿基米德點所寫的第一篇文章。這時，我正在鳳山灣子頭，民國四十一年，此文是在「藝術的美與道德」一文之前五年寫的。

那時我更年青，而寫出此文被刊於「中學生文藝」月刊四十一年五月第三期。這期的各位專欄作家有周學普、潘重規、許世英、上官予、吳明遠諸位教授先生與名作家徐鍾佩女士等。這篇「談詩」曾爲當代臺灣已逝詩壇泰斗之一的覃子豪先生，他在還未認識我時，就讀到。他說：「半年前曾讀兄之談詩則印象甚深，但未知其爲如何人也。今讀手教，方知兄在軍中。目前軍中人材輩出，此爲中國數十年來所罕見。」這時，他才知道：原來「平沙就是張肇祺」。

「詩的語言」一文，告訴我們：詩是詩人的生命——人格的最高表徵；它是語言之生命的至高創造。

「詩，是摘下來的月亮」一文，在指出詩不是個別的藝術作品，而是宇宙本身。詩人要在作品中去追求完滿與無限。

在「中國詩的原始觀」與「思，無邪」二文中，我對劉若愚、施友忠二先生的見解和看法，雖提出了我個人之見，那也不過是「商略一二」而已。此二文均在名小說家王賢忠先生主編青年日報副刊時刊出。

「興、觀、群、怨」一文的意指，是從一個哲學、文學、藝術的機體觀點，提出我個人的現代詮釋。

本書中——「文學與藝術」的：「創作的內在生命」一文，是用詩，散文詩的內在語言，來表達出創作的內在動力，才是生命本身那個活水源頭。

「文藝創作的靈魂」一文：在表達文藝創作的靈魂是在「個人——民族——人類」一體性的「愛」中。民族性，乃是文藝創作靈魂的上下動力點。因爲它是人文世界之美的投向。

「文學中的人性宇宙」一文，所展開的是：人要在文學的創作中，必得使文學成爲一面人性的「靈」鏡。

「人在天地之美中的：觀——撫——籠——挫」、「中國人的觀」、「觀的意義層次」三文，都在投現中國文學與藝術的獨特精神是：「宗教——哲學——科學——藝術」的「人文化成」之一體俱呈。

至於，在本書中「文學與藝術」的其他各篇文章，除了「文學與哲學的雙迴向」一文，是在文復會文學研究班所講；以外各文，皆爲即興之作。關於「附錄」，我在「自序」中已經提過。

## 四

每當我一想到自民國五十一年與內人高金英女士結婚以來，就常常「感念」她——爲我張氏門中生下了二女一男；更深深「懷想」她——還要照顧我的讀書、研究、教書的生活；尤其是——她爲我抄了三十年的稿子；我頂禮參拜，也不能表達我心中無盡的「感懷」。何況，我在這三年的病中，都是她全心竭力的看護。這本書的——「出來」，也許就是我們結婚三十一年的：象徵「紀念」一物。

當然，這一切——都是我們父母所給與的。可是，我的父母呢！我痛痛懷念大陸那塊災難土地上無端死去的父母，我寫下了這「痛」，而又刻在我的心版上——是：

巴山藏鳥淚，

金華含玉煙；

父母俱已歿，

歸去復何年。

到現在，我還未還鄉，也未去大陸開任何的學術會議。也許，當我心中的「痛」——那種「悲風爲我起，激烈傷雄才」（杜少陵、冬到金華山觀因得故拾遺陳公學堂遺跡）的感受，差不多都已消逝時，我總會歸去祭祖；還要像小時樣，一步一級的登上金華山的蒼茫雲海之中，在杜甫所吟詠「終古立忠義，感遇有遺篇」（陳拾遺故宅）的陳子昂——讀書臺上，追回那些逝去的童年歲月。

眞是，「金華山北涪水西，仲冬風日始淒淒。山連越嶲蟠三蜀，水散巴渝下五溪。獨鶴不知何事舞，飢烏似欲向人啼。射洪春酒寒仍綠，目極傷神誰爲携？」（杜子美、野望）（工部手題此詩，刻碑金華山爲「目極」，而非「極目」。）

# 五

然而，一個在養病中的人，那能，而又實在不當多說。但是，有一句話，我在這個跋的最後又不得不說——那就是當你翻完這本書的時候，你千萬要「讓重要性，在你自己的目光中，而并非在所看到的事物上。」

這，也許就是我的一個小小的：「祝福」。

——中華民國八十一年，十二月廿六日於臺灣，北投，大屯山下「結廬」——